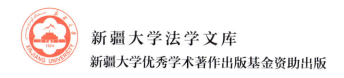

新疆大学法学文库

新疆大学优秀学术著作出版基金资助出版

社会地理空间差异下的家事诉讼

和田市与阿勒泰市的比较分析

FAMILY AFFAIRS LAWSUIT IN
DIFFERENT SOCIAL GEOGRAPHICAL SPACES

Comparative Study Between Hotan City and Altay City

肖建飞 著

社会科学文献出版社
SOCIAL SCIENCES ACADEMIC PRESS (CHINA)

本书为教育部人文社会科学研究基金新疆项目"社会地理空间差异背景下新疆三城区离婚诉讼的比较研究"（14XJJC820002）成果之一。

目　录

导　论 ……………………………………………………… 001
一　问题由来与三阶段司法调研 ……………………… 002
二　研究的核心概念与分析工具 ……………………… 009
三　进与出、小与大的视角转换 ……………………… 027

第一章　社会地理空间差异背景下新疆人口的婚姻状况 ……… 032
第一节　新疆人口婚姻状况的地域差异及变化 ……… 035
第二节　新疆人口婚姻状况的民族差异及变化 ……… 042
第三节　新疆离婚人口占比的城乡差异及变化 ……… 051
结　语 ……………………………………………………… 060

第二章　文化规约与婚姻形态：维吾尔族离婚诉讼考察 ……… 062
第一节　328 起离婚案件的诉讼信息统计 …………… 064
第二节　地域婚姻文化背景下的离婚纠纷审理 ……… 088
第三节　婚姻稳定与家庭和谐目标下的司法审判 …… 113
结　语 ……………………………………………………… 117

第三章　稳定与变动：诉讼信息中的哈萨克族婚姻关系 ……… 118
第一节　319 起离婚案件的诉讼信息统计 …………… 119

第二节　地域婚姻文化背景下的离婚纠纷审理 …………… 141

第三节　婚姻家庭变化趋势与审判形势预测 …………… 164

结语　变革尚处于起点之上 ………………………… 172

第四章　延续与重构：非正式婚姻家庭制度影响力分析 …………… 175

第一节　"尼卡"与"塔拉克"之于婚姻效力 …………… 177

第二节　"哈楞玛勒"之于彩礼返还纠纷审判 …………… 185

第三节　非正式制度研究：深度描述与审慎评价 …………… 207

附文一　未就业与半就业

　　——维吾尔族流动女性低就业状态个案调查 …………… 213

附文二　从附随迁入到独自谋生

　　——维吾尔族流动女性及其单亲家庭 …………… 233

附文三　维吾尔族婚姻家庭研究视角：原因、统计与制度分析 …… 248

附文四　视角与主题：变迁语境中哈萨克族婚姻家庭关系研究 …… 261

写作材料与参考文献 …………………………… 275

后　记 …………………………………………… 288

图表目录

图 2 - 1　乡村维吾尔族婚姻形态及其与相关社会规则的关联 ……… 097

图 3 - 1　哈萨克族婚姻形态及其与相关社会规则的关联 ………… 154

图 4 - 1　哈萨克族各项婚姻规则的关联 ……………………………… 189

表 1 - 1　"四普"时点新疆各地人口婚姻情况 ………………………… 036

表 1 - 2　"五普"时点新疆各地人口婚姻情况 ………………………… 038

表 1 - 3　"六普"时点新疆各地人口婚姻情况 ………………………… 040

表 1 - 4　三时点新疆各地离婚人口占比比值及升降情况 …………… 041

表 1 - 5　"四普"时点新疆各族人口婚姻情况 ………………………… 044

表 1 - 6　"五普"时点新疆各族人口婚姻情况 ………………………… 046

表 1 - 7　"六普"时点新疆各族人口婚姻情况 ………………………… 048

表 1 - 8　三时点新疆各族离婚人口占比比值及升降情况 …………… 050

表 1 - 9　"四普"时点新疆各地城镇化水平及离婚人口占比排序 … 053

表 1 - 10　"五普"时点新疆各地区城乡离婚人口占比情况 ………… 055

表 1 - 11　"六普"时点新疆各地区城乡离婚人口占比情况 ………… 057

表 1 - 12　"五普""六普"时点新疆各地城乡离婚人口占比比值及
　　　　　升降情况 …………………………………………………… 060

表 2 - 1　原告性别情况 ………………………………………………… 065

表 2 - 2　当事人职业情况 ……………………………………………… 066

表 2 - 3　民语案件当事人受教育情况 ……………………………… 066

表 2 - 4　当事人起诉时年龄情况 …………………………………… 068

表 2 - 5　民语案件当事人婚次情况 ………………………………… 069

表 2 - 6　婚姻存续情况 ……………………………………………… 070

表 2 - 7　子女数量 …………………………………………………… 071

表 2 - 8　未成年子女数量 …………………………………………… 072

表 2 - 9　财产情况 …………………………………………………… 073

表 2 - 10　家庭资产情况 …………………………………………… 074

表 2 - 11　离婚原因 ………………………………………………… 075

表 2 - 12　审理时间 ………………………………………………… 079

表 2 - 13　诉讼代理情况 …………………………………………… 080

表 2 - 14　结案方式及审理结果 …………………………………… 081

表 2 - 15　婚姻解除与否 …………………………………………… 081

表 2 - 16　未成年子女抚养责任承担 ……………………………… 083

表 2 - 17　抚养费支付方 …………………………………………… 084

表 2 - 18　抚养费数额 ……………………………………………… 085

表 2 - 19　解除婚姻案件的财产处理情况 ………………………… 088

表 2 - 20　第六次人口普查新疆各地区与世居民族离婚人口情况 … 109

表 2 - 21　第六次人口普查新疆各地区城市、镇、乡村离婚人口

　　　　　情况 ………………………………………………… 111

表 2 - 22　和田市法院与新疆法院系统离婚纠纷一审案件审理

　　　　　情况（2010～2014） …………………………………… 112

表 3 - 1　原告性别情况 ……………………………………………… 120

表 3 - 2　当事人职业情况 …………………………………………… 121

表 3 - 3　民语案件当事人受教育情况 ……………………………… 122

表 3 - 4　当事人起诉时年龄情况 …………………………………… 123

表 3 - 5　婚姻存续情况 ……………………………………………… 124

表 3 - 6　子女数量 …………………………………………………… 125

表 3－7　未成年子女数量 …………………………………………… 126

表 3－8　财产情况 …………………………………………………… 127

表 3－9　家庭资产情况 ……………………………………………… 128

表 3－10　离婚原因 ………………………………………………… 130

表 3－11　审理时间 ………………………………………………… 132

表 3－12　诉讼代理情况 …………………………………………… 133

表 3－13　结案方式及审理结果 …………………………………… 134

表 3－14　婚姻解除与否 …………………………………………… 135

表 3－15　未成年子女直接抚养责任承担 ………………………… 135

表 3－16　抚养费支付方 …………………………………………… 136

表 3－17　抚养费数额 ……………………………………………… 137

表 3－18　解除婚姻案件的财产处理情况 ………………………… 139

表 3－19　阿勒泰市汰院与新疆法院系统离婚纠纷一审案件审理
　　　　　情况（2010～2014） …………………………………… 162

表 3－20　第六次人口普查新疆各地区与世居民族离婚人口情况 … 165

表 3－21　第六次人口普查新疆各地区城市、镇、乡村离婚人口
　　　　　情况 ………………………………………………………… 167

表 3－22　阿勒泰市离婚登记与离婚纠纷受案情况
　　　　　（2010～2014） …………………………………………… 169

表 3－23　阿勒泰市登记离婚与诉讼离婚情况（2010～2014） …… 170

附表 1－1　维吾尔族流动家庭夫妻双方就业情况 ………………… 215

附表 1－2　维吾尔族流动家庭子女数量情况 ……………………… 217

附表 1－3　维吾尔族流动家庭女性受教育情况 …………………… 217

附表 1－4　维吾尔族流动家庭子女受教育情况 …………………… 225

附表 1－5　16 岁以上非就读随迁子女工作情况 …………………… 226

附表 4－1　哈萨克族婚姻家庭关系领域相关文献主题分类 ……… 265

附表 4－2　哈萨克族婚姻家庭关系领域相关文献类型分类 ……… 265

导　论

　　婚姻家庭关系是文化差异明显的社会现象，因此婚姻家庭纠纷（以下简称"家事纠纷"或"家事案件"）处理及相关研究绕不开纠纷的文化逻辑。新疆是离婚现象高发地区，1949 年以来该地区离婚率及离婚人口占比一直高居全国各省份之首。在新疆，婚姻家庭关系与社会变迁、文化实践、族际交往等问题密切相关。新疆家事诉讼研究在理论层面与实践层面均值得关注。

　　作者本人对新疆婚姻家庭问题的关注，缘起于 2012 年 5 月在和田地区支教期间本人与一位初任法官的交流。在录入卷宗信息时，这位法官发现，当地二十余岁的当事人占比较高，且很多人有婚史，新疆各地的婚姻家庭关系就这样进入了本人的关注视野。专业兴趣所至，本人的研究素材是人民法院审理的婚姻家庭纠纷案件。此后三年，本人一直从事新疆婚姻家庭纠纷案件审理的司法调研工作。故有必要在导论部分详细介绍新疆家事诉讼问题的由来、三阶段调研工作的进展、研究的理论基础与分析工具以及"进"与"出"、"小"与"大"不断转化的研究角度。既是为了在即将结束新疆家事诉讼问题研究时对作者本人　个阶段的科研经历作一小结，也是为了读者阅读的便利。

一　问题由来与三阶段司法调研

近三十年来，因新疆离婚率及离婚人口占比①一直高居全国各省份之首，② 故而该地区婚姻家庭问题引起了较高的学术关注度。但在有关新疆婚姻家庭关系的研究文献中，仅就新疆两大少数民族群体——维吾尔族和哈萨克族——而言，存在着极为明显的关注差异与关注失调问题。第一，有关维吾尔族的研究文献较多，直接以哈萨克族婚姻家庭关系为篇名或主题的研究文献数量较少。第二，有关维吾尔族的大量文献更多关注婚姻解体，有关哈萨克族数量有限的研究文献更为关注婚姻缔结。第三，有关维吾尔族的文献多集中于对早婚、多子女、高离婚率、高再婚率等现象的描述记录及原因分析，倾向于"传统"话题。有关哈萨克族的文献多是在研究该族群生产方式、生计方式、社会组织变迁等问题时，附带提及婚姻家庭关系，且倾向于"变迁"话题。整体看，新疆婚姻家庭领域研究较为单一，这既表现在研究对象选择上，如对维吾尔族婚姻家庭关系现状描述、原因分析、统计分析的文献较多，哈萨克族文献较少，新疆汉族婚姻家庭关系几乎没有研究文献；也表现在研究角度上，人类学和社会学文献数量较多，人口学也有部分成果，但法学研究文献较为稀少。

---

① 本质上，"离婚率"与"离婚人口占比"都是统计学意义上的"结构相对数"。在我国，离婚率数据由民政部门发布，自2007年起民政部综合计划司和婚姻管理司采用国际上普遍适用的粗离婚率，计算方法为：离婚对数÷该时期平均人口。2007年以前使用的计算方法是：离婚人数÷该时期平均人口。离婚人口占比由人口普查部门发布，历次人口普查时国家统计局均采用一致的离婚人口占比计算方法，即：离婚人口数÷15岁以上人口数。离婚人口指曾经结过婚，但到人口普查标准时点办理了离婚手续且没有再婚，或正在办理离婚手续的人。

② 第四次、第五次、第六次人口普查中，新疆离婚人口占比分别为2.82%、2.61%、3.22%，新疆离婚人口占比均居各省份之首。2010年全国平均离婚率为2‰，新疆离婚率为4.51‰。《中国统计年鉴》（2011年），表21～33"婚姻服务情况"，国家统计局网站，http://www.stats.gov.cn/tjsj/ndsj/2011/indexch.htm，最后访问日期：2016年1月1日。

（一）第一阶段调研未获解的问题

2011年9月至2012年6月，作者本人在和田地区教育学院支教。2012年5～6月，支教工作即将结束时，本人查阅了2011年、2012年两个年度和田市法院、和田县法院共240起离婚案件卷宗（包括汉族案件），以及200件民政登记离婚案件资料，并访谈了部分承办人。2012年7月，本人在阿勒泰市完成了诉讼离婚与登记离婚的案卷阅读、信息录入和统计工作，查阅资料包括2011年、2012年两个年度共计100起哈萨克族离婚案件卷宗和200件民政登记离婚案件档案。2012年9月，本人在乌鲁木齐市天山区法院完成了2011年度、2012年度离婚诉讼卷宗（各100卷，共200卷）阅卷与诉讼信息录入工作。

在这一阶段的调研工作中，本人积累了一些调研资料和经验，并对相对陌生的和田地区、阿勒泰地区的地域文化和审判工作有了进一步了解。其间本人与三地法院从事家事纠纷审判工作的法官相互熟悉交流，为继续调研打下了良好的基础；加之在和田市与阿勒泰市，本人都有熟悉的朋友，即使要入住绿洲的黄泥小屋或草原牧场的毡房，也不需要本人与每户成员进行一番大的"文化震动"和磨合，便可适应对方的生活习惯。第一阶段调研工作也产生了诸多疑问，有待进一步思考，这些问题是本人研究的动力来源。

1. 同是崇尚黄金、财富外在化的贫困地区少数民族，在聚居区内很早以来他们就有把黄金当作一种储蓄、打制成首饰戴在女性身上的习惯，这既便于携带和收藏，又适应社区情理中的攀比心理。① 在新疆各民族中，为何维吾尔族离婚率居高不下，而哈萨克族离婚率却相对较低？在新疆各地州（市）中，为何和田地区离婚率最高，而阿勒泰地区却始终

① 在彩礼问题上，攀比和重聘现象在内地丝毫不亚于新疆。比如在东北地区经济欠发达的黑龙江，农村女孩出嫁，女方家庭动辄索要彩礼十余万元，作为买房置产的资本。相比较而言，维吾尔族的彩礼（以黄金首饰为主）过于实物化，也极为单一；哈萨克族彩礼除了首饰、衣物以外，牲畜仍是重要的彩礼品目，尽管出现了货币化趋向，但仍以实物为主。

较低？①

2. 同是穆斯林，为何哈萨克族男性酗酒是最主要的离婚原因；而维吾尔族却主要是新婚者感情不和、婚姻家庭与出生家庭间的矛盾以及家庭经济纠纷？

3. 同是大家庭或家族发挥着重要影响，为何哈萨克族父母及其他亲友在当事人离婚问题上极力反对、力劝和好会起到一定的阻却离婚的作用；而维吾尔族父母及其他亲友对当事人离婚一事却阻止力有限？作为社会评价因素，地域性婚姻家庭文化对婚姻解体排斥性与宽容度的影响如何？

4. 同是多民族聚居的城区，为何在阿勒泰市、乌鲁木齐市天山区有一定比例的跨族婚姻（两地跨族离婚诉讼当事人均占当事人总数的1/10左右，且有各个年龄段的当事人）；而在和田却极为稀少？② 就诉讼信息（离婚理由及婚姻维系年限）看，不存在跨族婚姻缺乏稳定性的足够证据。③

5. 未成年子女抚养是离婚诉讼要解决的主要问题之一，如果说在三城区女性作为未成年子女直接抚养方的比例较高，这一情况与全国离婚

① 1990年、2000年、2010年，和田地区离婚人口占比由7.27%下降到5.32%，此后有限上升至5.34%，该地区始终是全新疆离婚人口占比最高的地区。

② 本书作者查阅的2011年、2012年和田市法院审理的140起离婚案件（包括汉语案件）中，没有跨族婚姻；在作者查阅的和田县法院审理的100起离婚案件中，仅有1起跨族婚姻纠纷。

③ 新疆社会科学院李晓霞研究员对新疆南部农村维汉通婚情况进行了社会调查，她认为，南疆农村汉族人婚姻中存在着明显的城乡区隔与民族区隔。仅从婚姻关系当事人个人的角度看，汉族男子跨族缔结婚姻有其优势，如家庭负担少，经济能力较强，能够帮助妻子做家务；但考虑社会或文化因素，维汉通婚在维吾尔族社会中被排斥，维吾尔族人更易受到群体意识的压力。究其原因在于，南疆维、汉两族族内互动方式不同——维吾尔族群聚性和汉族个体性："维吾尔族居民的互动频率较高，各种人生礼仪、节日活动等礼仪性往来以及家庭间的私人往来等普遍频繁；南疆汉族居民个体及家庭性的互动和娱乐性活动交往多，如打牌、打麻将是汉族农民休闲的重要方式，关系好的人走动较多，关系不好的很少来往……与其作为迁移人口的亲属关系简单、社会关系积淀不深有关。显然，与本族群体联系越密切的，内聚力越强，个体独立意识或行为越受到群体意识的规范；与本族群体联系少的，内聚力相对较弱，群体压力较小，行为的相对自由度较高……在南疆农村的维汉交往中，维吾尔族偏向于群际关系，汉族偏向于人际关系。"李晓霞：《新疆南部农村维汉通婚调查》，《新疆社会科学》2012年第4期。

诉讼趋于一致,为何在三地汉语案件与民语案件①抚养费平均数额差距均较大?尽管"离婚不是不负责任的逃跑",应保障"未成年子女最大利益",这不需要法官教育,当事人自然都晓得。②

6. 同是面对维吾尔族当事人,为何天山区维吾尔族法官调解和好的比例较高(高于本院汉族离婚纠纷案件的调解和好比例,但低于阿勒泰市法院哈萨克族离婚纠纷案件的调解和好率),而和田市维吾尔族离婚案件的调解和好率较低,调解离婚率偏高?

7. 身在同一个法院、同一个庭室、办理同一类案件,汉族法官对少数民族法官审理离婚纠纷的高调解率不无羡慕。如果说调撤率是各级法院审判绩效考核的硬性指标之一,但调解率没有继续分解为调解和好率和调解离婚率,撤诉率没有继续分解为撤诉和好率、撤诉后选择民政登记离婚率。大部分案件中不可否认,调解和好比调解离婚更耗时费力。少数民族法官的调解工作就不能简单地解释为,为了达到调撤率指标要求,那么他们的工作技巧和能力便成为值得研究的问题,其特殊之处何在?

8. 在维吾尔族和哈萨克族的民族文化和婚姻家庭观念中,对夫妻双方都有所限制和规约,但又有不同的性别角色期待,总体趋向是在家庭内部责任和决策服从问题上对女性有更高的要求,这在农牧区尤为明显。

---

① 汉语案件,即使用汉语进行庭审,司法文书使用汉字制作;民语案件,即当事人为少数民族,审判语言为少数民族语言,司法卷宗使用少数民族文字制作的案件。三地离婚案件既有汉语案件,又有民语案件。在和田市和天山区法院,民语案件主要是使用维吾尔族语言文字的案件;在阿勒泰市,民语案件主要是使用哈萨克族语言文字的案件。调研期间,本人对诉讼档案进行编号,本书所提到的案件编号依据的是本人录入诉讼信息的顺序,既不是法院受理后的立案号,也不是案件审结归档后的档案号。

② 在我国《婚姻法》制度设计及离婚案件审理过程中,确实存在着对未成年子女权益保护的缺失,例如在离婚诉讼中,子女抚养、监护等问题处于从诉地位,没有充分考虑未成年子女意愿,基于"父母本位"设置父母探望权,没有设立未成年人监护监督制度,登记离婚制度中未设有"未成年子女安排书面协议"等。陈苇、谢京杰:《论"儿童最大利益优先原则"在我国的确立——兼论〈婚姻法〉等相关法律的不足及其完善》,《法商研究》2005年第5期;夏吟兰:《离婚亲子关系立法趋势之研究》,《吉林大学社会科学学报》2007年第4期;徐祖林:《契约视角下的婚姻法修改》,《中华女子学院学报》2011年第6期。

上述情况是否会影响到当事人对婚嫁自主、生育问题、家庭责任承担的理解，继而影响到诉讼行为？

9. 历史上，维吾尔族的"尼卡"具有证婚的效力，"塔拉克"具有解除婚姻的效力，两者是维吾尔族最具代表性的婚姻习俗，但婚姻缔结和婚姻解除也是国家权力介入婚姻关系的两个重要环节。作为社会规则，"尼卡"和"塔拉克"婚俗的效力如何？

10. "哈楞玛勒"既指哈萨克族的彩礼习俗，也指与彩礼相关逐渐形成的婚姻制度。哈萨克族的彩礼习俗经历了怎样的历史变迁？哈萨克族聚居区的司法机关对待彩礼返还纠纷的取向如何？

（二）第二、第三阶段调研及其阶段性思考

2012 年暑期调研工作因新学期的到来，暂时告一段落。接下来的三年暑期，本人一直持续着同一个主题的调研工作，这三个暑期大部分时间分别在乌鲁木齐市天山区人民法院、和田市人民法院、阿勒泰市人民法院档案室度过。

1. 天山区法院家事诉讼变迁的研究

第一阶段调研结束后，本人就已决定选择乌鲁木齐市天山区法院家事诉讼变迁作为第二阶段的研究主题。选择此主题调研，主要是基于以下两点考虑：第一，在乌鲁木齐市的 7 区 1 县中，天山区建城最早，同时天山区也是少数民族常住人口最多的城区。在天山区这样一个多族群聚居、文化多元、社会问题集中的城区进行婚姻家庭问题调查和研究，能够更好地把握新疆经济社会文化的发展脉搏。第二，相对于和田市法院和阿勒泰市法院，天山区法院作为乌鲁木齐市最早设立的城区基层法院，完整地经历了 20 世纪 90 年代的民事审判方式改革。这两者构成了本人研究写作的基点问题，即社会转型与制度变革如何在边疆少数民族地区核心城区的离婚诉讼中得以体现。

本人研究写作工作的素材是天山区法院的诉讼卷宗以及访谈中记录的若干案例。卷宗包括：1980 年度、1990 年度、2000 年度、2010 年度、

2011 年度、2012 年度离婚案件卷宗各 100 卷，2010 年度、2011 年度、2012 年度离婚后财产分割案件卷宗 82 卷，合计 682 卷。除了 2011 年度、2012 年度卷宗外，其他 482 份卷宗阅读及诉讼信息整理工作分别于 2013 年 5 月下旬、2013 年 7 月完成。

本人借助多个时间点上的纵向研究资料，考察改革开放以来乌鲁木齐市天山区离婚纠纷审判实践的变化，在方法论上具有在地性和历时性。在城市化和人口流动化背景下，本人从分析改革开放以来天山区法院民语系离婚案件和汉语系离婚案件的趋同变化和差异表现入手；剖析民事案件审判方式变革以及婚姻家庭纠纷解决机制变化，重在考察人民调解、登记调解与司法调解相结合的"巩固家庭"机制如何建立、运行与解体，其间离婚案件在起诉、审理、裁判各诉讼阶段发生的变化；继而引入离婚纠纷回归私人纠纷后的司法回应问题，分析当事人诉讼预期与法官办案目标之间形成反差的体制性原因；本人的思路最终归结到对婚姻家庭纠纷案件诉讼程序重构的思考，即此类纠纷审理的司法目的、司法原则及具体操作。作为这一阶段研究的成果，《多元文化城区的离婚诉讼变迁——基于乌鲁木齐市天山区的实证研究》一书于 2015 年 6 月在法律出版社出版。[①]

2. 和田市与阿勒泰市家事诉讼的比较研究

两阶段的调研结束后，和田与阿勒泰对丁本人已经不再是地理和心理上遥远的地名，但两地婚姻家庭纠纷及地域性婚姻家庭文化，很大程度上仍在本人的理解力之外。我只能暗暗告诫自己，先不要把任何东西当作答案，此前的十个问题还没有答案，至少还没有完整的答案。去寻找吧！阅读、记录、分析、思考就是寻找答案的过程。

重返和田是在支教工作结束（也即初步调研）两年后。在自治区法学会的引介帮助下，2014 年暑期，本人再次赴和田市进行专题调研。此

---

① 肖建飞：《多元文化城区的离婚诉讼变迁——基于乌鲁木齐市天山区的实证研究》，法律出版社，2015，第 3～12 页。

次调研以和田市法院 2013 年度 328 起离婚案件的司法卷宗为主要研究样本，围绕着当事人的个人特征、拟解除的婚姻情况和司法审判情况三方面问题做司法统计与个案分析；同时针对卷宗司法信息的遗漏或不足，附以对办案人员的访谈资料、庭审观察记录以及社会调查记录资料，作为审判情况的必要补充。目的在于考察南疆地域性婚姻家庭文化对拟解除的婚姻关系和司法审判的影响；基于维护婚姻稳定和家庭和睦的目的，着眼于离婚标准适用、司法调解、婚姻教育等环节，探索如何改进离婚诉讼程序和婚姻服务。

重返阿勒泰时，距初次调研已过了三年。为深入了解阿勒泰地区家事纠纷审判情况，考察阿勒泰地区婚姻家庭关系变化，探讨地域婚姻家庭文化对家事纠纷案件审理的影响，2015 年暑期本人再次赴阿勒泰进行调研。此次调研以在阿勒泰市法院查阅裁判文书（2013 年度 319 起离婚案件的裁判文书），调取司法统计数据，对办案人员做深度访谈等调研方式为主；以到民政部门、司法行政部门、统计部门调取相关数据，入户调查和随机访谈为辅。本人利用多部门的调研资料，围绕审判工作实践，对阿勒泰市离婚纠纷的案情特点、案件变化、审理情况逐一进行分析；同时，结合阿勒泰地区以及哈萨克族婚姻家庭关系的变化，对阿勒泰市离婚案件审判形势变化做出预测。

两地的调研报告于 2015 年 "十一" 国庆小长假期间写成初稿，修改完成时间是在同年 11 月末，2012 年暑期设定的调研计划才即告完成。前期的研究目的是实现家事纠纷研究的 "在地化"，立足本地且超越本地。随着研究计划的实施和推进，三地家事纠纷中 "差异" 与 "趋同" 辩证法越发清晰——"趋同" 中的 "差异"、"差异" 中的 "趋同"，也可以解释为 "一样" 中的 "不一样"、"不一样" 中的 "一样"。以三地法院审理的离婚案件为例，汉语案件与全国法院离婚诉讼情况大体一致，也就是说，新疆汉语离婚案件与全国法院审理的离婚案件中当事人特征、离婚诉讼争点、结案方式、判决率与调解率等方面诉讼信息的变化趋同。三地民语案件与本地汉语案件，乃至全国法院离婚诉讼情况仍存在明显差异,但民汉两语系案件亦有共性表现,较之汉语案件,民语案件甚至出现了一些超前变化。分析趋同与反差都是本人要解决的问题,趋同原因的解释也是必要的,因为趋同现象可以看作我国离婚诉讼及婚姻家庭关系变革的整体背景。而在本人直觉推测中,一度认为哈萨克族与维吾尔族婚姻家庭文化和礼俗迥异;但在实地调研过程中,本人亦发现新疆各民族、各地区的婚姻形态存在众多共性表现,但也存在明显的族别、地域差异。故秉持审慎、客观的研究态度,才能发现并分析"趋同中的差异"和"差异中的趋同"。

研究工作即将收尾,但作者始终没有为"社会地理空间"下的新疆婚姻家庭关系建立起一个清晰、简洁的分析框架,而没有对"社会地理空间"的解析,则会使婚姻家庭文化对家事纠纷审判影响力的分析缺乏背景基础,分析结论的解释力无疑将大打折扣。2015 年末,本人曾计划利用人口普查数据对新疆与全国婚姻家庭状况做比较分析,最初只是想做简单的结构相对数比较。2016 年 4 月初,本人在查阅全国与新疆人口普查资料时,推翻了原来的写作计划,仅把新疆与全国婚姻状况比较作为切入点,而将第四次、第五次、第六次人口普查时点新疆各个地区、族别、城乡的婚姻状况及离婚人口占比变化作为基本的分析框架。该文也即本书稿的第一章,借此作者本人得以为"社会地理空间"下的新疆婚姻家庭关系破题,继而为新疆和田市与阿勒泰市家事诉讼比较研究提供基本背景,这一章的内容也成为后续三章研究的基础。

二 研究的核心概念与分析工具

尽管新疆离婚率及离婚人口占比远远高于全国均值,但新疆各地州(市)婚姻家庭状况差别很大,和田地区与阿勒泰地区是新疆婚姻家庭关系离散性与稳定性的"对极";在地理位置、自然环境、经济结构、社会文化和族群关系等方面,和田市与阿勒泰市也均构成新疆的"对极"。两地的家事诉讼案件适合做南疆维吾尔族与北疆哈萨克族婚姻家庭状况以及家事纠纷解决机制运行情况的研究样本。

　　有关婚姻家庭的研究在社会学和人口学中占有举足轻重的位置，而少数民族婚姻家庭关系又是人类学或民族学研究的重要内容。国外有关婚姻家庭问题的研究，大体可归纳为两种思路：一种是从婚姻形态和亲属关系的角度切入，迄今为止，以进化论为理论背景，经典现代婚姻家庭理论及以其为前提的修正发展的现代婚姻家庭论，是最有影响力的理论；另一种是从人生礼仪角度展开研究，这是人类学研究的长项。尽管自 20 世纪 50 年代起，为实现男女平等、婚姻自由，我国的《婚姻法》及婚姻政策可以解读为"国家女权主义"，因为它赋予女性与男性平等的法律地位，女性拥有平等的婚姻自主权，同时国家在教育、就业等方面的政策和法律制定和实施过程中对女性赋权。但 20 世纪 50 ~ 80 年代，婚姻家庭问题并未引起学界的关注。我国婚姻家庭研究起步于 20 世纪 80 年代，相对于婚姻家庭研究在社会学、人类学乃至在人口学中逐渐成为核心议题的地位，婚姻家庭问题在法学研究领域的地位却始终较为边缘。借鉴家庭社会学与法律人类学的相关理论，对本人开展新疆家事诉讼研究工作是极为必要的。

（一）研究得以展开的三个关键词

1. 社会关联

　　在《社会分工论》一书中，涂尔干用社会团结理想类型划分——机械团结和有机团结——来分析人们总体生活构建路径的古今差异，即个体、家庭、职业组织和国家之间的相互连带和基本结构是怎样构成与演变的。"社会中总是存在着两种力量，一种是离心力，一种是向心力，但两者从来都不是同涨同消的；同样，这两种截然不同的相反力量也不会在我们身上同时发展。"① 涂尔干著作的中文译者渠敬东教

---

① 〔法〕涂尔干：《社会分工论》，渠东译，生活·读书·新知三联书店，2000，第 89 ~ 92 页。但涂尔干在分析社会团结构建路径时，更为关注宗教、小社团（机械团结），以及劳动分工、经济组织、政府和行政组织（有机团结），家庭组织及其职能仅被有限提及。

授认为,《社会分工论》只是提出的一种"预设",以及一些"历史片段式的说明"①。

通过对涂尔干提出的"社会关联"(social context)的引申,贺雪峰、仝志辉对"社会关联"予以理论重构和重释,用以解释在中国现代化进程中农村社会秩序解构-重组的二元变量——行政嵌入(村庄之外的宏观经济形势和治理制度安排)与村庄内生(村庄内在结构状况)——之间的相互关联。"村庄社会关联",即村庄居民的相互关系及建立在这种关系之上的行动能力,其为相对自治的村庄提供了秩序基础。借助"村庄社会关联"这一关键词,基于村庄社会关联与村庄秩序内在相关的视角,分析当前村庄秩序的自治取向和危机状况。② 此后"社会关联"被众多研究者用做解释当前中国乡土社会秩序、纠纷处理的重要范畴,③ 该词汇在法律社会学研究中具有一定的统括能力。从社会关联角度剖析纠纷解决机制运作情况,也成为法律社会学重要的研究进路。

本书中作者将"社会关联"引申至婚姻家庭领域,用以解释某一地域或某一群体的婚姻家庭习俗、惯例等社会规范及其规约与影响之下的婚姻家庭状况。作为一套运行逻辑和文化系统,婚姻家庭社会规范的影

---

① 渠东:《职业伦理与公民道德——涂尔干对国家与社会之关系的新构建》,"三农"中国网,http://www.snzg.cn/article/2014/1129/article_39998.html,最后访问日期:2015 年 12 月 15 日。

② 不同于涂尔干在"整体"意义上使用的社会关联,贺雪峰、仝志辉借用"社会关联"这一词汇来考察当前村庄内人与人之间正在变动着的具体关系状况。贺雪峰、仝志辉:《论村庄社会关联——兼论村庄秩序的社会基础》,《中国社会科学》2002 年第 3 期;贺雪峰:《新乡土中国》,广西师范大学出版社,2003,第 4~6 页。

③ 例如陆益龙对不同类型纠纷和不同纠纷解决方式之间的关系,进行了范式梳理与概括,并认为农民会尽量避免正式解决途径,倾向于选择非正式调解或自我调解方式。陆益龙:《纠纷解决的法社会学研究:问题及范式》,《湖南社会科学》2009 年第 1 期。郭星华对抑制诉讼的途径进行相关考察,认为我国传统社会存在着非制度化、制度化和半制度化三种抑讼途径。郭星华:《无讼、厌讼与抑讼——对中国传统诉讼文化的法社会学分析》,《学术月刊》2014 年第 9 期。张文博通过对土地纠纷解决方式的考察发现,农民个体的行为选择更多取决于农民最为认同的秩序基础及其所处的社会关联。故张文博认为,农村社会治理应培育一种基于法治逻辑的新秩序,并需要与基于社会关联的既有乡村秩序相匹配。张文博:《现代化转型中法治秩序与乡村社会秩序的融合——基于两起土地纠纷案例的农村社会治理路径探讨》,《西部论坛》2016 年第 2 期。

响力普遍存在于个人婚姻缔结、维系与解体等个体生命历程与人生礼仪之中。婚姻家庭领域的社会规范及其规约下的婚姻家庭关系的地域特点、民族差异明显，由此决定了婚姻家庭文化的多样性。很大程度上，婚姻家庭纠纷的肇因、争点、解决方式取决于当事人所处的社会关联（纠纷发生地婚姻家庭社会规范与婚姻家庭状况）。家事诉讼卷宗是考察、分析这一社会关联的重要信息库和资料来源。

与婚姻法相比，社会文化对于婚姻家庭观念和行为的引导和规约更为广泛，也更为持久。但这不等于说，婚姻家庭领域是"法外之地"，国家权力介入婚姻家庭生活主要是在结婚和离婚这两个环节；且在这两个环节上，离婚程序要比办理结婚登记更为严格和审慎。很大程度上，婚姻家庭的历史变迁体现为：婚姻家庭法律制度（正式的婚姻家庭法律制度、司法程序）与婚姻家庭的习俗（从婚姻缔结、维系，到解体的相关非正式社会规范等）在生活实践（婚姻家庭规模、结构、功能、关系、意义等）中的相互塑造。

2. 社会地理空间

本人想通过"社会地理空间"这一概念，解释地理环境与建立于其内部的人文社会环境之间的相关性。婚姻家庭关系是地域内的一种人文社会现象，司法权力的运行也成为地域内的人文社会环境的一部分。专司纠纷解决的人民法院亦是在一定的社会地理空间中行使裁判职能，这一社会地理空间就是其司法辖区。

与"社会地理空间"最接近的概念是"人文地理"，虽然后者一般不用以涵摄权力部门及其运行体制，但在很大程度上两者仍具有互释性。人文地理这一概念与众多学科产生交集，且这些交集由来已久，"沿着感性的思路会议论到一些学科，它们都与人文地理标签多少有关。它们都以人群，以人正存活其中的环境为对象，如社会学、人类学、民俗学、民族学等"。"人文地理"这四个字本身就足以激动人心，如张承志先生所言，"我们不仅留意了'地理'的视角，也反省了关联的学科。人文地理这个题目邀请着我们，除了思考地理环境、文化类型、历史真实之外，更去研究文明的代言人和文明的主体、外来的发现者与现地生活者的关系；去关心沉默的文明主人的权利。我们自设考场，驱使自己去追究'学问'与人的关系"。作者本人的研究目标没有那么宏大——反思文化立场及坚持"文明内部的发言"原则，但"多学科的综合眼光和叙事的文学性"①，却是本人力图践行和意在通过不断努力获得的研究视角与写作风格。

3. 家事诉讼

婚姻家庭纠纷，本书中简称为"家事纠纷"或"家事案件"②。具言之，家事案件即是与婚姻家庭有关的、存有争议的所有民事纠纷，包括与婚姻、家庭有关的财产型纠纷和身份型纠纷，但不包括没有争议的非讼案件，如宣告死亡案件、认定公民为无民事行为能力案件、认定公民为限制民事行为能力案件、监护人指定案件。

按照最高人民法院《民事案件案由规定》，婚姻家庭类纠纷共有15个具体案由：（1）婚约财产纠纷；（2）离婚纠纷；（3）离婚后财产纠纷；（4）离婚后损害责任纠纷；（5）婚姻无效纠纷；（6）撤销婚姻纠纷；（7）夫妻财产约定纠纷；（8）同居关系纠纷：①同居关系析产纠纷，②同居关系子女抚养纠纷；（9）抚养纠纷：①抚养费纠纷，②变更抚养关系纠纷；（10）扶养纠纷：①扶养费纠纷，②变更扶养关系纠纷；（11）赡养纠纷：①赡养费纠纷，②变更赡养关系纠纷；（12）收养关系

---

① 参见张承志《以笔为旗》，中国社会科学出版社，1999，第114、125、127页。1998~1999年，张承志先生撰写了"人文地理文件夹"系列文章。其间三联书店"以书代刊"创办《人文地理》杂志，张承志先生是该杂志的执行主编，但该杂志只发行了一期便停刊。

② "家事纠纷"或"家事案件"最初只是学界使用的概念。近年来，最高人民法院也频繁在重要法制媒体使用上述概念。例如，2015年末，最高人民法院公布了30个婚姻家庭纠纷的典型案例（北京、山东、河南各10件），同时强调妥当裁判"家务事"。岁书臻：《最高法院公布典型案例　强调"家务事"要妥断》，《人民法院报》2015年11月20日第1版。2016年初，最高人民法院启动婚姻家庭纠纷审判改革，首批试点改革法院共计100个。最高人民法院审判委员会专职委员杜万华接受《法制日报》记者采访时，较为全面地介绍并解读了该方面改革目标、方案和措施，使用的就是"家事审判改革"这一概念。周斌：《最高法推进家事审判改革　今年百家法院试点》，法制网，http://www.legaldaily.com.cn/judicial/content/2016-03/04/content_6509964.htm? node=80570，最后访问日期：2016年3月4日。

纠纷：①确认收养关系纠纷，②解除收养关系纠纷；（13）监护权纠纷；（14）探望权纠纷；（15）分家析产纠纷。① 鉴于包括新疆在内，全国法院审理的家事案件以离婚案件为主，② 本书中，作者本人亦将离婚案件作为主要分析对象。

（二）家庭现代化及离婚风险变量研究

自 20 世纪 80 年代我国社会学重建以来，婚姻家庭变迁就成为家庭社会学研究的经典主题。婚姻家庭的演变，以及与之相关婚姻关系的不稳定性日益加剧，家庭现代化理论与离婚风险研究为本人分析新疆婚姻家庭关系提供了必要的理论借鉴，但亦不可过分高估上述理论的解释力。

1. 家庭现代化理论的解释力

尽管当下面临不婚生活、单身社会的挑战，家庭仍被视为人类需要共同生活的"最好诠释"，"家庭而非个人，一直是构筑人类社会以及经济体系的基石"。③ 但在不同历史时期、不同文化体系内，家庭的结构、

---

① 最高人民法院《民事案件案由规定》第二部分"婚姻家庭、继承纠纷"中"婚姻家庭"类纠纷具体案由包括上述 15 项。参见最高人民法院《关于印发修改后的〈民事案件案由规定〉的通知》《关于修改〈民事案件案由规定〉的决定》（法〔2011〕41 号），最高人民法院网，http://www.court.gov.cn/fabu–xiangqing–3456.html，最后访问日期：2016 年 4 月 27 日。

② 近五年来，在新疆法院系统一审审结的婚姻家庭纠纷中，离婚纠纷占比接近 90%：2010 年新疆法院系统一审结婚姻家庭案件 44289 件，其中离婚纠纷 39373 件，占该类案件的 88.90%；2011 年新疆法院系统一审结婚姻家庭案件 46858 件，其中离婚纠纷 41563 件，占该类案件的 88.70%；2012 年新疆法院系统一审结婚姻家庭案件 46061 件，其中离婚纠纷 41125 件，占该类案件的 89.28%；2013 年新疆法院系统一审结婚姻家庭案件 46982 件，其中离婚纠纷 41888 件，占该类案件的 89.16%；2014 年新疆法院系统一审结婚姻家庭案件 49316 件，其中离婚纠纷 44087 件，占该类案件的 89.40%。上述数据由新疆维吾尔自治区高级人民法院研究室提供。

③ 美国学者埃里克·克里南伯格认为，世界各地越来越普遍的独居现象标志着"单身社会"的崛起。其原因在于经济繁荣、社会福利，以及个体崇拜这一世界性的历史文化转变。对此埃里克·克里南伯格有极为乐观地预期，他认为，独居生活的社会试验妙趣横生，这是一种富有革新力量的社会现象，"它改变人们对自身，以及人类最亲密关系的理解；它影响着城市的建造和经济的变革；它甚至改变了人们成长和成年的方式，也同样改变了人类老去甚至去世的方式"。参见〔美〕埃里克·克里南伯格《单身社会》，沈开喜译，上海文艺出版社，2015，第 1~32 页。

关系、功能却不断发生变化。社会学家一般倾向于将核心家庭、以儿童为中心、更喜欢生活的亲密性和私密性，而不是与亲属分担责任，视为"现代"家庭的典型特征。所以，家庭现代化理论强调"两种"或"双重"适应性，即个人主义价值观念与夫妇式家庭制度之间的适应性，以及核心家庭制度与工业化之间的适应性。经典家庭现代化理论的代表人物古德（William J. Goode）在《世界革命和家庭模式》一书中，将社会变迁对家庭的"祛传统化"特征概括为：传统家庭（通常指扩大或联合家庭）趋向于夫妇式家庭，因高度流动夫妇式家庭倾向于新居制和双系制（父系和母系），个人价值高于世系和家庭利益，性别平等主义倾向，以及贬抑传统和习俗等。[①] 在国外，面对质疑，现代家庭理论进行了自我修正和发展，不断吸纳和丰富新材料、新因素和新观点。例如，针对经典家庭现代化理论过于强调家庭小型化、核心化和亲属关系削弱等特征，修正后的现代家庭理论更为关注家庭关系、亲属关系和社区关系。现代家庭理论"在宏观层面上，在与现代化过程相伴的家庭变迁方面，仍是具有解释力和影响力的社会学理论。其所概述的有关家庭现代化的概念、标准和模板，在分析世界性的家庭变迁方面，至今仍具有不可替代的权威性，影响着包括发达和欠发达国家在内的世界多数国家对其家庭现代化道路和范式的评价"[②]。

国内的家庭社会学研究也经历了从"经典的家庭现代化理论"到"再修正的发展的家庭现代化理论"的发展过程。例如，有学者比较广州、杭州、郑州、兰州、哈尔滨五个城市的家庭发展，发现并非如经典家庭现代化理论派学者所预设，各地的经济发展与家庭现代化程度基本相应，呈现出相应的梯度；而是出现了一定程度的错位，即经济发展程度与家庭关系变化之间的错位——经济发达的广州、杭州反而比经济滞

---

① W. J. Goode, *World Revolution and Family Patterns*, New York: Free Press, 1963, pp. 18 - 22.

② 唐灿：《家庭现代化理论及其发展的回顾与评述》，《社会学研究》2010 年第 2 期。

后的郑州、兰州、哈尔滨保留着更多传统家庭的特征。①

　　如果说用西方的家庭现代化理论解释中国问题，遭遇了地区间家庭现代化指标的错位，那么，导致这一错位原因在于，并非单一的（甚至也不是首要的）地区性经济发展因素决定着家庭变革，地域文化、意识形态等因素对家庭的影响极大。但是在既有的关于中国不同地区之间婚姻家庭生活变迁的比较研究中，所考察地区的文化形态仍相对单一，不具备足够的多元性、立体性与丰富性，而且基本不涉及省（区）内的各个地区（或县市）的婚姻家庭生活变迁。

　　仅就本研究选定的地区——新疆——而言，民族（或族属）、文化（宗教、习俗、传统）的多样性和差异性远在其他省份之上。婚姻家庭自传统到现代的线性叙事和单一模式研究，将受困于现实中的众多反例，在解释力上碰壁：第一，若将维吾尔族高离婚率、婚配的异质性大（尤其是在再婚家庭中，夫妻间的年龄、社会地位、经济收入等方面的差异显著）、疆内的流动性高视为现代性表现，但其相对早婚、家庭规模大又是传统的遗留。第二，若将哈萨克族（出生家庭与婚姻家庭）亲子分居、家庭经济相对独立视为现代性的表现，但其相对重聘、耻于离婚、尊亲属维系子女家庭关系又是传统的遗留。第三，相对而言，汉族家庭更为现代，例如跨省流动、低生育率、登记离婚比例较高，但基于流动性（流动人口与本地人口）、次地域（南疆与北疆）、职业（有固定职业者与无固定职业者）等方面的考量，汉族人口也存在着族属内部的差异，新疆本地有固定职业的汉族人口离婚现象少于无固定职业的流动人口。

2. 婚姻风险理论的五个变量

　　家庭社会学研究者认为，婚姻质量高低（或婚姻幸福程度）与婚姻离散可能性之间的因果关系显而易见，婚姻质量和婚姻稳定性之间存在正相关性，即婚姻质量越高，婚姻的稳定性越强。除了对婚姻稳定有直

---

① 马春华等：《中国城市家庭变迁的趋势和最新发现》，《社会学研究》2011年第2期。

接影响外，婚姻质量还具有中介变量的作用，其他众多因素通过婚姻质量对离婚风险起着不同方向和不同程度的作用，婚姻质量是婚姻稳定性最重要的预测指标。

国外主流文献用婚姻双方的年龄、教育、宗教和种族等人口特征的相对差异来测量夫妻的异质性，但这些难以反映中国两性异质的真正内涵，也因此对中国婚姻家庭关系及离婚风险的解释力严重不足。徐安琪研究员通过上海、兰州城乡4个区域的概率抽样调查资料，来检视离婚风险的影响机制。徐安琪改用夫妻双方在观念、性格、旨趣、生活习惯、消费意向/习惯、子女教育和处理亲属关系等方面的协调适应情况，作为检验离婚风险的指标，用以修正异质性假说；同时将婚姻互动论、离婚成本分析、家庭压力论、文化规范论和替代选择假说等相关变量，根据中国国情加以改进后，纳入一个综合分析模型。徐安琪力图使异质假说的内涵得到拓展，使得离婚风险的影响机制（异质性指标）更具解释力。徐安琪认为，同质性越强，婚姻凝聚力也越强，离异可能性就越小；反之，异质性越强，则离婚风险越大。①

本书作者深入分析发现，徐安琪的婚姻风险理论建立的分析情境是微观家庭环境，且以核心家庭为原型，主要分析对象是夫妻日常生活中的行为、观念的协调适应问题，而且基本延续她此前对于"家庭权力"和"两性地位"问题研究的分析情境和分析对象原型。此前她认为，妇女的家庭地位并非取决于妻子的相对权力，而是以妻子的绝对自主权，以及对家庭角色平等认同感受作为首要因素，家庭权力是多维度、多侧面、动态、复杂的交互作用，建立在爱、尊重、持家能力和服务贡献等无形的人际和符号交流基础上，并且具有模糊性、间接性和潜在性等特征，因而难以精确测量。②

① 徐安琪：《离婚风险的影响机制——一个综合解释模型探讨》，《社会学研究》2012年第2期。
② 徐安琪：《夫妻权力和妇女家庭地位的评价指标：反思与检讨》，《社会学研究》2005年第4期。

　　超越个体家庭、家庭内部关系的分析情景，本人认为，将文化规范论、成本效用分析（上述两个变量在徐安琪的文章中仅被作为非主要变量）以及代际传递假说（被徐文排除的变量）作为分析和解释新疆少数民族（主要是针对维吾尔族）婚姻风险的理论工具，是有较强解释力的。

　　文化规范论的提出是基于欧美社会的文化背景，该理论将快乐主义/幸福主义与终身婚姻观念视为相对立的观念：在崇尚个人本位文化的社会，通常更易出现为寻求个人幸福而放弃原有婚姻的现象，对离婚更为宽容的人则更可能选择离婚，去寻找更好的伴侣；而对终身婚姻深信不疑者通常愿意花更多的时间和精力来解决婚姻问题，致力于维系长久（乃至终生）的婚姻关系。这一理论被几项社会调查结论所肯定。[①] 作为社会文化的表现之一，婚姻家庭态度与婚姻稳定性直接相关，有文献比较新疆不同族别的婚姻态度，持"合得来就过，合不来就拉倒"的草率态度者的比重越高，潜在的离婚概率就越高。在维吾尔族人口中，持这种态度者的比重高于哈萨克、蒙古、回、柯尔克孜四族，维吾尔族离婚率也最高。[②] 相当一部分维吾尔族离婚者的离婚理由是微乎其微的，因一时冲动而草率离婚，离婚后大多数人又会后悔。[③]

　　最初将成本效用分析用于家庭社会学领域的学者是经济学家贝克尔。贝克尔认为，家庭是当事人追求利益或产出最大化的单位，"孩子、声望和尊严、健康、利他主义、羡慕和感官享受"等都是非常有价值的产品；而子女数量和结婚年限是两个重要的成本变量，其起到稳定婚姻关系的作用。有婚生子女、婚姻持续时间越长，当事人在婚姻关系上投入的个人资源就越多，婚姻解体的损失自然也就越大。[④] 不过，本书作者

① 徐安琪：《离婚风险的影响机制——一个综合解释模型探讨》，《社会学研究》2012 年第 2 期。
② 艾尼瓦尔·聂吉木：《新疆少数民族人口婚姻状况调查》，《中国人口科学》2002 年第 5 期。
③ 艾尼瓦尔·聂吉木：《新疆少数民族人口婚姻状况及其变动趋势分析》，《西北人口》2004 年第 1 期。
④ 〔美〕加里·斯坦利·贝克尔：《家庭论》，王献生、王宇译，商务印书馆，1998，第 33、319 页。

不认可将贝克尔的成本效用分析全盘照搬使用，例如对于婚姻维系期较短的农村维吾尔族离婚纠纷当事人，结婚成本（较低）和未成年子女抚养成本（也较低）也是比较有价值的考察变量。[①]

代际传递假说最初是美国学者在 20 世纪 90 年代提出的。该假说认为，父母的离婚率高低与子女的离婚率高低存在正相关，父母的离婚加大了子女离婚的风险。之后在德国、英国、澳大利亚等国的研究也都得出类似的结论。[②] 欧美社会的被分析群体恰好是第二次世界大战后婴儿潮一代及其子女。在分析我国大部分地区的离婚风险时，该假说完全不具备解释力，因为中国离婚率不断提高是近三十年的现象，而离婚率攀升期出生者还没有自己的下一代或下一代还没有到适婚年龄，不存在代际传递的问题。但对于离婚率一直高居全国各省份前列且离婚人口占比相对平稳的新疆，尤其是南疆地区，代际传递假说对分析离婚风险是非常有解释力的。因为，南疆地区离婚问题的代际传递链条要比欧美社会长得多。

（三）法律人类学整体论与关系论的研究进路

婚姻家庭生活受社会经济、伦理道德、法律规范、社会文化、民族习俗等多种因素的影响。将婚姻家庭问题置于社会功能体系及其关系的系统中加以考察是极为必要的。尽管当下中国社会的主导模式是，由个人做出缔结、维系、解除婚姻关系的决定，而婚姻关系变动的法律后果也由当事人承担，但除了法学研究者以外，人类学、社会学乃至人口学研究者更倾向于将婚姻问题视为社会问题。

1. 整体论研究进路的逻辑层次性

"整体主义"是人类学中一项悠久的传统方法论，这一传统可追溯

---

① 维吾尔族结婚成本相对较低，对婚姻解体影响明显，对此已有数份研究文献。艾尼瓦尔·聂吉木：《新疆少数民族人口婚姻状况及其变动趋势分析》，《西北人口》2004 年第 1 期；艾尼瓦尔·聂吉木：《新疆少数民族人口婚姻状况调查》，《中国人口科学》2002 年第 5 期；徐安琪、茆永福：《新疆维吾尔族聚居区高离婚率的特征及其原因分析》，《中国人口科学》2001 年第 2 期。离婚后未成年子女多由女方抚养，男方疏于承担抚养责任。李晓霞：《试析维吾尔族离婚现象形成的原因》，《西北民族研究》1996 年第 2 期。
② 徐安琪：《离婚风险的影响机制——一个综合解释模型探讨》，《社会学研究》2012 年第 2 期。

至拉德克利夫 - 布朗对人类学功能主义整体论的定义，"将任何存续的文化看成是一个整合的统一体或系统，在这个统一体中，每个元素都有与整体相联系的确定功能"。① 布朗的整体论强调"功能"的整体主义，因此也被称之为"传统整体主义"。但这种整体主义已基本被晚近的人类学研究所抛弃。非常重要的理由是全面了解统一体及其每一个元素，是不可能实现的理想，没有谁可以看到全面并想到一切。马尔库斯和费彻尔重新界说了人类学的整体主义："作为一个民族志作者，人类学者将精力集中于一种不同于过去的整体观，他们不再提出放之四海而皆准的大理论，而是把注意力转向某一具体的生活方式的充分表述。这种新的整体观，旨在通过最细致的观察，提供有关某一生活方式的全面图景，它奠定了 20 世纪民族志研究的基础……现代民族志的整体描述，目的不在于提供有关文化的目录或百科全书……而在于使文化元素场域化、在于在各文化元素之间设立了系统的联系。"② 对于新疆不同地域社会中差异性明显的婚姻家庭关系研究，整体论研究进路极有启发意义。

不存在"以一剂万应灵丹解决问题的奇迹"，科学方法论的价值在于"提出一些解决问题的方向并深化问题的阐释"。③ 朱晓阳提出，以法律人类学整体论作为"法的文化研究和实践的进路"，这一思路让本人受益匪浅。朱晓阳认为，应以新整体论理解当代中国法律的实践及其意义，并期待整体论能够为当代法律建构带来知识论注视的"转向"，"从纠缠于实证（分析）法学/自然法学、现代司法论/本土资源论等的虚假对立中脱出，转向注视法律与价值（道德）的（法律理论层面的）整体性和（司法层面的）实践性关联"。新的整体论亦有助于法学研究者反思自身的研究立场和基本价值取向，为跨文化理解和对话提供可能性，"从而使对基本价值/信念的坚持不至于陷入极端文化相对主义。这在文

---

① 〔英〕拉德克利夫 - 布朗：《社会人类学方法》，夏建中译，华夏出版社，2002，第67页。
② 〔美〕乔治·E. 马尔库斯、〔美〕米开尔·M. J. 费彻尔：《作为文化批评的人类学——一个人文学科的实验时代》，王铭铭、蓝达居译，生活·读书·新知三联书店，1998，第44~45页。
③ 朱晓阳：《"语言混乱"与法律人类学的整体论进路》，《中国社会科学》2007 年第 2 期。

化保守主义浪潮涌动的当下亦显得十分重要"。①

具体的纠纷，也即"个案"。法学界关注个案中的法律关系、权利义务分配。人类学家却关注个案的发生情景、发展过程、社会后果、秩序维系，个案可以被视为个人或集体行动的延伸性"条件信息"，其影响着特定行动者的行动。"延伸个案相当于一种以整体论来发现'事实'，确定'性质'和做出相应裁决的方法。其所搜寻的'事实'必须放在社会—文化情境的整体中才能定性；必须与纠纷的'前历史'和可能'社会后果'联系才能定性；必须以地方的和超越地方的法律认识或规范信念为背景才能'想象'得出其'性质'和意义。""在普通人的日常交往中，在他们成功处理与他人的纠纷和争议中，在普通的法庭过程中，一定包含着生活世界的秩序得以维系的秘密。要对这些实践有所理解，社会科学学人一方面需要抱持整体主义的态度和立场，另一方面需要进入'田野'。"②

鉴于，立法、司法、执法活动本身的高实践性，而法学家不强调实证研究，所以，人类学家戏称，"摇椅上的法学家"③ 指导着中国法治建

---

① 朱晓阳：《"语言混乱"与法律人类学的整体论进路》，《中国社会科学》2007 年第 2 期。
② 同上。
③ "摇椅上的法学家"是一种讽刺性的借用。在人类学发展的初期，第一代的人类学家，如泰勒、摩尔根、弗雷泽等，仅仅是偶尔也去异域旅行，其研究所依据的素材多是旅行家的记述、殖民当局的档案以及传教士的著述，这些第二手资料被用作从事异文化研究的第一手资料，以此构建或想象着人类起源及发展进化。所以他们被称为"摇椅上的人类学家"。直至 20 世纪初，进化论思想对人种研究与文化研究的思维模式仍起着决定性作用，人类学家更乐于在图书馆里寻找资料用以说明或佐证文化制度的发展。文化发展本身被认为是，（或多或少）遵循着智力、科技、道德成就这样一种固定不变的发展顺序。直到 20 世纪 20 年代，马林诺夫斯基、拉德克利夫－布朗、埃文思·普里查德等人，不仅在研究方法上彻底转变，并且在学术立场上也发生了绝对的反写——不是对野蛮人的好奇，而是对他们的文化予以细致观察、参与和记录，这给人类学带来了一场"革命"。自此以后，民族志成为人类学家和人类学入门者工作和学习的主要手段，民族志写作"为人类学赢得了声誉，成了人类学家向学术界和知识界再现与讨论具体的人和事的'秘密武器'"。文永辉：《法律的民族志写作与文化批评——论中国的法律人类学研究》，《广西民族研究》2006 年第 3 期；〔美〕K. F. 科克：《法律与人类学》，杨周云译，《民族译丛》1987 年第 6 期。中国的人类学和民族学也一度遵循"进步"叙事，"进步"叙事到现在仍被普遍适用，具有很大的话语空间。

设。法学家致力于构建"法律的帝国"，但却面对着法学的"表述危机"。在这一方面具有说服力的例证就是，法学研究中极为常见的是"三段论式"的"干涩的写作"①。人类学家却仅把法律作为文化体系的一个元素，在文化体系中，法律是独特的，但没有绝对的优势地位。在人类学家那里，"法律只是社会文化的一个方面，必须注意它与其他社会文化元素之间的联系"，从而"提供某一生活方式的全面图景和充分表述"。借鉴法律人类学的整体论，"有利于为法治建设提供整体而又不乏细致的思维"，为观察法律在社会整体文化中的地位和作用提供一种"最好"的表述方式。"通过写实描写展现法律及社会秩序运作的现状及各种文化之间的关系"，有助于研究者与实务工作者从真实生动的法律生活实践中汲取到有益的养分。法学研究与人类学写作，或可形成学术关注的交集，即以"社会秩序如何维持和控制为其基本的中心和着眼点"。② 人类学家作为"文化的合格讲述者"，其法律民族志写作目的是"展现和揭示丰富多彩的社会生活"。但有必要强调的是，法学研究需要观察、分析，但却以做出判断为研究目的——构建、完善规则体系，法学研究对行为做出合法性判断，平衡利益关系。法学研究的作用不仅仅是展现和揭示某一文化形态，但细致、全面的观察和记录是法学研究的基础性工作，至少是阶段性要求。

婚姻家庭法研究受益于整体论研究进路。因婚姻产生的夫妻关系是"后天获致性"的关系，人类的婚姻家庭生活因此"具有高度的系统性和组织性"。婚姻作为一种"长期契约"，需历经恋爱、结婚、婚内长期生活、孩子抚养和教育（绝大部分婚姻涉及）、离婚（少部分涉及）的

---

① 法学论文典型的"三段论式"的写作方式是：首先，从中国现行法规定或法治实践中寻找到某一问题；其次，论述英美法系或大陆法系国家是如何解决这一问题的；最后，讨论如何借鉴（或移植）域外的经验，来解决中国问题。

② 文永辉：《法律的民族志写作与文化批评——论中国的法律人类学研究》，《广西民族研究》2006 年第 3 期。

全过程。"因为婚姻契约的长期性，才导致婚姻具有不完全契约和关系性投资的性质。"由婚姻家庭自身的特点所决定，法律对婚姻家庭关系的干预强度是极为有限的，"只有在夫妻双方不是真实意思表示或者其行为违背了公序良俗、产生了负的外部性时，法律才可以进行干预"。针对婚姻家庭纠纷处理，即便是有经验的司法者也很难制定出妥当的解决方案。凡此情形，"非正式的和社会约束以及婚姻双方的道德因素共同作用，才能最好地保护婚姻关系"。①

整体论同样也为研究离婚原因提供了合适的研究角度。因为"离婚既是一种个人行为，也是一种社会现象，并且产生于复杂的人类社会的系统中，是多种因素共同导致的结果"。婚姻解体应从多学科、多层次进行系统研究。伦理学视角侧重于分析道德约束变迁与离婚现象增多的关系，但是"道德变迁对离婚调节的变化放到更高层次的'社会变迁'中系统去分析；了解'社会变迁'对'传统文化对离婚调节的非道德化倾向'的下向的因果作用；同时也需要把'传统文化对离婚调节的非道德化倾向'还原到具体个人，分析其对个人价值观念和行为方式等下向的因果作用，并最终落实到其对个人准备性条件、自愿性条件和能力条件的影响；另外，我们还需要把'道德约束'与不同学科对离婚现象增多的同一层次的解释如：市场经济、《婚姻法》、人口结构变化、家庭暴力等结合起来，分析同一次层次解释之间的关系"。有研究者建议，采用"RWA模型"及其"复杂整体论"思想研究离婚等社会现象，且需要打破学科和层次的界限产生的"思维"禁锢，从而更为"系统"地认识社会现象产生的原因。"无论是从社会视角下的文化与道德变迁、政治性视角下的体制改革与意识形态变化、法学视角下的婚姻法律变迁等来研究离婚原因，都可以回归到个体自愿性条件分析。同时，这种个体自愿性条件的分析也为不同社会情境下，个体与群体离婚原因的多元性

① 田开友：《婚姻的法经济学机理》，《制度经济学研究》2008年第1期。

提供了新的研究径路。"①

以整体观为研究进路，围绕离婚诉讼进行实证研究，本书作者的观察和分析的层次如下：第一，利用全国与新疆三次人口普查数据，分析在各时点新疆人口婚姻状况在地域、民族、城乡方面的共时性差异及其历时性变化，从而对新疆婚姻家庭的稳定状况及变化发展构建起更为全面的分析框架。第二，以和田市与阿勒泰市离婚诉讼卷宗为主要研究样本，围绕着当事人的个人特征、拟解除的婚姻情况和司法审判情况三方面问题，做司法统计与个案分析，同时附以对办案人员的访谈资料和社会调查记录资料，补充诉讼信息的不足或遗漏，考察两地法院家事纠纷的案情特点、案件变化、结案方式与审理结果的趋同变化与差异之处。第三，从族群婚姻家庭文化和地域社会文化背景（包括自然地理环境、社会经济、政策与法律、宗教习俗等因素的影响），探讨新疆两城市家事诉讼差异表现与趋同变化的情境化影响因素，借此分析诉讼行为、司法行为、正式制度和文化观念、非正式制度之间的关联。

2. 行动－规范－情境的关系本体论

关系本体论视角不同于"自我行动"（self － action）视角，即事物依靠自我能量行动，独立于其他实体。个人主义和整体主义是"自我行动"视角在社会科学研究方法论上的体现，即将个体和整体作为行动的唯一来源。关系本体论视角也不同于"互动"（inter － action）视角，即

---

① Ansley J. Coale 在 1973 年最早提出 "Readines － Willingnes － Ability（RWA）" 模型，该模型最初被用于生育行为研究。Coale 认为，三个前提条件同时满足时，人的行为会发生改变：1. 准备性条件（readiness），即人们做出某种行为是基于对该行为所带来的利弊结果予以权衡后的选择，也就是说实施某种行为是因为其带来的效用明显。这种效用分析主要是指微观层面的成本效用计算。2. 自愿性条件（willingness），即行为人是否实施某种行为，会考虑到社会文化（包括宗教、种族、道德等因素）对该行为的接纳程度。3. 能力条件（ability），即行为人做某种行为与否还会考虑是否有技术条件予以支持，即行为的实现条件。林川、常青松建议，应"立足于方法论上的个体主义，通过个体的准备性条件、自愿性条件以及能力条件分析建立起的个体离婚行为的决策机制，为研究离婚行为奠定了分析模型"。林川、常青松：《1997～2012 年中国大陆"离婚原因"研究述评》，《人口与发展》2012 年第 6 期。

在不改变实体属性的前提下，行动发生在实体之间，在这里关系具有从属性。它主要体现为脱离背景进行变量分析的统计调查研究和定性的历史/比较分析。关系视角将动态伸展的过程作为首要的分析单位，不认为存在着独立的实体和孤立的实体关系，而是认为事物经由它们在关系中发挥的作用而得到界定。质言之，理解个体不可能脱离其整体或背景，事情总是在特定情境中才能获得充分说明。布迪厄的经典解释是：关系具有本体论意义上的地位，应从事物之间关系的角度构建研究对象。他的社会理论的核心概念之一"场域"就很好地体现了这一点。场域被用以界定一个关系空间或一个网络，场域有其运行逻辑，在场域运行逻辑中个体行为才能得到真正理解。例如，他对巴黎高等师范学校的研究，只有把该校纳入到整个法国高等教育场域及其中的权力关系中，把该校视为关系空间的一个节点，教育资本、教育精英和国家精英的内在关联才能被真正把握。①

　　分析微观权力关系，婚姻家庭领域自然是非常合适的分析场域。作者本人以审理家事纠纷的法庭为核心"场域"来尝试法律社会学写作，这一研究涉及的知识领域较为多元，不妨使用通行的说法，本研究属于跨学科研究或"学科际"研究，这不是追随一时的学术风尚，而是要求研究者本人为积累实实在在的知识做系统性学习和长期研究。作者本人也极为期待综合使用不同的学术话语范式、知识和理论，进行创新研究：家事纠纷的核心话语，如人身关系、财产关系（婚姻关系解除与否、共同财产分割、子女抚养等），有助于集中研究主题；家庭社会学、文化人类学有关婚姻、生育、家庭结构和家庭关系的研究，有助于开放思维空间，构建更完善的理论解释框架；人口学的离婚率、离婚人口占比、家庭规模等数据统计信息的比较研究，有助于整体把握新疆婚姻家庭关系。本人最终的研究预期是，以审理家事诉讼的法庭为场域，在三维框架——行为（诉讼行为和裁判行为）、行为约束（国家制度和非正式制

---

① 〔法〕布迪厄、〔美〕华康德：《实践与反思》，李猛、李康译，中央编译出版社，1998，第354页。

度）与社会文化情境，即行动－规范－情境之间，思考三者之间如何建立起系统的联系，从而对家事诉讼建立新的、更为全面的解释体系。

因为绝大多数法学研究所论述的重心都是权利及权利保护、权力及权力行使、责任或如何追究责任。要做到放宽视野，就需要其他更为丰富的范畴，这些范畴用于概括来自婚姻当事者、诉讼主体从自己所在的真实生活实践中传递出的信息（行为、认知、观念、判断和选择等）。这就需要把法学中一些无所不包的概念掰开揉碎，如权利、秩序、正义与自由等，转化为更具语言性质的叙事性成分；同时又要作者本人有意识地避免一种写作危险——制作出关于每一个边缘群体或亚文化群体的陈词滥调。另需强调，不同于社会学、人类学的细致观察和深度描述，以完整充分地呈现某一群体或文化类型作为学术使命；法学研究不能回避行为评价和价值判断，作为交叉学科的法律社会学亦然。例如，法学研究中究竟该如何看待习俗，需要研究者时刻提醒自己全面、深入、细致地研究习俗的现实影响和实际作用。

人类学家强调，在"地点"上进行研究，聚焦于"地点"中发生的问题；虽然"地点"具有明确边界，但研究的"问题"却可以是超越地方性的。[①] 作者本人对家事诉讼研究预期不是提供的"异域见闻"，本研究的直接目的是提供一种解释性假说，就多元文化社会中初级关系圈（婚姻家庭）的涉诉纠纷（家事纠纷），分析统一的法律制度如何在不同社会地理空间中被有差异地实践和适用；研究视角是交叉性的双重视角（当事人与法官），交叉点是涉诉的家事纠纷；本人的研究自然不能绕开权利义务与法律关系构成的一般法律范畴，但又与一般的婚姻家庭司法问题研究有别，本人借用人类学、社会学的方法论，上述法律范畴是继续追问和深入研究的切入点，家事诉讼实践类似于 USB 接口：一端是正式制度，另一端是非正式规则。这里非正式制度（或规则、规范）是指广义的、由文化所构建的各种规则的总称，包括了习俗、道德、宗教规

---

① 王富伟：《个案研究的意义和限度——基于知识的增长》，《社会学研究》2012 年第 5 期。

范等多种社会规则类型。非正式规则不仅影响着诉争的婚姻家庭事实，而且也在调解过程中被法官"审慎""务实"地运用。

三 进与出、小与大的视角转换

家庭现代化理论具有广泛的解释力，即使在新疆这样一个文化多元的区域，一定程度上会产生理论预设与客观现实的错位，但其仍然可作为非常强有力的理论参照系统。婚姻风险理论可以较好地解释一些面临解体危机的婚姻事实如何区别于常态的、相对稳定的婚姻家庭生活，也可以直接用于分析已提起诉讼的拟解除的婚姻情况。整体论研究进路，可以作为超越人类学、社会学与法学的研究领域分化，作为推进社会科学研究的一种有益的研究方向，尤其是涉及法律、世俗、道德、宗教多重因素影响之下的婚姻家庭问题。关系本体论中的关系"场域"在本研究中被界定为"审理婚姻家庭纠纷的法庭"，当然场域中发生的关系不限于纠纷中典型的人身关系和财产关系，还包括族群观念、地域文化、宗教习俗、身份角色意识和行为等与家事诉讼相关的非正式规则。

（一）家事诉讼研究的多种角度

除了民事司法、婚姻家庭法学理论外，本研究中最重要的理论支持来自于社会学、人类学、人口学等学科。当然它们之间不是一种并列关系，围绕家事纠纷审理，阐释的层次被逐层推进：家事诉讼→诉讼行为和裁判行为→法律关系、正式制度之外的地域文化、正式制度，其间引入其他学科的研究方法和理论解释，地域性婚姻家庭文化对婚姻关系乃至司法裁判的影响，逐渐得到更加明确的解释。研究过程中，作者本人要不断进行进与出、小与大的研究视角转换。"这就好比给照相机换了镜头：过去看不到的若干东西，如今已能看到。"①

在本人研究的地域，家事诉讼本身及其发生情景（社会地理空间）

---

① 〔美〕戴维·E. 阿普特：《通往学科际研究之路》，《国际社会科学杂志》2010 年第 3 期。

涉及很多的区分角度，其可以区分性别（男性与女性）、地域（如南疆与北疆、城市与乡村）、社会阶级和阶层（如公职人员与农牧民），还有族属（如汉族、维吾尔族、哈萨克族、回族、蒙古族等）。本研究的核心问题在于，家事诉讼过程中的行为、过程和关系。在一个文化多元的边疆城市，家事诉讼研究绕不过"纠纷的文化逻辑"。对新疆两城区家事纠纷的比较研究，意在将家事诉讼的研究放置在纠纷发生地的整体社会文化背景下，从中寻找当事人与法官的所思所想、所作所为之间的联结。也因此，两个边远城区的常见诉讼类型——家事纠纷——研究既需要研究者进得去，考察个案中的族别、年龄、职业、子女、居住格局、财产数量、离婚原因、审理周期、结案方式等诉讼信息；另一方面又要出得来，到相对宏大的社会历史背景（司法制度、民族政策、新疆历史、城市发展史、新疆的自然地理和人文地理等）中，考察诉讼内部关系（婚姻关系、诉讼行为、裁判行为等）与纠纷发生地的社会地理空间（制度体系、社会文化、观念价值、宗教信仰等）之间的相关性。

作为本人研究的田野调查点，法庭是城区内最庄严、肃穆的地方，但也是人物关系最清晰、角色最明确、矛盾最集中的地方。选择阿勒泰市、和田市两地基层法院家事诉讼从事法律社会学研究，在知识和理论上的价值预期（主要）不在于其代表性（在概率意义上"样本"能否代表"总体"特征），而在于将通过个案研究获得"实体性整体"（中国基层民事司法情况）认识，使得个案研究走出个案，在"关系性整体"（地域文化和社会体系）内促进知识增长，扩充对经验事实的认识与提出新的理论见解。个案研究的价值在于，"超越性"优于"代表性"，即"由于'异质性问题'的存在，个案研究不可能获得对'实体性整体'的认识，因此提出以对'关系性整体'的追求取代之……"①

（二）研究主旨与思路调整

本研究若一定要确定一个主旨，就在于对新疆两城家事诉讼进行社

---

① 王富伟：《个案研究的意义和限度——基于知识的增长》，《社会学研究》2012 年第 5 期。

会学意义上的解释，因为婚姻家庭关系无法被设想为存在于社会文化之外；同时致力为法律社会学研究带来知识论的注视"转向"，即关注婚姻家庭法与婚姻家庭观念、道德、伦理在家事诉讼层面上的实际关联，与之相关，两者在法学理论研究层面应予以整体性思考。

也正是婚姻家庭问题，为作者本人贴近新疆各民族、各群体"存在"的"多样性"提供基础性的准备；没有它，便没有可作为素材的、可用以比较的不同社会形态和文化类型。换言之，若想理解、分析、研究多元文化，必须理解婚姻家庭问题；理解多元，但不是以"多元文化"为旗帜，陷入极端的族裔文化或文化相对论，最终放弃适度的、必要的批评向度。当然，如何努力超越经验观察，达到更深刻地分析现实是很难实现的。

借鉴人口学、人类学和社会学研究成果，对地域性（但不封闭、孤立）婚姻家庭关系进行法律社会学研究，本人拟在四个方面做思路调整：第一，从对立到分离，即婚姻家庭传统性和现代性可能不是一个连续体的两极，而可能是各自独立的变量。第二，从一元到多元，即传统性和现代性可能不是单维变量（侧重家庭结构），而可能是多维变量（关注与家庭相关的多重关系和因素）。第三，从单范畴（家庭结构）到多范畴（例如家庭经济、亲属关系、宗教信仰等），即现代性和传统性可能在不同生活侧面中有不同表现，应从不同生活侧面加以观察、分析。①

---

① 已有研究文献分析在不同生活环境中，维吾尔族家庭关系和女性地位的差异。努尔古丽·阿不都苏力选择吐鲁番地区托克逊县郭勒布依乡切克曼村和乌鲁木齐市沙依巴克区两地为调研点，对比城乡女性的生活状况，揭示现代化过程中，维吾尔族城乡女性在行为特征、生活方式上的差异和产生差异的原因，以及在现代进程化中，维吾尔族女性所面临的困扰与发展前景。她认为，女性确实有被排斥和被轻视的现象，但无论是在乡村，还是在城市，维吾尔族家庭无疑是以母亲为中心，女性也可以是积极的能动者。囿于父权制的主流研究，容易落入"女性被压制"的俗套，不利于女性发现自我。城乡之间的维吾尔族家庭存在明显差异，在城市：1. 父辈在家庭中的地位从绝对权威到家庭养老、安度晚年。2. 家庭结构从扩大家庭到核心家庭转变，从纵向向横向发展。3. 家庭关系趋于简单化，夫妻感情成为生活的保障。但是即使是在城市，维吾尔族社会对女性的家庭角色的期望大于对其社会角色的期望。努尔古丽·阿不都苏力：《维吾尔族城乡女性比较研究——以切克曼村与乌鲁木齐市为例》，中央民族大学 2009 年博士学位论文。

第四，从普遍性到不断反思、细化的本土性，即一致性的《婚姻法》和《民事诉讼法》，如何在地方司法实践中获得适用，一致性的、普遍性的立法制度内容不是作者本人的关注重心，本人研究的重心是地方性的司法实践，即本土性实践——从国家到省份再到地区。也可以称为，司法权力的在地化、本地化运行状况。第四点最为重要。

地方性的家事诉讼研究的基本前提有两点。第一，以国家法一体化，即统一制度（即使在民族区域自治地方，法律制度变通也是极为有限的）与统一机构为背景。第二，考察法律制度在基层社会的具体实践，关注法律在实践中的操作运行情况以及司法活动的法律、社会、政治意义。

作者本人研究的难点较多，具体如下：第一，法官群体比较容易争取配合，难度较大的是当事人及代理人。访谈后者选择什么样的交流机会及如何争取配合将面临困难。第二，如何保障诉讼信息的准确性和全面性。例如离婚原因（裁判文书上常用的表述是"感情不和""性格不合"等，表述极为概括、抽象）、婚姻财产的处理（如前期调查中，众多案件无婚姻财产，但实际可能并非如此），故需要判断、分析并补充相关信息。第三，与诉讼相关的社区情理等非正式制度性因素的考察和取舍。例如婚前交往、结婚成本、居住格局，乃至社区对抽烟喝酒等问题的评价等，都会影响到婚姻稳定性，但不同因素在汉族、维吾尔族、哈萨克族、回族中的常见度、过错严重程度的评价不同，如何抽取显见因素与各个族别、各个地域的家事诉讼相对应进行分析，是本书作者研究的另一个难题。第四，由于可参考的资料有限，尤其是缺乏新疆的哈萨克族、维吾尔族和汉族的家事诉讼研究文献，以及新疆基层法院民事审判的司法研究文献，差异性的分析及共性的总结过程都存在困难。第五，尽管作者本人在新疆有超过十年的生活经历（包括 1 年的和田支教）和多次的调研经历，但在分析和判断上难以克服主观倾向。为了避免研究者本人牵强，乃至强加性的解释，大量的深度访谈是尤为必要的。在基层民事司法和地域婚姻家庭文化研究领域中，既能入乎其内又能出乎其外的访谈对象是很难寻找到的，而事实上，这类访谈对象的数量也极为有限。第六，作者本人考察重点在于，不同社会地理空间下司法权力的运行情况，以及对司法行为对作为其运行环境的社会地理空间所产生的影响。不过怎样确定行动与背景间的连接？对于这一点，学者之间很少达成共识。因为要确定法律制度与大的文化脉络之间在什么地方及怎样联系在一起，的确不是一件容易的事情。

第一章

社会地理空间差异背景下新疆
人口的婚姻状况

盼望它渐渐成为一种沾满泥巴的地理，不仅准确地勾勒了山河地域……

——张承志：《人文地理文件夹》①

新疆的高离婚率，以及由此导致的离婚人口占比偏高是历时性现象。就此已有多位学者进行相关研究，相对一致的结论是，维吾尔族的高离婚率及高婚次现象是新疆离婚率及离婚人口占比偏高的首要原因。② 但新疆婚姻家庭的稳定状况、变化发展尚缺乏更为细致、全面的分析框架。

学界认为"离婚率"是"衡量一个地区婚姻和睦和稳定性的重要指标，较高的离婚率意味着家庭小单元的不稳定，从而可能带来社会的不稳定"。③ 离婚率计算简易，即一地一年内发生的离婚对数除以年均人口

---

① 张承志：《以笔为旗》，中国社会科学出版社，1999，第111页。
② 李晓霞：《试析维吾尔族离婚现象形成的原因》，《西北民族研究》1996年第2期；袁志广：《维吾尔婚俗中的离婚现象及其成因探析——来自"田野"的报告与思考》，《西北民族研究》1999年第1期；徐安琪、茆永福：《新疆维吾尔族聚居区高离婚率的特征及其原因分析》，《中国人口科学》2001年第2期；艾尼瓦尔·聂吉木：《新疆维吾尔族人口离婚问题研究》，中央民族大学出版社，2009，第147～212页。
③ 刘茜：《"离婚率"：让你认识真实的我》，《调研世界》2013年第6期。

数，这一数据过于单一，无法呈现更为多元、丰富的社会结构与社会关系信息。比较而言，人口普查数据是最权威的涵盖人口各方面发展情况的数据。在人口普查汇总资料中，有关于人口婚姻状况的多项信息。故人口普查资料可作为考察新疆人口的婚姻家庭状况，探讨新疆婚姻家庭稳定性及其变动特点、趋势的基础资料和数据来源。[①] 作者本人利用第四次、第五次、第六次人口普查数据，整体上基于时点指标分析新疆离婚人口变动情况；在此基础上，基于地域、民族、城乡三项二级指标，考察在同一时点新疆离婚人口在地域、族别、城乡方面的共时性差异，及其历时性的变化。

在本章中，本人所使用的数据为国务院人口普查办公室、新疆人口普查办公室公开发布的 1990 年第四次人口普查（文中简称为"四普"）、2000 年第五次人口普查（文中简称为"五普"）和 2010 年第六次人口普查（文中简称为"六普"）的汇总数据。本人从三次人口普查婚姻状况数据中选择适合于本研究的部分数据进行分析，即新疆人口婚姻状况的地域、民族、城乡分类统计数据。除了上述分类外，历次人口普查还有性别、年龄、职业的分类统计数据，但地域、民族、城乡的分项统计数据比较适合做中观层面的区域性人口学和社会学分析；性别、年龄、职业分类较为个体化，对于不同社会结构、不同地域文化影响下婚姻家庭状况差异的解释力较为有限。地域、民族、城乡也是作者本人剖析新疆"社会地理空间"的关键词，用以分析新疆不同地区、不同族别、各地城乡的人口婚姻状况的差异。

为了描述和分析的便利，本人依据新疆 5 个地理经济带对 15 个地州（市）人口婚姻状况进行分区描述。基于资源环境、社会经济发展水平和人口地域分布特征，新疆全区可分为 5 个地理经济带[②]："天北带"

[①] 历次人口普查均将人口婚姻状况分为未婚和已婚两大类，其中已婚又分为有配偶、丧偶和离婚三个子类。

[②] 孙建光：《新疆人口分布与资源环境的关系研究》，新疆人民出版社，2008，第 17、28 页。

（即"天山北坡经济带"），包括乌鲁木齐市、昌吉回族自治州（简称"昌吉"）、石河子市、克拉玛依市；"天西带"（即"天山西北–阿勒泰经济带"），包括伊犁哈萨克自治州直属地区（简称"伊犁州直"）、博尔塔拉蒙古自治州（简称"博州"）、塔城地区（简称"塔城"）、阿勒泰地区（简称"阿勒泰"）；"吐哈带"（即"吐哈经济带"），包括吐鲁番地区（简称"吐鲁番"）和哈密地区（简称"哈密"）；"塔北带"（即"塔北经济带"），包括巴音郭楞蒙古自治州（简称"巴州"）和阿克苏地区（简称"阿克苏"）；"塔南带"（即"塔南经济带"），包括克孜勒苏柯尔克孜自治州（简称"克州"）、和田地区（简称"和田"）和喀什地区（简称"喀什"）①。5个地理经济带的各个地州（市）具有共性时，故此本人不再对地州（市）的人口婚姻状况进行分析；当地理经济带无法涵盖其所辖各地州（市）人口婚姻状况及特点时，本人再做进一步分析。本人舍弃通常使用的新疆地理划分，即以天山为界，把新疆划分为"南疆""北疆"与"东疆"，原因在于这一地理划分过于粗略。

新疆多民族聚居。第六次人口普查数据显示，除了怒族、鄂温克族、德昂族、独龙族、门巴族、基诺族外，新疆有50个民族居住。为了统计便利，也遵循新疆人口学、社会学研究的常规分类，本人仅就新疆13个世居民族婚姻情况进行统计，即维吾尔族、汉族、哈萨克族、回族、柯尔克孜族、蒙古族、塔吉克族、锡伯族、满族、乌孜别克族、俄罗斯族、达斡尔族和塔塔尔族。因各族人口数量差异悬殊，本人着重分析在三次人口普查时点人口均超过10万的6个民族，即维吾尔族、汉族、哈萨克族、回族、柯尔克孜族、蒙古族。

"四普""五普""六普"期间，新疆城镇化水平不断提高，城镇化

---

① "五普"前后，新疆维吾尔自治区政府在重要的工作报告、统计公告、年鉴中，将新疆分为如下五个经济带：天山北坡带、北疆西北部带、东疆带、南疆东北带、南疆西南带，是目前五个地理经济带的"前"称谓。新疆人口普查部门也使用过上述经济带来分析新疆各地城镇化水平的差异。参见新疆维吾尔自治区人口普查办公室编《世纪之交的中国人口》（新疆卷），中国统计出版社，2005，第263~268页。

率分别是 32.50%、33.75%、42.97%。至 2015 年底，新疆城镇人口占总人口比重（常住人口城镇化率）达到 47.23%。①"四普"以来城镇化对婚姻家庭稳定性的影响日趋明显，新疆城市化程度较高的地区，离婚率增长、离婚人口占比增长也明显高于新疆全区均值。新疆"四普"资料尚无依城乡标准分类统计各地州（市）人口婚姻状况的相关数据，"五普""六普"均有此分类，且将各地城镇乡分类统计数据置于年龄和职业分类统计数据之前。

第一节　新疆人口婚姻状况的地域差异及变化

三次人口普查结果均显示，新疆始终是全国离婚人口占比最高的省区。1990 年，新疆离婚人口占比为 2.82%，比全国离婚人口占比平均值（0.59%）高出 2.23 个百分点，两者比值为 4.78∶1;② 2000 年，新疆离婚人口占比为 2.61%，比全国平均值（0.94%）高出 1.67 个百分点，两者比值为 2.78∶1;③ 2010 年新疆离婚人口占比为 3.22%，比全国平均值（1.38%）高出 1.84 个百分点，两者比值为 2.33∶1。④ 三次人口普查期间，全国离婚人口占比平均值净增长了 133.90%，而新疆离婚人口占比仅净增长 14.18%。尽管新疆全区离婚人口占比呈缓慢增长趋势，但新疆各地州（市）离婚人口占比增降差异极为明显。

一　"四普"时点新疆各地人口婚姻状况

"四普"时点新疆各地州（市）人口婚姻状况相关数据显示：就

---

① 2015 年新疆城镇化率数据来源于《新疆维吾尔自治区 2015 年国民经济和社会发展统计公报》，《新疆日报》2016 年 4 月 11 日。

② 计算离婚人口占比的统计数据来源于国务院人口普查办公室、国家统计局人口与社会科技统计司编《中国 1990 年人口普查 10% 抽样资料》，中国统计出版社，1991，第 42、44 页。

③ 计算离婚人口占比的统计数据来源于国务院人口普查办公室、国家统计局人口与社会科技统计司编《中国 2000 年人口普查资料》（下），中国统计出版社，2002，第 1585、1587 页。

④ 计算离婚人口占比的统计数据来源于国务院人口普查办公室、国家统计局人口和就业统计司编《中国 2010 年人口普查资料》（下），中国统计出版社，2012，第 1850、1851 页。

未婚人口占比而言，博州居于位序的最中间位置；除了克拉玛依外，天北带其他三地未婚人口占比都较高；天西带未婚人口占比整体偏高；吐哈带居中；塔北带较低。塔南带最低。石河子市未婚人口占比最高（35.76%），和田未婚人口占比最低（17.92%），两者比值约为2：1。就有配偶人口占比而言，博州再居位序的最中间位置。塔南带有配偶人口占比最高；塔北带次高；吐哈带居中；天北带较低；天西带最低。就丧偶人口占比而言，吐鲁番地区居最中间位置。塔南带最高；天西带次高；塔北带两地差异明显，阿克苏丧偶人口占比偏高，而巴州偏低；吐哈带较低；天北带最低。就离婚人口占比而言，乌鲁木齐市居位序的最中间位置；塔南带最高；塔北带次高；天北带与吐哈带均较低；天西带最低。六地离婚人口占比均低于全疆离婚人口占比均值（2.82%）；天西带最低。

"四普"时点，新疆15个地州（市）的离婚人口占比均高于全国离婚人口占比平均值。新疆离婚人口占比（2.82%）与全国离婚人口占比平均值（0.59%）相差悬殊，两者比值为4.78：1，也就是说前者约是后者5倍。较之新疆区域与全国均值比，新疆各个地州（市）的离婚人口占比差异更为悬殊，离婚人口占比最高的和田（7.27%）约是离婚人口占比最低的阿勒泰（0.60%）的12倍，两者比值为12.12：1（见表1-1）。

表1-1 "四普"时点新疆各地人口婚姻情况

单位：%

地区	未婚人口		有配偶人口		丧偶人口		离婚人口	
	占比	位序	占比	位序	占比	位序	占比	位序
乌鲁木齐	34.44	3	61.26	10	3.00	14	1.30	8
克拉玛依	31.98	9	64.73	6	2.20	15	1.09	10
吐鲁番	27.64	11	66.13	4	4.14	8	2.09	5
哈密	33.56	6	61.78	9	3.66	12	1.00	11
昌吉	34.27	5	61.22	11	3.77	11	0.74	14

续表

地区	未婚人口		有配偶人口		丧偶人口		离婚人口	
	占比	位序	占比	位序	占比	位序	占比	位序
博州	32.62	8	62.56	8	3.85	9	0.97	12
巴州	30.96	10	63.12	7	3.84	10	2.08	6
阿克苏	24.57	12	65.85	5	4.94	4	4.64	3
克州	22.58	13	68.95	3	5.34	3	3.13	4
喀什	18.48	14	70.50	1	5.89	1	5.13	2
和田	17.92	15	69.34	2	5.47	2	7.27	1
伊犁	33.42	7	60.66	12	4.53	6	1.39	7
塔城	34.30	4	60.55	13	4.33	7	0.82	13
阿勒泰	35.19	2	59.62	14	4.59	5	0.60	15
石河子	35.76	1	59.49	15	3.51	13	1.24	9
全疆	28.42		64.30		4.46		2.82	

资料来源：新疆维吾尔自治区人口普查办公室编《新疆维吾尔自治区1990年人口普查资料》，中国统计出版社，1992，第176~181页。

二 "五普"时点新疆各地人口婚姻状况

"五普"时点新疆各地州（市）人口婚姻状况相关数据显示：就未婚人口占比而言，博州、阿克苏最接近均值（23.38%）；天西带未婚人口占比最高；吐哈带居中；塔北带偏低；塔南带和天北带各地州（市）之间无共性。较之"四普"时点（最高最低比为2∶1），各地未婚人口占比差距呈现缩小趋势，阿勒泰未婚人口占比最高（29.03%），石河子市未婚人口占比最低（15.77%），两者比值为1.84∶1。就有配偶人口占比而言，塔城居于位序的最中间；塔南带最低；塔北带、天西带都较低；吐哈带两地无共性；除乌鲁木齐市以外，克拉玛依市、石河子和昌吉有配偶人口占比均较高。就丧偶人口占比而言，与"四普"时点趋于一致，塔南带丧偶人口最高；天西带紧随其后；塔北带的阿克苏（偏高）与巴州（偏低）差异明显；吐哈带较低；除了石河子市外，天北带其他三地丧偶人口占比均低于全疆均值

（3.78%）。就离婚人口占比而言，克拉玛依市居位序的最中间位置；塔南带仍然明显高于全疆均值（2.61%）；塔北带紧随其后；吐哈带的吐鲁番（偏高）与哈密（偏低）差异显著；除了昌吉外，天北带三市离婚人口占比居中，（较之"四普"）更接近均值；天西带仍处于最低水平。

"五普"时点，新疆15个地州（市）的离婚人口占比仍然全部高于全国离婚人口占比平均值。较之"四普"时点（4.78∶1），新疆离婚人口占比（2.61%）与全国离婚人口占比平均值（0.94%）的差距已经明显缩小，两者比值为2.78∶1。新疆各地州（市）的离婚人口占比也呈现明显缩小趋势，和田离婚人口占比仍最高（5.32%），阿勒泰最低（0.96%），两者比值为5.54∶1（见表1-2）。

表1-2 "五普"时点新疆各地人口婚姻情况

单位：%

地区	未婚人口		有配偶人口		丧偶人口		离婚人口	
	占比	位序	占比	位序	占比	位序	占比	位序
乌鲁木齐	26.70	2	68.33	12	2.89	13	2.08	7
克拉玛依	16.09	13	79.68	1	2.20	14	2.03	8
吐鲁番	24.90	7	69.45	9	3.40	11	2.25	5
哈密	21.79	11	73.11	3	3.69	8	1.41	12
昌吉	22.34	9	73.08	4	3.52	9	1.06	14
博州	22.73	8	72.76	5	3.07	12	1.44	11
巴州	21.97	10	72.33	6	3.46	10	2.24	6
阿克苏	22.73	8	69.24	10	4.08	4	3.95	2
克州	26.47	3	66.20	13	4.46	1	2.87	4
喀什	20.30	12	71.34	7	4.46	1	3.90	3
和田	25.17	5	65.30	15	4.21	2	5.32	1
伊犁	25.62	4	69.12	11	3.72	7	1.54	10
塔城	25.12	6	69.53	8	4.09	3	1.26	13
阿勒泰	29.03	1	65.95	14	4.06	5	0.96	15

续表

地区	未婚人口		有配偶人口		丧偶人口		离婚人口	
	占比	位序	占比	位序	占比	位序	占比	位序
石河子	15.77	14	78.66	2	3.79	6	1.78	9
全疆	23.38		70.23		3.78		2.61	

资料来源：新疆维吾尔自治区人口普查办公室编《新疆维吾尔自治区2000年人口普查资料》，新疆人民出版社，2002，第784~785页。

三 "六普"时点新疆各地人口婚姻状况

"六普"时点新疆各地州（市）人口婚姻状况相关数据显示：就未婚人口占比而言，阿克苏居位序的最中间；塔南带未婚人口占比最高；塔北带与吐哈带偏低（四地均低于全疆均值22.24%）；天西带与天北带的各地州（市）之间无共性。较之"四普"时点（最高最低比约为2∶1）、"五普"时点（1.84∶1），全区各地未婚人口占比差距呈继续缩小趋势，克州未婚人口占比最高（25.14%），昌吉占比最低（17.64%），两者比值约为1.43∶1。就有配偶人口占比而言，伊犁州居位序的最中间位置；吐哈带有配偶人口占比较高；塔北带居中；塔南带最低；天西带与天北带的各地州（市）之间差异显著。就丧偶人口占比而言，哈密居位序最中间位置；塔南带偏高；吐哈带丧偶人口占比居中；塔北带两地差异明显，巴州偏低，阿克苏偏高；天北带最低；天西带的博州与伊犁州直（偏低）与塔城、阿勒泰（偏高）差异显著。就离婚人口占比而言，15个地州（市）中，位序居最中间的是吐鲁番地区（2.59%），但偏离新疆全区离婚人口占比均值（3.22%），接近均值的是乌鲁木齐市（3.06%）。除了克州（2.55%）外，塔南带和塔北带5个地州的离婚人口占比均高于新疆全区均值，吐哈带偏低，天北带各地差异明显，昌吉离婚人口占比偏低（1.90%），乌鲁木齐市、自治区直属县级市（2.91%）接近均值，克拉玛依市（3.99%）高于全疆均值，仅低于和田地区（5.34%）和阿克苏（4.28%），离婚人口占比居位序第三位，天西带离婚人口占比仍处于最低水平。

"六普"时点，新疆15个地州（市）的离婚人口占比仍然全部高于全国离婚人口占比平均值。较之"五普"时点（2.78∶1），新疆离婚人口占比（3.22%）与全国离婚人口占比平均值（1.38%）的差距继续呈现缩小趋势，两者比值为2.33∶1。新疆15个地州（市）的离婚人口占比差距也进一步缩小，和田离婚人口占比仍居高不下（5.34%，"五普"为5.32%），阿勒泰离婚人口占比仍为最低（1.44%，"五普"为0.96%，上升了50%），两者比值为3.71∶1（见表1-3）。

表1-3 "六普"时点新疆各地人口婚姻情况

单位：%

地区	未婚人口		有配偶人口		丧偶人口		离婚人口	
	占比	位序	占比	位序	占比	位序	占比	位序
乌鲁木齐	25.08	2	68.21	12	3.65	14	3.06	5
克拉玛依	17.93	13	74.53	4	3.55	15	3.99	3
吐鲁番	18.81	11	73.78	6	4.82	5	2.59	8
哈密	18.87	10	74.35	5	4.62	8	2.16	11
昌吉	17.64	15	75.76	1	4.70	7	1.90	14
博州	18.74	12	75.25	2	4.10	13	1.91	13
巴州	20.67	9	72.26	7	4.17	12	2.90	7
阿克苏	21.92	8	69.00	10	4.80	6	4.28	2
克州	25.14	1	67.71	13	4.60	9	2.55	9
喀什	23.81	4	66.91	14	5.33	1	3.95	4
和田	22.58	7	66.83	15	5.25	2	5.34	1
伊犁	23.09	6	70.09	8	4.50	10	2.32	10
塔城	17.69	14	75.04	3	5.21	4	2.06	12
阿勒泰	23.80	5	69.53	9	5.23	3	1.44	15
直属县级市	23.94	3	68.78	11	4.37	11	2.91	6
全疆	22.24		69.90		4.64		3.22	

注：自治区直辖县级市包括石河子市、图木舒克市、五家渠市。

资料来源：新疆维吾尔自治区人民政府人口普查小组办公室：《新疆维吾尔自治区2010年人口普查资料》（下），中国统计出版社，2012，第1597页。

四 三时点新疆各地离婚人口占比的变化

"四普""五普""六普"三个时点，全国离婚人口占比平均值比值为 1：1.59：2.34。这意味着，其间我国离婚人口占比净增长了 133.90%；三时点新疆全区离婚人口占比比值为 1.08：1：1.27，新疆离婚人口占比增长了 14.18%。但在三个时点间，新疆各地州（市）离婚人口占比升降不一：克州先升后降（1.23：1.55：1）；和田（1.37：1：1.01）、喀什（1.32：1：1.01）、阿克苏（1.17：1：1.08）均呈现先降后升趋势，且升幅有限；其他地区均呈现持续上升的趋势，其中增幅最大的是克拉玛依市（净增长了 256.88%）。

在 11 个离婚人口占比持续上升的地州（市）中，增幅较大（均超过全国平均水平）的，或是城市化程度高的地区，如克拉玛依市（1：1.81：3.66）、乌鲁木齐市（1：1.60：2.35）、直属县级市（1：1.44：2.35），或是离婚人口占比较低的地区，包括阿勒泰（1：1.60：2.40）、塔城（1：1.54：2.51）与昌吉（1：1.42：2.56）。比较而言，巴州（1：1.08：1.39）、伊犁（1：1.11：1.67）、博州（1：1.48：1.91）、吐鲁番（1：1.08：1.51）、哈密（1：1.41：2.16）上升幅度均低于全国平均水平（见表 1-4）。

表 1-4　三时点新疆各地离婚人口占比比值及升降情况

地区	离婚人口比值	升降	地区	离婚人口比值	升降
乌鲁木齐	1：1.60：2.35	持续上升	克州	1.23：1.55：1	先升后降
克拉玛依	1：1.81：3.66	持续上升	喀什	1.32：1：1.01	先降后升
吐鲁番	1：1.08：1.51	持续上升	和田	1.37：1：1.01	先降后升
哈密	1：1.41：2.16	持续上升	伊犁	1：1.11：1.67	持续上升
昌吉	1：1.42：2.56	持续上升	塔城	1：1.54：2.51	持续上升
博州	1：1.48：1.91	持续上升	阿勒泰	1：1.60：2.40	持续上升
巴州	1：1.08：1.39	持续上升	直属县级市	1：1.44：2.35	持续上升
阿克苏	1.17：1：1.08	先降后升	新疆全区	1.08：1：1.27	先降后升

第二节　新疆人口婚姻状况的民族差异及变化

　　三次人口普查数据均显示，新疆汉族离婚人口占比、以少数民族人口为主体的非汉族①离婚人口占比始终分别高于全国汉族离婚人口占比、全国非汉族离婚人口占比的平均值。1990 年，新疆汉族离婚人口占比为 0.99%，比全国汉族离婚人口占比平均值（0.56%）高出 0.43 个百分点，两者比值为 1.77∶1；同年新疆非汉族离婚人口占比为 4.24%，比全国非汉族离婚人口占比平均值（0.98%）高出 3.26 个百分点，两者比值为 4.33∶1。② 2000 年，新疆汉族离婚人口占比为 1.53%，比全国汉族离婚人口占比平均值（0.87%）高出 0.66 个百分点，两者比值为 1.76∶1；同年新疆非汉族离婚人口占比为 3.46%，比全国非汉族离婚人口占比平均值（1.23%）高出 2.23 个百分点，两者比值为 2.81∶1。③ 2010 年，新疆汉族离婚人口占比为 2.53%，比全国汉族离婚人口占比平均值（1.35%）高出 1.18 个百分点，两者比值为 1.87∶1；同年新疆非汉族离婚人口占比为 3.74%，比全国非汉族离婚人口占比平均值（1.70%）高出 2.04 个百分点，两者比值为 2.20∶1。④ 上述数据表明，新疆汉族离婚人口占比与全国均值的比值变化不大（前者约高于后者 80%），新疆非汉族离婚人口占比与全国均值的差距不断缩小（"四普"至"六普"，前者从高于后者 4 倍下降至约 2 倍）。但因新疆民族众多，各族离婚人口占比升降不一，仅依据汉族与非汉族离婚人口占比变化，不足以清晰阐释

---

① 历次人口普查资料第二部分"长表数据资料·第二卷　民族"中，除了汉族和 55 个少数民族以外，还有"其他未识别的民族""外国人加入中国国籍"的统计数据，但这两者人数极少。

② 计算离婚人口占比的统计数据来源于国务院人口普查办公室、国家统计局人口与社会科技统计司编《中国 1990 年人口普查资料》（第 1 册），中国统计出版社，1993，第 796~797 页。

③ 计算离婚人口占比的统计数据来源于国务院人口普查办公室、国家统计局人口与社会科技统计司编《中国 2000 年人口普查资料》（中），中国统计出版社，2002，第 829~831 页。

④ 计算离婚人口占比的统计数据来源于国务院人口普查办公室、国家统计局人口和就业统计司编《中国 2010 年人口普查资料》（中），中国统计出版社，2012，第 753~754 页。

新疆各世居民族的婚姻状况及其稳定性变化。

一 "四普"时点新疆各族人口婚姻状况

"四普"时点新疆各世居民族人口婚姻状况相关数据显示：就未婚人口占比而言，居于位序最中间位置的是俄罗斯族（35.13%），但最接近新疆未婚人口占比均值（28.42%）的是回族（31.49%）。在人口超过10万的民族中，蒙古族（39.46%）、哈萨克族（38.38%）、汉族（33.04%）未婚人口占比较高，回族接近均值，柯尔克孜族未婚人口占比较低（24.24%），维吾尔族占比最低（21.69%）。就有配偶人口占比而言，居于位序最中间的是锡伯族（57.20%），但最接近新疆有配偶人口占比均值（64.30%）的是回族（63.71%）。在人口超过10万的民族中，维吾尔族有配偶人口占比最高（67.44%），柯尔克孜族次高（66.54%），回族与汉族（62.89%）略低于均值，哈萨克族较低（54.87%），而蒙古族最低（52.47%）。就丧偶人口占比而言，居于位序最中间位置，也最接近均值（4.46%）的是塔塔尔族（5.14%）。在人口超过10万的民族中，蒙古族丧偶人口占比（7.18%）最高，哈萨克族（6.18%）、柯尔克孜族（6.02%）、维吾尔族（5.62%）丧偶人口占比也较高，回族（3.74%）与汉族（3.08%）丧偶人口占比偏低。就离婚人口占比而言，居于位序最中间位置的是满族（1.51%），但接近新疆离婚人口均值（2.82%）的是柯尔克孜族（3.20%）。在人口超过10万的民族中，维吾尔族（5.25%）与柯尔克孜族离婚人口占比（3.20%）都超过均值。

"四普"时点，全国汉族与非汉族离婚人口占比比值为1∶1.75，新疆汉族与非汉族离婚人口占比比值为1∶4.24。在新疆13个世居民族中，仅哈萨克族离婚人口占比（0.57%）低于全国离婚人口占比平均值（0.59%）；在新疆12个世居少数民族中，仅哈萨克和达斡尔族离婚人口占比（0.88%）低于全国非汉族离婚人口占比平均值（0.98%）。新疆13个世居民族中，维吾尔族离婚人口占比最高，与离婚人口占比最低的哈萨克族的比值是9.21∶1；维吾尔族离婚人口占比与全国离婚人口占比平均值的比值是 8.90∶1，与全国非汉族离婚人口占比平均值的比值是 5.36∶1（见表 1-5）。

表 1-5 "四普"时点新疆各族人口婚姻情况

单位：%

民族	未婚人口		有配偶人口		丧偶人口		离婚人口	
	占比	位序	占比	位序	占比	位序	占比	位序
汉族	33.04	8	62.89	6	3.08	12	0.99	10
维吾尔族	21.69	13	67.44	1	5.62	5	5.25	1
哈萨克族	38.38	3	54.87	10	6.18	3	0.57	13
回族	31.49	10	63.71	4	3.74	11	1.06	9
蒙古族	39.46	2	52.47	12	7.18	1	0.89	11
柯尔克孜族	24.24	12	66.54	2	6.02	4	3.20	3
塔吉克族	24.34	11	65.67	3	6.85	2	3.14	4
乌孜别克族	36.72	6	54.62	11	5.15	6	3.51	2
塔塔尔族	41.85	1	50.98	13	5.14	7	2.03	6
满族	32.51	9	63.05	5	2.93	13	1.51	7
锡伯族	37.12	5	57.20	8	4.43	10	1.25	8
达斡尔族	37.24	4	56.85	9	5.03	8	0.88	12
俄罗斯族	35.13	7	57.99	7	4.83	9	2.05	5
全疆	28.42		64.30		4.46		2.82	

资料来源：新疆维吾尔自治区人口普查办公室编《新疆维吾尔自治区 1990 年人口普查资料》，中国统计出版社，1992，第 560~561 页。

二 "五普"时点新疆各族人口婚姻状况

"五普"时点新疆各世居民族人口婚姻状况相关数据显示：就未婚人口占比而言，居于位序最中间位置的是塔吉克族（30.00%），但最接近均值（23.38%）的是满族（22.76%）。在人口超过 10 万的民族中，哈萨克族（35.33%）、蒙古族（33.16%）、柯尔克孜族（30.73%）未婚人口占比偏高，回族（26.74%）、维吾尔族（25.49%）未婚人口占比也高于均值，汉族未婚人口占比最低（18.78%）。就有配偶人口占比而言，居于位序最中间位置的是锡伯族（63.81%），但接近均值（70.23%）的是满族（71.15%）。在人口超过10万的民族中，汉族有配偶人口占比最高（76.56%），回族次高（68.47%），维吾尔族较高（65.98%），柯尔克孜族（61.40%）、蒙古族（59.84%）、哈萨克族（59.26%）有配偶人口占比较低。就丧偶人口占比而言，居于位序最中间位置的是乌孜别克族（4.17%），但接近均值（3.78%）的是达斡尔族（3.87%）。在人口超过10万的民族中，蒙古族丧偶人口占比最高（5.73%），柯尔克孜族次高（4.82%），哈萨克族（4.63%）与维吾尔族（4.33%）较高，回族丧偶人口占比偏低（3.26%），汉族最低（3.13%）。就离婚人口占比而言，居于位序最中间位置的是塔吉克族（1.70%），但接近均值（2.61%）的是满族（2.87%）。在人口超过10万的民族中，维吾尔族离婚人口占比最高（4.20%），柯尔克孜族次高（3.05%），回族（1.53%）、汉族（1.53%）、蒙古族（1.27%）离婚人口占比较低，达斡尔族最低（0.22%）。

较之于"四普"，"五普"时点全国汉族与非汉族离婚人口占比的比值为1∶1.41，两者差距呈现缩小趋势（全国"四普"比值为1∶1.75）；与全国情况相比，新疆汉族与非汉族离婚人口占比的比值为1∶2.26，两者差距缩小趋势更为明显（新疆"四普"比值为1∶4.24）。鉴于达斡尔族普查人数较少，该族离婚人口占比数据的客观性、准确性有待商榷。在新疆人口超过10万的民族中，仅哈萨克族离婚人口占比（0.78%）低于全国离婚人口占比平均值（0.94%），也仅有哈萨克族低于全国非汉族离婚人口占比平均值（1.23%）。新疆13个世居民族中，维吾尔族离婚人口占比最高，与离婚人口占比较低的哈萨克族的比值是5.38∶1，较之于"四普"时点（9.21∶1），两者差距缩小。维吾尔族离婚人口占比与全国离婚人口占比平均值的比值是4.83∶1，与全国非汉族离婚人口占比平均值的比值是3.41∶1，较之于"四普"时点（分别是8.90∶1、5.36∶1），差距缩小（见表1-6）。

表 1-6 "五普"时点新疆各族人口婚姻情况

单位：%

民族	未婚人口		有配偶人口		丧偶人口		离婚人口	
	占比	位序	占比	位序	占比	位序	占比	位序
汉族	18.78	13	76.56	1	3.13	12	1.53	9
维吾尔族	25.49	11	65.98	4	4.33	5	4.20	1
哈萨克族	35.33	2	59.26	12	4.63	4	0.78	11
回族	26.74	10	68.47	3	3.26	10	1.53	9
蒙古族	33.16	3	59.84	10	5.73	1	1.27	10
柯尔克孜族	30.73	6	61.40	9	4.82	3	3.05	3
塔吉克族	30.00	7	64.00	6	4.30	6	1.70	7
乌孜别克族	33.23	4	58.64	13	4.17	7	3.96	2
塔塔尔族	35.45	1	59.53	11	2.68	13	2.34	6
满族	22.76	12	71.15	2	3.22	11	2.87	5
锡伯族	29.68	8	63.81	8	4.89	2	1.62	8
达斡尔族	32.04	5	63.87	7	3.87	9	0.22	12
俄罗斯族	27.65	9	65.47	5	3.93	8	2.95	4
全疆	23.38		70.23		3.78		2.61	

注："五普"时点，新疆全区范围内达斡尔族普查登记人口仅有 465 人，其中离婚人口 1 人，离婚人口占比为 0.22%。此外以下民族的普查人口数量也有限：锡伯族抽样人口 4495 人，离婚者 73 人；塔吉克族抽样人口 3233 人，离婚者 55 人；满族抽样人口 1740 人，离婚者 50 人；乌孜别克族抽样人口 960 人，离婚者 38 人；俄罗斯族抽样人口 611 人，离婚者 18 人；塔塔尔族抽样人口 299 人，离婚者 7 人。

资料来源：新疆维吾尔自治区人口普查办公室编《新疆维吾尔自治区 2000 年人口普查资料》，新疆人民出版社，2002，第 588~591 页。

三 "六普"时点新疆各族人口婚姻状况

"六普"时点新疆各世居民族人口婚姻状况相关数据显示：就未婚人口占比而言，居于位序最中间位置的是满族（25.70%），但接近均值（22.24%）的是回族（22.55%）。在人口超过 10 万的民族中，柯尔克孜族（28.02%）、哈萨克族（27.59%）、蒙古族（27.01%）未婚人口占比偏高，维吾尔族（23.77%）和回族（22.55%）也都高于均值，汉族未婚人口占比偏低（19.55%）。三次普查时点，新疆各族未婚人口占比均值不断下降（分别是28.42%、23.38%、22.24%），未婚人口占比最高民族与未婚人口占比最低民族间的差距也呈现缩小趋势（"四普"时点塔塔尔族与维吾尔族未婚人口占比比值为1.91∶1，"五普"时点塔塔尔族与汉族未婚人口占比比值为1.89∶1，"六普"时点塔塔尔族与汉族未婚人口占比比值为1.59∶1）。就有配偶人口占比而言，居于位序最中间位置的是哈萨克族（66.06%），但最接近均值（69.90%）的是回族（71.47%）。在人口超过10万的民族中，汉族有配偶人口占比最高（73.90%），回族次高（71.47%），维吾尔族（66.68%）、哈萨克族（66.06%）、蒙古族（64.08%）、柯尔克孜族（63.87%）有配偶人口占比均低于均值。就丧偶人口占比而言，居于位序最中间位置的是维吾尔族（5.23%），但最接近均值（4.64%）的是达斡尔族（4.50%）。在人口超过10万的民族中，与"四普""五普"时点一致，蒙古族丧偶人口占比（6.57%）仍然最高，柯尔克孜族（5.32%）、哈萨克族（5.24%）、维吾尔族（5.23%）丧偶人口占比也较高，汉族（4.02%）与回族（3.78%）丧偶人口占比偏低。就离婚人口占比而言，居于位序最中间位置的是柯尔克孜族（2.79%），但最接近均值（3.22%）的是乌孜别克族（3.09%）。在人口超过10万的民族中，维吾尔族离婚人口占比最高（4.32%），柯尔克孜族次高（2.79%），汉族（2.53%）、蒙古族（2.34%）、回族（2.20%）离婚人口占比较低，哈萨克族最低（1.11%）。

较之于"五普"，"六普"时点全国汉族与非汉族离婚人口占比的比值为1∶1.26，两者相互趋近（全国"五普"比值为1∶1.41）。因新疆少数民族离婚人口占比偏高，尽管汉族离婚人口占比持续增长，新疆汉族与非汉族离婚人口占比的比值差进一步缩小为1∶1.48（新疆"四普"比值为1∶4.24，"五普"比值为1∶2.26），但两者仍存在一定差距。在新疆13个世居民族中，仅哈萨克族离婚人口占比（1.11%）低于全国离婚人口占比平均值（1.38%）。在新疆12个世居少数民族中，仅哈萨克

族离婚人口占比低于全国非汉族离婚人口占比平均值（1.70%）。新疆
13 个世居民族中，俄罗斯族（6.82%）与满族（4.78%）的离婚人口占
比超过维吾尔族，但因俄罗斯族与满族的普查人口较少，这两个民族离
婚人口占比的客观性、准确性值得商榷。在人口超过 10 万的 6 个民族
中，维吾尔族离婚人口占比最高，与离婚人口占比最低的哈萨克族的比
值是 3.89∶1，较之于"五普"时点（5.38∶1），两者差距缩小。维吾
尔族离婚人口占比与全国离婚人口占比平均值的比值是 3.13∶1，与全国
非汉族离婚人口占比平均值的比值是 2.54∶1，较之于"五普"时点
（分别是 4.83∶1、3.41∶1），差距继续缩小（见表 1 - 7）。

表 1 - 7 "六普"时点新疆各族人口婚姻情况

单位：%

民族	未婚人口		有配偶人口		丧偶人口		离婚人口	
	占比	位序	占比	位序	占比	位序	占比	位序
汉族	19.55	12	73.90	1	4.02	11	2.53	8
维吾尔族	23.77	10	66.68	4	5.23	7	4.32	3
哈萨克族	27.59	5	66.06	7	5.24	6	1.11	13
回族	22.55	11	71.47	2	3.78	12	2.20	11
蒙古族	27.01	6	64.08	8	6.57	1	2.34	10
柯尔克孜族	28.02	4	63.87	9	5.32	5	2.79	7
塔吉克族	30.18	2	62.15	11	5.68	3	1.99	12
乌孜别克族	29.04	3	61.69	12	6.18	2	3.09	6
塔塔尔族	31.03	1	60.35	13	5.17	8	3.45	5
满族	25.70	7	66.07	6	3.45	13	4.78	2
锡伯族	24.69	9	66.47	5	4.98	9	3.86	4
达斡尔族	25.00	8	68.00	3	4.50	10	2.50	9
俄罗斯族	25.00	8	62.58	10	5.60	4	6.82	1
全疆	22.24		69.90		4.64		3.22	

注："六普"时点，新疆全区范围内俄罗斯族普查登记人口仅有 660 人，其中离婚人口 45 人，
离婚人口占比高达 6.82%；满族普查登记人口仅有 1506 人，其中离婚人口 72 人，离婚人口占比达
4.78%；锡伯族普查登记人口仅有 2693 人，其中离婚人口 104 人，离婚人口占比为 3.86%。

资料来源：新疆维吾尔自治区人民政府人口普查小组办公室：《新疆维吾尔自治区 2010 年人口
普查资料》（中），中国统计出版社，2012，第 697 ~ 698 页。

四　三时点新疆各族离婚人口占比的变化

"四普""五普""六普"三个时点，全国汉族离婚人口占比平均值、全国离婚人口占比平均值与全国非汉族离婚人口占比平均值的比值分别是，1∶1.05∶1.75、1∶1.08∶1.41、1∶1.02∶1.26。上述数据表明，全国汉族离婚人口占比平均值始终低于全国离婚人口占比平均值，也低于以少数民族人口为主体的非汉族离婚人口占比平均值。但是全国汉族离婚人口占比平均值与以少数民族人口为主体的非汉族离婚人口占比平均值的差距相对不明显，且呈现缩小趋势，两者逐渐接近全国离婚人口占比平均值。三次普查时点，新疆汉族离婚人口占比、新疆离婚人口占比与新疆非汉族离婚人口占比的比值分别是1∶2.85∶4.28、1∶1.71∶2.26、1∶1.27∶1.48。上述数据表明，与全国情况相一致，新疆汉族离婚人口占比始终低于新疆离婚人口占比，也低于以新疆少数民族人口为主体的非汉族离婚人口占比；且新疆汉族离婚人口占比与新疆非汉族离婚人口占比差距呈现缩小趋势，逐渐接近新疆离婚人口占比均值。新疆各族离婚人口占比变化与全国情况的差异在于，三次普查期间，全国离婚人口占比平均值、全国汉族离婚人口占比平均值与全国非汉族离婚人口占比平均值均呈增长趋势，但全国汉族人口离婚人口占比平均值增长（净增长141.07%）高于全国离婚人口占比平均值（净增长133.90%）的增长速度，且明显高于非汉族离婚人口占比平均值的增速（净增长73.47%）。新疆汉族离婚人口占比持续增长（净增长155.56%），而新疆离婚人口占比却经历了先降后升（净增长14.18%，整体增幅有限），以少数民族人口为主体的非汉族离婚人口占比也经历了先降后升（净下降11.79%，整体降幅有限）。

在三次普查时点上，新疆全区离婚人口占比整体趋势是先降后升（1.08∶1∶1.27）。在新疆13个世居民族中，乌孜别克族先升后降（1.14∶1.28∶1）；柯尔克孜族持续下降（1.15∶1.09∶1）；与全区趋势（先降后升）相一致的是，维吾尔族（1.25∶1∶1.03）、塔吉克族（1.85∶1∶1.17）、达斡尔族（4∶1∶11.36，因达斡尔族历次人口普查数量均较少，该族离婚人口占比的准确性有待商榷），其中与全区离婚人口占比升降幅度最趋近的是维吾尔族；其他 8 个民族都呈现持续上升趋势，除了塔塔尔族离婚人口占比增幅（1∶1.15∶1.70）低于全国非汉族离婚人口占比均值的增长速度，哈萨克族（1∶1.37∶1.95）、回族（1∶1.44∶2.08）、俄罗斯族（1∶1.44∶2.31）离婚人口占比增幅低于全国离婚人口占比均值的增长速度外，满族（1∶1.90∶3.17）、锡伯族（1∶1.30∶3.09）、蒙古族（1∶1.43∶2.63）、汉族（1∶1.55∶2.56）4 个民族离婚人口占比增幅都高于全国离婚人口占比均值和以少数民族为主体的非汉族离婚人口占比均值的增长速度。在三次普查时点，仅有哈萨克族离婚人口占比一直低于全国离婚人口占比均值；而在新疆 12 个世居少数民族中，也仅有哈萨克族始终低于全国非汉族离婚人口占比均值。三次人口普查时点，在人口超过 10 万的 6 个民族中，维吾尔族离婚人口占比始终最高，但其与离婚人口占比最低的哈萨克族之间的差距不断缩小（"四普"时点最高最低比为 9.21∶1，"五普"时点为 5.38∶1，"六普"时点为 3.89∶1）（见表 1-8）。

表 1-8　三时点新疆各族离婚人口占比比值及升降情况

民族	离婚人口比值	升降	民族	离婚人口比值	升降
汉族	1∶1.55∶2.56	持续上升	乌孜别克族	1.14∶1.28∶1	先升后降
维吾尔族	1.25∶1∶1.03	先降后升	塔塔尔族	1∶1.15∶1.70	持续上升
哈萨克族	1∶1.37∶1.95	持续上升	满族	1∶1.90∶3.17	持续上升
回族	1∶1.44∶2.08	持续上升	锡伯族	1∶1.30∶3.09	持续上升
蒙古族	1∶1.43∶2.63	持续上升	达斡尔族	4∶1∶11.36	先降后升
柯尔克孜族	1.15∶1.09∶1	持续下降	俄罗斯族	1∶1.44∶2.31	持续上升
塔吉克族	1.85∶1∶1.17	先降后升	新疆全区	1.08∶1∶1.27	先降后升

第三节　新疆离婚人口占比的城乡差异及变化

三次人口普查数据均显示，新疆城市离婚人口占比、镇离婚人口占比、乡村离婚人口占比始终均高于全国平均值。1990 年，新疆城市离婚人口占 1.44%，比全国城市离婚人口占比平均值（0.76%）高出 0.68 个百分点，两者比值是 1.89 : 1；同年新疆镇离婚人口占 2.36%，比全国镇离婚人口占比平均值（0.64%）高出 1.72 个百分点，两者比值是 3.69 : 1；同年新疆乡村离婚人口占 3.35%，比全国乡村离婚人口占比平均值（0.54%）高出 2.81 个百分点，两者比值高达 6.20 : 1。[①] 2000 年，新疆城市离婚人口占 2.13%，比全国城市离婚人口占比平均值（1.42%）高出 0.71 个百分点，两者比值是 1.50 : 1；同年新疆镇离婚人口占 2.66%，比全国镇离婚人口占比平均值（0.92%）高出 1.74 个百分点，两者比值是 2.89 : 1；同年新疆乡村离婚人口占 2.80%，比全国乡村离婚人口占比平均值（0.68%）高出 2.12 个百分点，两者比值高达 4.12 : 1。[②] 2010 年，新疆城市离婚人口占 3.32%，比全国城市离婚人口占比平均值（2.00%）高出 1.32 个百分点，两者比值是 1.61 : 1；同年新疆镇离婚人口占 3.22%，比全国镇离婚人口占比平均值（1.33%）高出 1.89 个百分点，两者比值是 2.42 : 1；同年新疆乡村离婚人口占 3.17%，比全国乡村离婚人口占比平均值（1.01%）高出 2.16 个百分点，两者比值高达 3.14 : 1。[③] 上述数据表明，新疆城市离婚人口占比与全国城市均值的比值变化不大（前者高于后者不足 1 倍），新疆镇离婚人口占比与全国镇均值的差距不断缩小（"四普"至"六普"，前者

---

① 计算离婚人口占比的统计数据来源于国务院人口普查办公室、国家统计局人口与社会科技统计司编《中国 1990 年人口普查 10% 抽样资料》，中国统计出版社，1991，第 400 ~ 407 页。

② 计算离婚人口占比的统计数据来源于国务院人口普查办公室、国家统计局人口与社会科技统计司编《中国 2000 年人口普查资料》，中国统计出版社，2002，第 1588 ~ 1596 页。

③ 计算离婚人口占比的统计数据来源于国务院人口普查办公室、国家统计局人口和就业统计司编《中国 2010 年人口普查资料》，中国统计出版社，2012，第 1852 ~ 1857 页。

从高于后者约 4 倍降至约 2 倍），新疆乡村离婚人口占比与全国乡村均值的差距迅速缩小（"四普"至"六普"，前者从高于后者约 6 倍降约 3 倍）。但因新疆各地、各族离婚人口占比差异显著，且在各个普查时点离婚人口占比升降不一。仅依据新疆全区城市、镇、乡村离婚人口占比变化，不足以清晰地阐释城镇化程度不一的新疆各地婚姻状况及其稳定性变化。

一 "四普"时点新疆城乡离婚人口状况

"四普"时点，新疆离婚人口占比的城乡差异显著，城市离婚人口占比为 1.52%，镇为 2.63%，农村高达 3.44%。但该时点缺乏各地州（市）的城乡离婚人口统计数据，仅有依据年龄和职业的城乡离婚人口数量统计。离婚人口的峰值年龄及峰值占比数据也表现出明显的城乡差异：城市离婚人口的峰值年龄集中在 30~44 岁，峰值相对较低，在 2.50%~3.00%；镇的离婚人口峰值年龄超前于城市 5 岁，为 25~39 岁，峰值为 3.50%~4.20%，高于城市；农村人口的离婚峰值年龄最低，为 20~34 岁，超前于城市 10 岁，超前于镇 5 岁，且峰值最高，为 3.70%~5.10%，既高于城市，也高于镇。上述统计数据表明，农村的离婚率、离婚人口占比高于城市和镇，农村离婚人口平均年龄明显低于城市和镇。[①]

"四普"工作结束后，新疆人口普查部门认为，新疆农村，特别是南疆农村地区维吾尔族人口的离婚率高。"四普"时点，新疆总人口为 1515.69 万，其中城镇人口 492.56 万，占 32.50%；乡村人口为 1023.13 万，占 67.50%。在新疆 16 个城市（包括设区的市与县级市）中，最大的城市乌鲁木齐市人口达 122 万，约占新疆城市人口的 38%；最小的城市为阿图什市，人口只有 3.44 万，仅占新疆城市人口的 0.93%。新疆城

---

① 《跨世纪的中国人口》（新疆卷）编委会编：《跨世纪的中国人口　新疆卷》，中国统计出版社，1994，第 90 页。

市平均人口规模为 23.06 万人。超过平均值的仅有乌鲁木齐市、石河子市和阿克苏市 3 个城市，其余 13 个城市人口均低于此值。博乐市、阿图什市、和田市、塔城市、阿勒泰市 5 个城市人口均不到 10 万。上述统计数据也说明，新疆各地城市化程度差异显著，天北带城市化程度最高（该地带离婚人口占比偏低），塔南带城市化程度最低（该地带离婚人口占比最高）（见表 1-9）；此外，新疆城市人口，尤其是城市非农人口占比不高。"四普"时点，维吾尔族人口数量为 719.19 万，占新疆总人口的 47.45%，是新疆人口最多的民族。维吾尔族人口主要居住在天山以南地区，其中喀什地区、和田地区、阿克苏地区的维吾尔族人口最多。这 3 个地区维吾尔族人口约占新疆维吾尔族人口总数的 74.37%，占本地区人口总数的 90% 以上。[1]

尽管缺乏各地州（市）的城乡基础统计数据，但可以推算出，就地区、民族、城乡因素而言，在"四普"时点上，塔南带的农村维吾尔族离婚人口占比居于新疆全区的最高点。1987 年在墨玉县扎瓦乡夏合勒克管区进行的一次随机抽取也证明了上述推断。此次调查对象是 205 名已婚男女，有离婚史的 155 人，占已婚人口 75.61%，这 155 人共离婚 292 人次，平均每人离婚 1.88 次；男性最多离婚 8 次，女性最多 5 次，如将第一次结婚，以及离婚、丧偶后再婚次数都统计在内，平均每人一生中结婚 3~4 次。[2]

表 1-9 "四普"时点新疆各地城镇化水平及离婚人口占比排序

地带	城镇化水平	各地城市	离婚人口占比
天北带	最高	乌鲁木齐市、克拉玛依市、昌吉市、石河子市	偏低
天西带	较低	伊宁市、博乐市、塔城市、阿勒泰市、奎屯市	最低

① 《跨世纪的中国人口》（新疆卷）编委会编著：《跨世纪的中国人口 新疆卷》，中国统计出版社，1994，第 195 页。

② 《跨世纪的中国人口》（新疆卷）编委会编著：《跨世纪的中国人口 新疆卷》，中国统计出版社，1994，第 98 页。

续表

地带	城镇化水平	各地城市	离婚人口占比
吐哈带	次高	吐鲁番市、哈密市	居中
塔北带	居中	库尔勒市、阿克苏市	次高
塔南带	最低	喀什市、和田市、阿图什市	最高
全疆均值	32.50%	城市人口均值23.06万	2.82%

注：20世纪80~90年代，包括新疆在内，我国各省份普遍进行县改市的行政建制变革。这造成按行政区域统计的城市人口中，尚存在大量农村人口，城市中的"城区人口"与城市区域内的"总人口"二者差距较大，为了准确反映城镇人口的状况，人口普查部门在人口统计汇总时采用"按行政区域范围"统计城镇人口和"按城区范围"统计城镇人口两种口径。这种统计方式自"四普"以来延续至今，"四普"前后常"按城区范围"统计城镇人口（本表亦同），但目前比较常用的是"按行政区域范围"统计城镇常住人口。

二 "五普"时点新疆城乡离婚人口状况

"五普"时点，就新疆各地城市离婚人口占比情况而言，位序居中的是伊犁州（2.08%），接近均值（2.13%）的是巴州（2.17%）。分区比较，塔南带各地城市离婚人口占比最高；塔北带次高；吐哈带偏低；天北带各地差异化明显，乌鲁木齐市（2.32%）偏高，其他地区偏低；天西带整体偏低。15个地州（市）中，城市离婚人口占比最高的和田（3.01%）与占比最低的昌吉（1.22%）之间的比值是2.47:1。

该时点，就新疆各地镇离婚人口占比情况而言，位序居中的是哈密（1.76%），接近均值（2.66%）的是吐鲁番（2.14%）。分区比较，塔南带镇离婚人口占比最高；塔北带次高；吐哈带居中，但吐鲁番（2.14%）、哈密（1.76%）两地镇离婚人口占比都低于均值；天北带较低；天西带最低。镇离婚人口占比最高的和田（5.85%）与占比最低的乌鲁木齐市（0.83%，因乌鲁木齐市地区镇普查人口有限，离婚人口占比的准确性有待商榷）的比值是7.05:1，与占比次低的昌吉和阿勒泰（都是1.25%）之间的比值是4.68:1。

该时点，就新疆各地乡村离婚人口占比情况而言，位序居中的是

巴州 (2.34%),接近均值 (2.80%) 的是克州 (2.88%)。分区比较,塔南带乡村离婚人口占比最高;塔北带次高;吐哈带偏低,吐鲁番 (2.46%)、哈密 (1.19%) 两地乡村离婚人口占比都低于均值,但两地之间差异悬殊;天北带次低;天西带最低。乡村离婚人口占比最高的和田 (5.61%) 与占比最低的阿勒泰 (0.69%) 之间的比值是 8.13:1 (见表 1 - 10)。

表 1-10 "五普"时点新疆各地区城乡离婚人口占比情况

单位:%

地区	城市		镇		乡村	
	占比	位序	占比	位序	占比	位序
乌鲁木齐	2.32	5	0.83	10	0.99	12
克拉玛依	2.03	8	—	—	—	—
吐鲁番	1.93	9	2.14	5	2.46	5
哈密	1.65	12	1.76	7	1.19	10
昌吉	1.22	15	1.25	9	0.92	13
博州	1.63	13	1.59	8	1.30	9
巴州	2.17	6	1.98	6	2.34	6
阿克苏	2.63	4	4.72	2	3.93	3
克州	2.72	3	3.18	4	2.88	4
喀什	2.94	2	3.66	3	4.02	2
和田	3.01	1	5.85	1	5.61	1
伊犁	2.08	7	1.72	8	1.42	8
塔城	1.76	11	1.72	8	1.00	11
阿勒泰	1.57	14	1.25	9	0.69	14
石河子	1.89	10	—	—	1.67	7
全疆	2.13		2.66		2.80	

注:1. 乌鲁木齐市镇居民的抽样有限,申报登记人口数量为 600 人,离婚者 5 人;克州镇居民的抽样有限,申报登记人口数量为 1476 人,离婚者 47 人。

2. 克拉玛依市和石河子市无镇人口申报登记;克拉玛依市无乡村人口申报登记。

资料来源:新疆维吾尔自治区人口普查办公室编《新疆维吾尔自治区 2000 年人口普查资料》,新疆人民出版社,2002,第 786~791 页。

三 "六普"时点新疆城乡离婚人口状况

"六普"时点，就新疆各地城市离婚人口占比情况而言，位序居中的是乌鲁木齐市（3.20%），接近均值（3.32%）的是乌鲁木齐市和吐鲁番（3.34%）。分区比较，除克州（2.34%）外，塔南带的和田（5.76%）、喀什（3.75%）城市离婚人口占比偏高；塔北带两地区无共性，巴州偏低（3.10%），阿克苏偏高（4.25%）；吐哈带的吐鲁番（3.34%，偏高）、哈密（2.70%，偏低）两地存在一定差异；天北带的克拉玛依市离婚人口占比偏高（4.35%，仅低于和田市），昌吉偏低（2.36%），乌鲁木齐市接近均值，自治区直辖县级市略低于均值（3.08%）；除伊犁州直外（伊宁市与奎屯市的城市离婚人口占比偏高，为3.82%），天西带其他三地区城市离婚人口占比偏低。就分区比较情况看，5个地理经济带的城市离婚人口占比差异较大，缺乏共性。城市离婚人口占比最高的和田市与占比最低的阿图什市的比值是2.46∶1（阿图什市普查人口较少，比值准确性有待商榷）。较之"五普"时点（2.47∶1），城市离婚人口占比的最高最低比呈微弱下降趋势。

该时点，就新疆各地镇离婚人口占比情况而言，位序居中的是塔城（2.52%），接近均值（3.22%）的是克州（3.28%）。分区比较，镇离婚人口占比最高的是塔南带；塔北带次高；天西带居中；吐哈带偏低；天北带最低，但乌鲁木齐市、克拉玛依市镇普查人口较少，两地镇离婚人口占比的准确性有待商榷。镇离婚人口占比最高的和田（5.14%）与占比最低的乌鲁木齐市（1.67%）之间的比值是3.08∶1。较之"五普"时点，镇离婚人口占比的最高最低比（4.68∶1）也呈下降趋势。

该时点，就新疆各地乡村离婚人口占比情况而言，位序居中的是克州（2.49%），接近均值（3.17%）的是巴州（2.94%）。分区比较，除克州（2.49%）外，塔南带的和田（5.33%）、喀什（3.85%）乡村离婚人口占比偏高；塔北带两地区无共性，巴州偏低（2.94%），阿克苏偏高（4.15%）；吐哈带的吐鲁番（2.61%）、哈密（1.48%）乡村离婚人口占比均低于均值，但两地差异明显；天北带较低，但乌鲁木齐市（1.78%）、克拉玛依市（1.64%）乡村普查人口数量较少，乡村离婚人口占比准确性有待商榷；天西带最低。乡村离婚人口占比最高的和田（5.33%）与占比最低的阿勒泰（0.95%）之间的比值是5.61：1。较之"五普"时点（8.13：1），乡村离婚人口占比的最高最低比呈明显下降趋势。

"六普"时点，新疆全区城市、镇、乡村离婚人口占比无明显区别，分别是3.32%、3.22%、3.17%，三者比值为1.05：1.02：1，城市离婚人口占比略高于镇和乡村。在各地州（市）中，城市、镇、乡村呈现趋同趋势的是和田、喀什、阿克苏、克州、巴州和吐鲁番。尤其是和田地区的城市、镇、乡村离婚人口占比几无差异，分别是5.76%、5.14%、5.33%，三者比值为1.12：1：1.04。就地理位置而言，上述地州均在天山以南。自治区直辖县级市的城市、镇、乡村呈现趋同趋势，分别是3.08%、2.75%、2.64%，三者比值为1.17：1.04：1，但整体上北疆地区城、镇、乡村离婚人口占比差异依然明显，其中差异最为悬殊的是阿勒泰，分别是2.55%、2.31%、0.95%，三者比值为2.68：2.44：1（见表1-11）。

表1-11 "六普"时点新疆各地区城乡离婚人口占比情况

单位：%

地区	城市		镇		乡村	
	占比	位序	占比	位序	占比	位序
乌鲁木齐	3.20	7	1.67	15	1.78	9
克拉玛依	4.35	2	1.85	14	1.64	10
吐鲁番	3.34	6	2.17	12	2.61	6
哈密	2.70	12	2.30	10	1.48	14
昌吉	2.36	14	2.22	11	1.50	13
博州	2.73	11	2.14	13	1.57	12
巴州	3.10	8	2.79	5	2.94	4

续表

地区	城市		镇		乡村	
	占比	位序	占比	位序	占比	位序
阿克苏	4.25	3	4.66	3	4.15	2
克州	2.34	15	3.28	4	2.49	7
喀什	3.75	5	4.73	2	3.85	3
和田	5.76	1	5.14	1	5.33	1
伊犁	3.82	4	2.36	8	1.79	8
塔城	2.93	10	2.52	7	1.63	11
阿勒泰	2.55	13	2.31	9	0.95	15
直辖县级市	3.08	9	2.75	6	2.64	5
全疆	3.32		3.22		3.17	

注：1. "六普"时点，克州地区仅有阿图什市一座城市。在 15 个地州（市）中，克州地区城市普查人口数最少，为 4421 人，其中离婚人口 103 人，城市离婚人口占比为 2.33%。

2. 乌鲁木齐市镇普查人口为 6092 人，离婚人口为 102 人，镇离婚人口占比为 1.67%；克拉玛依市镇普查人口为 1299 人，在 15 个地州（市）中，该市镇普查人口数最少，其中离婚人口为 24 人，镇离婚人口占比为 1.85%。

3. 乌鲁木齐市乡村普查人口为 18365 人，离婚人口为 326 人，乡村离婚人口占比为 1.78%；克拉玛依市乡村普查人口为 3108 人，在 15 个地州（市）中，该市乡村普查人口数最少，其中离婚人口为 51 人，乡村离婚人口占比为 1.64%。

数据来源：新疆维吾尔自治区人民政府人口普查小组办公室：《新疆维吾尔自治区 2010 年人口普查资料》（下册），中国统计出版社，2012，第 1580~1582 页。

四 三时点新疆城乡离婚人口占比的变化

"四普"时点，全国城、镇、乡村离婚人口占比的差异表现为：城市最高（0.76%），镇居中（0.64%），乡村最低（0.54%）。新疆与之相反，乡村最高（3.35%），镇居中（2.36%），城市最低（1.44%）。与"四普"时点相比，"五普"时点全国城（1.42%）、镇（0.92%）、乡村（0.68%）离婚人口占比均有增长，增幅最大的是城市地区（增长 86.84%）。全国整体情况仍是：城市最高，镇居中，乡村最低。新疆城市离婚人口增长明显（2.13%，净增长 47.92%），乡村离婚人口占比不增反降（2.80%，下降 16.42%），但因乡村离婚人口占比基数较大，仍高于城市和镇（2.66%），但三者之间的差距缩小。与"五普"时点相比，"六普"时点全国城（2.00%）、镇（1.33%）、乡村（1.01%）离婚人口占比均有增长，增幅最大的是乡村地区（乡村地区离婚人口占比净增长48.53%，超过同期城市，后者增长40.85%），但鉴于城市地区离婚人口占比基数较大，全国整体情况仍是，城市最高，镇居中，乡村最低。新疆城市离婚人口增长明显（3.32%，净增长55.87%），乡村离婚人口占比缓慢增长（3.17%，净增长13.31%），新疆城市与镇（3.22%）的离婚人口占比稍高于乡村，三者之间趋于一致。三次人口普查期间，全国离婚人口占比平均值增长了133.90%，其中城市离婚人口占比增长最快（净增长163.16%），镇离婚人口占比增长次之（净增长107.81%），农村离婚人口占比增长相对缓慢（净增长87.04%）。三次人口普查期间，新疆离婚人口仅占比增长了14.18%，其中城市离婚人口占比增长最快（净增长130.56%，低于全国城市离婚人口增长幅度），镇离婚人口占比增长缓慢（净增长36.44%，明显低于全国镇离婚人口增幅），乡村离婚人口占比呈现先降后升趋势，整体降幅有限（下降5.37%，与全国乡村离婚人口持续增长呈现相反趋势）。

"五普"至"六普"时点，除了克州（两时点离婚人口占比比值为1:0.86）以外，其他地区城市离婚人口占比均呈现增长趋势。除了乌鲁木齐市（1:1.38）、巴州（1:1.43）、喀什（1:1.28）以外，其他11个地区增长速度均超过新疆全区城市离婚人口占比增速（1:1.56）。城市离婚人口占比增长最快的是克拉玛依市，两时点离婚人口占比比值为1:2.14。"五普"至"六普"，除了阿克苏（两时点离婚人口占比比值为1:0.99）和和田（1:0.88）以外，其他地区镇离婚人口占比均呈现增长趋势；除了吐鲁番（1:1.01）和克州（1:1.03）以外，其他地区的增长速度均超过新疆全区镇离婚人口占比增速（1:1.20）。镇离婚人口占比增长最快的是乌鲁木齐市，两时点离婚人口占比比值为1:2.01。"五普"至"六普"，一度居于新疆离婚人口占比高点的克州（两时点离婚人口占比比值为1:0.86）、和田（1:0.95）、喀什（1:0.96），农村地区离婚人口占比呈现下降趋势。乡村离婚人口占比较高的阿克苏（1∶1.06）、吐鲁番（1∶1.06）增长速度也低于新疆全区乡村离婚人口占比增速（1∶1.13）。乌鲁木齐市（1∶1.80）、昌吉（1∶1.63）、塔城（1∶1.63）乡村离婚人口占比较低的地区增长迅速（见表1-12）。

表1-12 "五普""六普"时点新疆各地城乡离婚人口占比比值及升降情况

地区	城市		镇		乡村	
	离婚人口比值	升降	离婚人口比值	升降	离婚人口比值	升降
乌鲁木齐	1∶1.38	上升	1∶2.01	上升	1∶1.80	上升
克拉玛依	1∶2.14	上升	—	—	—	—
吐鲁番	1∶1.73	上升	1∶1.01	上升	1∶1.06	上升
哈密	1∶1.63	上升	1∶1.31	上升	1∶1.24	上升
昌吉	1∶1.93	上升	1∶1.78	上升	1∶1.63	上升
博州	1∶1.67	上升	1∶1.35	上升	1∶1.21	上升
巴州	1∶1.43	上升	1∶1.41	上升	1∶1.26	上升
阿克苏	1∶1.62	上升	1∶0.99	下降	1∶1.06	上升
克州	1∶0.86	下降	1∶1.03	上升	1∶0.86	下降
喀什	1∶1.28	上升	1∶1.29	上升	1∶0.96	下降
和田	1∶1.91	上升	1∶0.88	下降	1∶0.95	下降
伊犁	1∶1.84	上升	1∶1.37	上升	1∶1.26	上升
塔城	1∶1.66	上升	1∶1.47	上升	1∶1.63	上升
阿勒泰	1∶1.62	上升	1∶1.85	上升	1∶1.38	上升
直辖县级市	1∶1.63	上升	—	—	1∶1.58	上升
全疆三时点	1∶1.48∶2.31	持续上升	1∶1.13∶1.36	持续上升	1.20∶1∶1.13	先降后升
全国三时点	1∶1.87∶2.63	持续上升	1∶1.44∶2.08	持续上升	1∶1.26∶1.87	持续上升

结　语

鉴于地域社会文化和民族宗教习俗因素的影响，维吾尔族及其聚居地区的婚姻关系始终缺乏稳定性。三次人口普查时点统计数据显示，塔里木盆地西南边缘维吾尔族聚居区的离婚人口占比最高，天山西部至阿尔泰山一带哈萨克族聚居区的离婚占比最低。昆仑山与南天山夹角地带同塔尔巴合台山与阿尔泰山夹角地带，不仅是新疆地理上的对极，也是新疆婚姻状况及婚姻稳定性的对极。但在两地带之间，以乌鲁木齐为中心，扩及石河子市等自治区直辖县级市，向西北至克拉玛依市逐渐成为另一个新疆离婚现象高发的新区域。

新疆离婚现象多发、离婚人口占比偏高的最直接因素一度曾是少数民族（主要是维吾尔族）的婚俗，这在当下也有较为明显的影响。同时，改革开放以来巨大的社会变迁对传统婚姻家庭观念和家庭模式的影响，也造成其他民族（主要是汉族）离婚人口的不断增加。历时性观察会发现，汉族与少数民族离婚人口占比差距呈现不断缩小趋势。

尽管最近一次的普查数据显示，以天山为界，南疆（尤其是塔南带）离婚人口占比仍明显高于北疆（尤其是天西带），但城市化程度较高地区（克拉玛依市、乌鲁木齐市、石河子市等地）的离婚人口占比增速高于城市化程度较低地区（塔南带、塔北带和天西带）；在离婚人口占比始终较低的天西带，镇与乡村离婚人口占比增速也明显高于塔南带、塔北带。

以三次人口普查为时点指标，考察新疆离婚人口变化情况，会发现新疆与全国，新疆各个地区、不同族别、各地城乡之间离婚人口占比仍存在明显差异，但已呈现不断接近、逐渐趋同的趋势。

第二章

文化规约与婚姻形态：维吾尔族
离婚诉讼考察

男孩要模仿大山，女孩要模仿苹果。

——维吾尔族谚语

近三十年来，新疆的高离婚率和高婚次现象一直为学者们所关注，从地域性传统婚姻家庭文化的角度，着重分析维吾尔族高离婚率的原因，是多份文献的研究主题，而既有研究成果对于维吾尔族离婚纠纷的司法审判却缺乏关注。目前仅有两篇公开发表的文献对维吾尔族离婚诉讼进行了实证研究，但这两份文献更为关注离婚诉讼当事人的个人特征和婚姻状况，而并非人民法院审判职能的实际履行情况。[①]

作者本人选择的研究地点和田市，南倚昆仑山脉，北临塔克拉玛干沙漠，维吾尔族人口高度聚居。和田市既是古丝绸之路上的南疆重镇，也是和田地区的政治、经济、文化、交通和金融中心。但在城市化程度

---

① 徐安琪研究员曾统计了和田市法院 1998 年审理的百起离婚案件，艾尼瓦尔·聂吉木教授的研究也涉及维吾尔族离婚诉讼的信息统计。参见徐安琪、茆永福《新疆维吾尔族聚居区高离婚率的特征及其原因分析》，《中国人口科学》2001 年第 2 期；艾尼瓦尔·聂吉木：《新疆维吾尔族人口离婚问题研究》，中央民族大学出版社，2009，第 213～236 页。

较低的南疆地区，这座非常态扩张的城市本身具有明显的乡土特征。2006 年 7 月，洛浦县吉亚乡、玉龙喀什镇与和田县吐沙拉乡正式划归和田市管辖。和田市总人口从 2005 年末的 19.53 万人增长到 2006 年末的 27.93 万人，① 总面积从 495.85 平方公里扩大到 585.11 平方公里。目前该市城区面积为 25 平方公里，城区有 4 个街道办事处和 1 个工业园区。狭小的城区被辖 6 乡 2 镇包围，城区面积仅占总面积的 4.27%。根据公安部门统计资料，2013 年末和田市户籍总户数为 87776 户，总人口 33.14 万人。其中非农业人口 14.33 万人，占总人口的 43.24%；农业人口 18.81 万人，占总人口的 56.76%。按民族构成划分，维吾尔族人口 28.86 万人，占总人口的 87.09%；汉族 4.11 万人，占总人口的 12.40%；其他民族 0.17 万人，占总人口的 0.51%。② 就城区面积、人口构成、非农业人口占比等各项统计数据而言，该市的离婚诉讼案件较为适合做南疆维吾尔族婚姻状况及离婚纠纷审判情况的研究样本。

2012 年暑期支教工作结束后，就维吾尔族婚姻家庭纠纷审判情况，本人曾在和田市做过初步调研。2014 年暑期，本人再次赴和田市进行专题调研，此次调研以和田市法院 2013 年度 328 起离婚案件③为主要研究样本，围绕着当事人的个人特征、拟解除的婚姻情况和司法审判情况三方面问题做司法统计与个案分析；同时针对卷宗司法信息的遗漏或不足，

① 数据来源于《2006 年新疆统计年鉴》"4～5 各地、州、市、县（市）户数、人口数、土地面积"、《2007 年新疆统计年鉴》"4～5 各地、州、市、县（市）户数、人口数、土地面积"，新疆统计信息网，http://www.xjtj.gov.cn/sjcx/tjnj_3415/，最后访问日期：2015 年 11 月 3 日。

② 上述数据由和田市政府史志办提供。公安部门统计数据的准确性有待商榷，和田市政府 2014 年末发布统计数据，全市总人口为 38.02 万人，其中包括连续居住一年以上的非本地户籍人口。 年之内和田市人口自然增长数量有限，和田市人口增长近 5 万，原因极有可能是本地存在大量无户籍人口。2012 年以来，随着自治区无户籍人口落户政策的实施，大量无户籍人口新近取得户籍。数据来源于和田市政府网，http://www.hts.gov.cn/Article/ShowArticle.aspx？ArticleID=226023，最后访问日期：2015 年 10 月 4 日。

③ 民语案件中，当事人均为维吾尔族，审判语言为维吾尔语，司法卷宗使用维吾尔文制作。调研期间，作者本人对诉讼档案进行编号，本章所提到的案件编号依据的是本人录入案件信息的顺序，既不是法院受理后的立案号，也不是案件审结归档后的档案号。

本人附以对办案人员的访谈资料、庭审观察笔记以及社会调查记录资料，作为审判情况的必要补充。目的在于考察南疆地域性婚姻家庭文化对拟解除的婚姻关系和司法审判的影响；基于维护婚姻稳定和家庭和睦的目的，着眼于离婚标准适用、司法调解、婚姻教育等环节，探索如何改进离婚诉讼程序和婚姻服务。

第一节　328 起离婚案件的诉讼信息统计

制作再细致的卷宗也无法全面反映当事人的婚姻状况，但一定数量的案件可以作为研究样本，卷宗记录的当事人特征、婚姻状况、案件审理情况有统计分析价值。本章的研究样本来源于和田市法院的归档卷宗，统计范围为 2013 年度该院受理的全部离婚案件。样本提取范围是，依据立案日期的先后，从司法统计年度的第一天起（2012 年 12 月 16 日）到司法统计年度的最后一天（2013 年 12 月 15 日），依收案顺序调取案件卷宗。依据诉讼语言分类，328 份诉讼卷宗中有汉语案件 47 件、民语案件 281 件，民语案件占全部案件的 85.67%，所有民语案件当事人的族别均是维吾尔族。审判信息统计项目涵盖 3 个大类 18 小项内容，即当事人个人特征（包括性别、结婚年龄、起诉时年龄、职业、受教育程度、婚姻次数 6 小项）、拟解除的婚姻状况（包括婚姻维系期、子女数量、彩礼情况、共同财产、离婚原因 5 小项）、案件审理情况（包括审理时间、诉讼代理、结案方式、子女抚养、财产分割、彩礼返还、生活扶助 7 小项）。

一　当事人的个人特征

（一）女性原告所占比例较高

与全国离婚诉讼中原告的性别特征基本一致，328 起案件中，女性原告为 225 人，男性原告为 103 人，女性原告占比达 68.60%。两类诉讼语言案件相比较，女性原告占比几无差别，民语案件中女性占比略高，高出汉语案件 0.59 个百分点（见表 2 - 1）。

表 2 - 1　原告性别情况

性别	汉语案件		民语案件		合计	
	数量（人）	比例（%）	数量（人）	比例（%）	数量（人）	比例（%）
男	15	31.91	88	31.32	103	31.40
女	32	68.09	193	68.68	225	68.60

（二）当事人以受过初中教育的农民为主

裁判文书记录当事人的职业情况如下：农民 315 人，个体 73 人，公务员 49 人，事业单位工作人员（包括教师、医生、护士等）46 人，公司员工 33 人，无业、无固定职业、不详者合计 123 人（三者占当事人总数的 18.74%）。民汉两种诉讼语言案件相比较，民语案件中农民占比偏高（315 人，占 56.05%）；汉语案件中无稳定职业者占比较高（42 人，占 44.68%）。维吾尔族当事人职业情况统计数据与同一年度和田市在业人口统计数据大体一致。

当事人职业情况表明，和田市非农就业人员占比不高，非农就业人员占当事人总数的 51.97%。汉族人口就业缺乏稳定性，且多为非本地户籍人口。卷宗记录显示，汉语案件 94 个当事人中，持有新疆身份证的 27 人，其中持有和田本地身份证的 22 人；使用非新疆身份证的 67 人，且身份证发证部门多是河南、四川、甘肃、重庆、山东等地的公安机关。调研期间，有受访者开玩笑说，"和田市是中西部地区农民工的'深圳'"①。维吾尔族人口中，非农稳定就业的人口占比也偏低（公务员、公司员工、事业单位工作人员合计 98 人，占民语案件当事人的 17.44%）（见表 2 - 2）。在和田地区，维吾尔族农村人口的流动性明显增强，但和田市自身城市规模偏小、经济活力不足，能够提供的稳定就业机会有限。

---

①　受访人，男，汉族，青年，法官，访谈时间：2012 年 6 月末。

表 2 - 2　当事人职业情况

职业	汉语案件		民语案件		合计	
	数量（人）	占比（%）	数量（人）	占比（%）	数量（人）	占比（%）
个体	17	18.09	56	9.96	73	11.13
公司员工	6	6.38	27	4.80	33	5.03
公务员	19	20.21	30	5.34	49	7.47
农民	0	0	315	56.05	315	48.03
事业单位工作人员	5	5.32	41	7.30	46	7.01
退休人员	4	4.26	8	1.42	12	1.83
罪犯	1	1.06	4	0.71	5	0.76
无固定职业	28	29.79	10	1.78	38	5.79
无业	5	5.32	46	8.19	51	7.77
不详	9	9.57	25	4.45	34	5.18
合计	94	100.00	562	100.00	656	100.00

　　汉语案件缺乏当事人受教育情况记录。281 起民语案件中，562 位当事人的受教育情况如下：文盲 55 人，未受过教育的识字者 14 人，小学文化程度的 108 人，初中文化程度的 252 人，高中毕业的 25 人，中专毕业的 37 人，大专毕业的 21 人，有大学本科学历的 40 人，没有硕士以上学历的当事人，受教育程度不详的 10 人。未接受过教育或未完成义务教育的当事人有 177 人，占少数民族当事人总数的 31.5%；受过中专以上教育的当事人有 98 人，占少数民族当事人总数的 17.43%（见表 2 - 3）。统计数据表明，和田市居民文化程度偏低，近年来才基本实现普及义务教育。此外，离婚纠纷与当事人的职业、受教育程度没有显著的相关性，离婚纠纷发生于各种职业、各种教育层次的人群中。

表 2 - 3　民语案件当事人受教育情况

受教育程度	数量（人）	占比（%）	受教育程度	数量（人）	占比（%）
文盲	55	9.79	小学	108	19.22
未受教育识字	14	2.49	初中	252	44.84

续表

受教育程度	数量（人）	占比（%）	受教育程度	数量（人）	占比（%）
高中	25	4.45	本科	40	7.12
中专	37	6.58	硕士以上学历	0	0
大专	21	3.73	不详	10	1.78

（三）民语案件当事人相对低龄

以 10 年为计算单位，当事人年龄集中在 20～29 岁，这一年龄段的当事人有 293 人；以 5 年为计算单位，当事人年龄集中在 25～29 岁，这一年龄段的当事人有 161 人；高于 60 岁的当事人数量较少（19 人）；656 个当事人的平均年龄为 33.21 岁。

民汉两种诉讼语言案件相比较，起诉时民语案件中有 8 个当事人低于 20 岁，汉语案件无此年龄段的当事人；民语案件中当事人年龄集中于 20～29 岁（276 人，占民语案件当事人总数的 49.11%）；汉语案件中当事人年龄集中于 30～39 岁（43 人，占汉语案件当事人总数的 45.75%）；民语案件当事人平均年龄（32.47 岁）低于汉语案件当事人平均年龄（37.63 岁）5.16 岁。上述信息说明，与汉语案件当事人相比较，民语案件当事人呈现低龄化趋势（见表 2-4）。

尽管在和田市维吾尔族早婚现象已经明显减少，但仍然存在。在 281 起民语离婚案件中，有 30 个当事人同居时未达到法定婚龄，[①] 其中女性 15 人、男性 15 人，占当事人总数的 5.33%。未达到法定婚龄者同居数年后补办了结婚登记，也有部分未达到婚龄的同居者会购买假结婚证。另外，在 2013 年度和田市法院受理的 9 件维吾尔族同居关系纠纷案件中，[②]

---

① 1988 年 10 月 15 日新疆维吾尔自治区第七届人民代表大会常务委员会第四次会议通过《关于修改〈新疆维吾尔自治区执行中华人民共和国婚姻法的补充规定〉的决定》，确定少数民族公民的法定结婚年龄为"男不得早于二十周岁，女不得早于十八周岁"。该项规定沿用至今。

② 2013 年和田市法院共受理同居关系纠纷案件 12 件，其中同居关系析产纠纷案件 4 件，同居关系子女扶养纠纷案件 8 件；汉语案件 3 件，民语案件 9 件。

有9位当事人同居时未达到法定婚龄（其中女性6人，男性3人）。上述当事人起诉时年龄最大的68岁，最小的17岁；同居时年龄只有13岁的1人，同居时14岁的3人，都是女性。在同居关系纠纷案件中，当事人起诉和庭审时一般会对未办理结婚登记一事做出如下解释：举行婚礼时，女方年龄小；共同生活期间，双方过得好就"领证"（办理结婚登记）。言下之意就是，双方"过不好"就自行解除同居关系。一起同居关系子女扶养纠纷案件中，原告（女方）在庭审中称，"共同生活时，我年龄小。男方说，结婚证他们已经领了。我要看看，他不给我看，后来知道这证是'假的'。生活六个月后，我怀孕了"（JZZL – HT – TJGX – 2013 – 3）。

表 2 – 4 当事人起诉时年龄情况

年龄		汉语案件		民语案件		合计	
		数量（人）	占比（%）	数量（人）	占比（%）	数量（人）	占比（%）
20 岁以下		0	0	8	1.42	8	1.22
20 ~ 29 岁	20 ~ 24 岁	2	2.13	130	23.13	132	20.12
	25 ~ 29 岁	15	15.96	146	25.98	161	24.54
	小计	17	18.09	276	49.11	293	44.66
30 ~ 39 岁	30 ~ 34 岁	26	27.66	105	18.68	131	19.97
	35 ~ 39 岁	17	18.09	64	11.39	81	12.35
	小计	43	45.75	169	30.07	212	32.32
40 ~ 49 岁	40 ~ 44 岁	9	9.57	44	7.83	53	8.08
	45 ~ 49 岁	16	17.02	21	3.74	37	5.64
	小计	25	26.60	65	11.57	90	13.72
50 ~ 59 岁	50 ~ 54 岁	2	2.13	10	1.78	12	1.83
	55 ~ 59 岁	6	6.38	16	2.85	22	3.35
	小计	8	8.51	26	4.63	34	5.18
60 岁及以上		1	1.06	18	3.20	19	2.90
平均年龄（岁）		37.63		32.47		33.21	

（四）民语案件中多婚次当事人占比较高

汉语案件缺乏当事人婚次情况记录。281 起民语案件中，除了 73 个当事人婚次信息不详（占民语案件当事人总数的 12.99％）外，初婚起诉离婚的当事人有 255 人（占民语案件当事人总数的 45.37％），再婚起诉离婚的当事人 234 人（占民语案件当事人总数的 41.64％）（见表 2-5）。

民语案件当事人婚次情况的另一特点是，双方当事人或均是初婚，或均是再婚，但女性婚次低于男性。卷宗记录显示，婚次最高的当事人起诉要求解除自己的第 9 次婚姻。该案中，原告（男方，51 岁，无稳定职业，有过 9 次婚姻）在与被告（女方，43 岁，无业，有过 2 次婚姻）结婚 4 年后起诉离婚，理由是被告不尊重、不照顾婆婆，双方经常吵架，起诉时已经分居 25 个月。被告有律师代理。庭审时，被告不承认原告所述事实，且不同意离婚，理由是双方有 1 个子女。被告称，"不想让孩子没有爸爸"。此案以调解离婚结案，子女由被告抚养，原告每月支付 200 元生活费（JZZL－HT－LH－2013－62）。在另一案中，原告（女方，35 岁，文盲，农民，有过 4 次婚姻）与被告（男方，50 岁，小学文化，农民，有过 9 次婚姻），双方婚姻关系存续了 6 年，有 1 个子女。原告诉称，被告有 3 个孩子，双方婚后前三年关系较好，后来双方在家庭经济支出方面意见不一致，被告经常殴打她，自己回了几次娘家，起诉时双方已分居 9 个月。被告称，原告两年前离家出走不知去向，从此双方关系不合。他本人同意离婚，但不愿支付抚养费。该案以调解离婚结案，双方无共同财产，子女由原告抚养，被告不承担抚养费（JZZL－HT－LH－2013－107）。

表 2-5　民语案件当事人婚次情况

婚次	数量（人）	占比（％）	婚次	数量（人）	占比（％）
1 次	255	45.37	4 次	10	1.78
2 次	153	27.22	5 次	1	0.18
3 次	66	11.74	6 次	0	0

婚次	数量（人）	占比（%）	婚次	数量（人）	占比（%）
7 次	1	0.18	9 次	2	0.36
8 次	1	0.18	不详	73	12.99

二 拟解除的婚姻状况

（一）民语案件婚姻维系期较短

以 10 年为一个时段，在 328 起离婚纠纷中，婚姻维系期在 10 年以下的案件共有 244 件，其中婚姻维系期在 5 年以下的案件有 166 件，在 5～9 年的案件有 78 件；婚姻维系期在 10～19 年的案件有 59 件，其中婚姻维系期在 10～14 年的案件有 32 件，在 15～19 年的案件有 27 件；婚姻维系期超过 20 年的案件有 25 件。以 5 年为一个时段，各个时段离婚案件数量依次减少，婚姻维系期不足 5 年的案件数量最多（166 件），占比最高（50.61%）。换言之，约半数案件的当事人婚姻关系存续未到 5 年时诉请解除婚姻关系。328 起案件的平均婚姻维系期为 7.22 年。

尽管在民汉两种诉讼语言案件中，当事人的婚姻存续期均集中于 0～9 年，分别是 212 件、32 件，分别占同类案件的 75.44%、68.09%；但比较而言，汉语当事人婚姻危机多在婚后 5～9 年发生（此类案件占汉语案件的 48.94%），民语当事人婚姻危机多在婚后 0～4 年发生（此类案件占民语案件的 55.87%）。民语案件当事人婚姻存续期（6.77 年）明显低于汉语案件（9.89 年），前者比后者低 3.12 年（见表 2-6）。

表 2-6 婚姻存续情况

存续时间		汉语案件		民语案件		合计	
		数量（件）	占比（%）	数量（件）	占比（%）	数量（件）	占比（%）
0～9 年	0～4 年	9	19.15	157	55.87	166	50.61
	5～9 年	23	48.94	55	19.57	78	23.78
	小计	32	68.09	212	75.44	244	74.39

续表

存续时间		汉语案件		民语案件		合计	
		数量（件）	占比（%）	数量（件）	占比（%）	数量（件）	占比（%）
10 ~ 19 年	10 ~ 14 年	5	10.64	27	9.61	32	9.76
	15 ~ 19 年	4	8.51	23	8.19	27	8.23
	小计	9	19.15	50	17.80	59	17.99
20 年及以上		6	12.76	19	6.76	25	7.62
平均婚姻维系（年）		9.89		6.77		7.22	

（二）无子女的案件较多

328 起离婚案件中，子女数量不详的 2 件；无子女的案件为 100 件，占比高达 30.49%；有子女的案件为 226 件，其中有 1 个子女案件为 137 件。无子女的案件占比（30.49%）远远超过多子女案件占比（10.36%），子女数量在 3 个以上（包括 3 个）的案件有 34 件，占案件总量的 10.36%；子女数量在 4 个以上（包括 4 个）的案件仅有 12 件，占案件总量的 3.65%，且在子女数量超过 4 个的案件中，子女均已成年的有 6 件（见表 2 - 7）。

表 2 - 7 子女数量

子女数量	汉语案件		民语案件		合计	
	数量（件）	占比（%）	数量（件）	占比（%）	数量（件）	占比（%）
无子女	9	19.15	91	32.39	100	30.49
1 个子女	29	61.70	108	38.43	137	41.77
2 个子女	9	19.15	48	17.08	57	17.38
3 个子女	0	0	22	7.83	22	6.71
4 个子女	0	0	5	1.78	5	1.52
5 个子女	0	0	2	0.71	2	0.61
6 个子女	0	0	3	1.07	3	0.91
不详	0	0	2	0.71	2	0.61

注：子女数量仅指婚生子女，不包括非婚生子女、继子女和养子女。

有未成年子女的案件 215 起，其中有 1 个未成年子女的 140 件；有 2 个的 54 件；有 3 个的 16 件。有 3 个以上未成年子女的案件中，当事人均是农民或个体从业者。无论是汉语案件，还是民语案件，有 1 个未成年子女的案件占比均较高，分别占同类案件的 59.57%、39.86%（见表 2-8）。比较而言，有 1 个未成年子女的民语案件占比明显低于汉语案件，前者比后者低 19.71 个百分点。这与民语案件当事人平均年龄低，婚姻存续期短有直接关系；有 2 个或 2 个以上未成年子女的民语案件占比高于汉语案件，前者高于后者 8.60 个百分点。

表 2-8　未成年子女数量

未成年子女数量	汉语案件		民语案件		合计	
	数量（件）	占比（%）	数量（件）	占比（%）	数量（件）	占比（%）
无未成年子女	12	25.54	101	35.94	113	34.46
1 个未成年子女	28	59.57	112	39.86	140	42.68
2 个未成年子女	7	14.89	47	16.73	54	16.46
3 个未成年子女	0	0	16	5.69	16	4.88
4 个未成年子女	0	0	1	0.36	1	0.30
5 个未成年子女	0	0	2	0.71	2	0.61
不详	0	0	2	0.71	2	0.61

（三）多数案件无共同财产

在 328 起案件中，无夫妻共同财产的案件多达 189 件，占案件总数的 57.62%；财产不详的案件有 52 件，占 15.85%；有财产明细的案件 87 件，占 26.53%。民汉两类诉讼语言案件相比较，无财产的民语案件占比明显高于汉语案件，前者比后者高出 47.39 个百分点；有财产的民语案件占比明显低于汉语案件，前者比后者低 41.06 个百分点（见表 2-9）。但与 20 世纪 90 年代相比，民语案件当事人的家庭财产有明显增加。有老法官介绍，"90 年代财产就是被子、褥子、有头驴子、两只羊、几只鸡！现在东西就多了，现在分的都是汽车、摩托车、冰箱、洗衣机、家具家电、房子、钱、金银珠宝"。[①]

表 2 - 9　财产情况

财产情况	汉语案件		民语案件		合计	
	数量（件）	占比（%）	数量（件）	占比（%）	数量（件）	占比（%）
无财产	8	17.02	181	64.41	189	57.62
财产不详	10	21.28	42	14.95	52	15.85
有财产明细	29	61.70	58	20.64	87	26.53

注：有待分割的夫妻共同财产包括一方认为是共同财产，另一方认为是个人财产的情况。

　　城市家庭最重要的财产是房屋、店铺，此外便是储蓄、有价证券。比较而言，乡村家庭财产更加实物化，主要包括以下七类：第一，地产，包括宅基地、院外四旁林占地、耕地、菜园、果园；第二，房产，包括家庭住房与配套设施，如厨房、库房、牲畜圈以及庭院等；第三，畜产、家禽，包括家庭所养的牛、羊、鸡、鸭、鹅等；第四，家庭储蓄，包括存款、现金，有股票、基金等财产的案件极为少见；第五，交通工具，常见的是摩托车和电动车，个别家庭拥有小汽车；第六，家用电器、家具，电视、冰箱、洗衣机等基本普及，差别仅在于品牌、价格和档次；第七，日常生活用品，包括各种卧具（床、地毯、挂毯、被褥等）、炊具、餐具、茶具等。对于婚姻维系期较短的家庭来说，很少能积累前四类财产。卷宗中，有大额财产（房屋、店铺、汽车、牲畜或万元以上存款）的案件数量较少，民语案件有待分割的夫妻共同财产主要涉及生活用品和家用电器，汉语案件中有"消极财产"（债务）的案件占比较高（9件，占有财产明细汉语案件数量的31.03%）。就卷宗记录看，无论是民语案件，还是汉语案件，无论是城市居民，还是乡村居民，房屋都是当事人最为重视的财产。涉及房屋的案件有62件，尽管在全部案件中占比较低（18.9%），但占有财产明细案件（87件）的71.26%（见表2-10）。

---

　　① 受访人，男，维吾尔族，老年，法官，访谈时间：2014年8月5日。

表 2-10　家庭资产情况

家庭资产	汉语案件		民语案件		合计	
	数量（件）	占比（%）	数量（件）	占比（%）	数量（件）	占比（%）
生活用品	8	27.59	19	32.76	27	31.03
家具家电	12	41.38	21	36.21	33	37.94
现金、存款或基金	4	13.79	11	18.97	15	17.24
房屋	22	75.86	40	68.97	62	71.26
店铺	7	24.14	4	6.90	11	12.64
汽车	3	10.34	10	17.24	13	14.94
债务	9	31.03	9	15.52	18	20.69

注：汽车仅指轿车、货车、客车，不包括电动车和摩托车。

卷中记录的夫妻共同财产情况，大体与和田市居民家庭财产的实际情况相一致。但需说明，卷宗记录的夫妻共同财产与实际情况存在一定偏差，原因如下：第一，个别当事人不了解彩礼、嫁妆、其他婚前个人财产与夫妻共同财产的区别，误将个人财产，尤其是彩礼，视为夫妻共同财产，此类案件经法官解释，部分当事人会放弃财产分割请求；第二，在部分案件中，当事人已就财产分割问题达成协议，故未向法庭提交财产明细并要求分割。综上可知，当事人的实际财产情况，较之卷宗记录种类稍多、数额稍大，但偏差不大。因为没有财产的案件以民语案件居多，婚姻存续期普遍较短，当事人多和父母住在一起，新婚夫妻有限的收入大部分归公婆管理，自己积累的财产比较少。[1]

（四）性格（感情）不合是复合型常见理由

家庭社会学研究者普遍认为，离婚的原因事实极为复杂，至少包括"人们在申请离婚时提出的理由，当被问到为什么离婚时当事人回答的理由以及更宏观层面上的离婚变化的社会原因"。[2] 夫妻双方感情破裂也

---

① 受访人，男，维吾尔族，老年，法官，访谈时间：2014 年 8 月 5 日。
② 参见林川、常青松《1997 - 2012 年中国大陆"离婚原因"研究述评》，《人口与发展》2012 年第 6 期。

往往并非单一原因所致，本章所言的离婚原因统计是依据裁判文书、庭审笔录的表述，部分参考原告的起诉状。328 起案件中，除了性格（感情）不合（多达 323 件）这一抽象离婚理由外①，原告起诉的离婚原因及被告庭审陈诉的具体离婚原因分别是：因家庭经济问题（家庭贫困或家庭财产使用意见不一致）的 82 件；因对方不承担家庭责任的 70 件；因双方家庭矛盾的 61 件；因家庭暴力（裁判文书的表述多是"殴打""打骂"等）的 53 件；婚外恋的 52 件；因对方有不良嗜好的 21 件；因子女问题的 20 件；再婚家庭关系问题的 18 件。两类诉讼语言案件相比较，家庭经济问题作为民语案件的具体离婚理由占比最高（27.40%）（见表 2 - 11）。

表 2 - 11　离婚原因

离婚原因	汉语案件		民语案件		合计	
	数量（件）	占比（%）	数量（件）	占比（%）	数量（件）	占比（%）
性格（感情）不合	45	95.74	278	98.93	323	98.48
家庭暴力、虐待、遗弃	8	17.02	45	16.01	53	16.16
不承担家庭责任	10	21.28	60	21.35	70	21.34
婚外恋	9	19.15	43	15.30	52	15.85
不良嗜好	4	8.51	17	6.05	21	6.40
双方家庭矛盾	5	10.64	56	19.93	61	18.60
子女问题	1	2.13	19	6.76	20	6.10
家庭经济问题	5	10.64	77	27.40	82	25.00

---

① 五起案件的离婚理由不涉及性格（感情）不合，卷宗记录的离婚理由如下：JZZL - HT - LH - 2013 - 44 号案件中，原告诉请离婚的理由是，被告离家出走，10 年未归；JZZL - HT - LH - 2013 - 46 号案件中，原告诉请离婚的理由是，被告犯罪入狱；JZZL - HT - LH - 2013 - 92 号案件中，当事人均为再婚，离婚原因是，女方前婚有 2 个子女，男方前婚有 1 个子女，3 个孩子相处不到一起；JZZL - HT - LH - 2013 - 152 号案件中，原告诉请离婚的理由是，被告犯罪入狱 15 年；JZZL - HT - LH - 2013 - 184 号案件中，原被告都因犯罪入狱，被告被判刑期是无期徒刑，原告被判刑期是有期徒刑 10 年，原告出狱后起诉离婚。

续表

离婚原因	汉语案件		民语案件		合计	
	数量（件）	占比（%）	数量（件）	占比（%）	数量（件）	占比（%）
再婚家庭关系问题	4	8.51	14	4.98	18	5.49
其他	1	2.13	17	6.05	18	5.49

注：1. 不承担家庭责任指有能力但拒绝承担家庭责任，或无力承担家庭责任，例如犯罪服刑、患病、年老体弱等。

2. 婚外恋包括一方当事人有证据证实配偶有婚外亲密关系，或者怀疑对方感情不忠。

3. 不良嗜好包括吸毒、赌博、酗酒等。

4. 双方家庭矛盾指一方当事人与配偶父母及其近亲属存在矛盾，常见的是婆媳纠纷。

5. 子女问题包括因子女的性别、抚养、教育等问题，夫妻意见不一致。

6. 家庭经济问题，既包括家庭贫困，也包括家庭财产使用、家庭收支意见不一。

7. 再婚家庭关系问题包括当事人不满配偶与其前妻（前夫）或前婚子女的关系，或者与继子女关系不睦，再婚家庭的经济问题不在此项统计范围内。

8. 其他主要包括包办、买卖婚姻，一方犯罪，借婚姻谋求就业、经济等方面利益。

新疆农村维吾尔族女性经济独立性不足，日常生活支出依靠男性的情况极为普遍，很多年轻女性婚后几乎没有经济来源，日常生活必需品都需要丈夫出钱购买，经济上高度依赖男性很容易导致夫妻双方意见不一。比如"女方出去把钱花掉了，男方出去把钱糟蹋掉了"。有受访人介绍说，"维吾尔族85%～95%，钱都是男人管。农村里，家里有多少钱，（丈夫）一般不给女人说，不让知道，从古到今……（如有生活支出）买什么就给什么钱"。[①] 很多农村女人说，"家里有多少钱，我不知道，老公知道"。[②]

此外还需注意的是，维吾尔族有每逢节日为每一个家庭成员购买新衣、首饰等物品的习惯，对此女性较为在乎，这种情况在南疆农村地区更为突出。如果家庭经济条件差，丈夫无法满足她们的购买欲望时，夫妻之间非常容易产生矛盾——女方认为男方无力满足基本需求，男方认为自己的自尊心受到伤害。[③] 和田市的社会经济发展水平比新疆其他地

---

① 受访人，男，汉族，中年，工人，访谈时间：2014年8月5日。

② 受访人，男，汉族，青年，公务员，访谈时间：2014年8月2日。

③ 阿迪力·阿尤甫：《中国维吾尔族婚姻习惯法研究》，吉林大学博士学位论文，2014。

区落后，已婚维吾尔族女性非常重视日常衣、行、住等基本生活条件保障。经济因素对家庭幸福、生活和睦以及婚姻家庭关系稳定性的影响比其他地区更为明显，部分女性由于家庭经济条件差而选择离婚。此外家庭经济矛盾的另一诱因是，新婚夫妻与男方父母共同居住、共同生活，无经济自主权、家庭日常事务决定权。

"经济意见不一致"成为民语案件最为常见的具体离婚理由，从首饰、生活费到学费、房租不一而足。例如一案中，原告（女方，19岁，农民，初中文化，初婚）与被告（男方，23岁，农民，初中文化，有过2次婚姻）婚姻维系了1年，双方无子女。原告起诉离婚的理由是"经济意见不一致"，她对此的解释是，结婚时自己买的手镯在被告家中丢失了，被告说是"小偷偷走了"，不久被告又卖掉了自己的两枚戒指。被告承认，双方婚姻基础薄弱，且相处不好，经常吵架。该案以调解离婚结案，被告同意补偿原告2000元（JZZL-HT-LH-2013-158）。

对于有稳定职业的女性而言，伴随着自身经济独立性的增强，丈夫经济成熟期出现延缓现象，在家庭经济积累期间，夫妻一方对对方的经济贡献度不满，也会增加婚姻的不确定性。一案中，原告（女方）与被告（男方）的婚姻维系了2年，双方有1个子女。原告起诉离婚的理由是，婚后被告继续上学，自己为其提供学费10000元，被告毕业回来后，双方在经济支出和家庭收入管理上意见不一；被告染上赌博恶习，挥霍家庭财产，经常不回家，常和别人（女性）打电话、发短信；此外，被告的母亲干涉双方生活，原告个人的首饰放在被告那里。被告庭审时回避收入管理和家庭支出意见不一等问题。被告称，原告无端吃醋，其不承认和他人有亲密关系。该案以调解离婚结案，被告与子女一起生活，原告不承担抚养费；被告补偿原告首饰和生育费用6000元（JZZL-HT-LH-2013-185）。一案件中，原告（女方）与被告（男方）婚姻维系5年，双方有1个子女。原告起诉离婚的原因是，家里生活支出由自己承担，被告不关心家庭，且抱怨原告生了女孩；更主要的原因是，被告未征求原告意见，擅自出租房屋（每年租金为 7000 元），房租却由婆婆掌管（JZZL - HT - LH - 2013 - 58）。

草率结婚也是民语案件当事人离婚的重要原因。婚姻维系期短的离婚案件中，婚姻家庭纠纷多可溯源于新婚夫妇缺乏了解、感情基础薄弱。农村维吾尔族女孩婚前在外从事各种经济社会活动的机会较小，父母也禁止女孩外出，婚前频繁外出或出门打工对其本人名誉有不良影响，待嫁女儿结婚前尽量不出门，乖乖地待在家中帮母亲做家务。即便是在定亲后举行婚礼前，男女双方接触的机会也不多，双方通过媒人介绍按照父母意见结婚。新婚夫妻婚后性格不合、意见不一致的情况很容易出现，最终导致部分夫妻离婚。此外，生活空间过于局促，因家庭琐细事务引发大家庭成员间矛盾的情况也比较常见。大家庭矛盾包括婆媳之间矛盾、妯娌之间矛盾、女婿与岳父母之间矛盾。草率结婚与大家庭矛盾这两种常见情况之间有密切关联。

就统计数据情况看，性格（感情）不合是离婚的首因，但性格（感情）不合在起诉与庭审阶段并非作为单一原因，而是和其他具体离婚理由一并提出，且通常作为其他具体离婚理由的总结性表达。另需解释的是，原告的起诉状或由乡镇司法所代为起草，或由立案庭法官指导写作，或由律师代书（不是代理）。[1] 用"性格不合""感情不和"这样的表述，代书者或指导者不需要花时间听当事人大吐苦水，费尽心思地找最主要的离婚理由，即可完成文书制作。庭审时，双方一致认可性格（感情）不合，法官就会倾向于将庭审调查从本诉关系（婚姻关系）转移到

---

① 在农村法庭起诉的当事人，提交的起诉状多数是由乡镇司法所工作人员代为撰写的。法庭工作人员介绍，"司法所干部给他们写。干部帮他们写得正规，农民自己写，一会儿说羊，一会儿说被子，那个东西写得乱……司法所对农民不收费，有些做生意的收工本费，纸张的钱，10块"。受访人 1，男，维吾尔族，中年，法官，访谈时间：2012 年 7 月 20 日；受访人 2，男，维吾尔族，老年，法官，访谈时间：2014 年 8 月 5 日。

附随关系（子女抚养和共同财产分割）。即便综合考察起诉状、庭审笔录和裁判文书，也不能够客观再现当事人婚姻关系不睦的肇因，实际的离婚原因要比诉讼档案的记录复杂。

三　离婚案件审理情况

（一）普遍适用简易程序且平均审理周期较短

328 件离婚纠纷的平均审理时间为 16.98 天。3 个月内审结的案件为 323 件，占 98.48%；3 ~ 6 个月审结的案件仅有 5 件，占 1.52%。比较而言，民语案件平均审理周期（15.31 天）比汉语案件（27 02 天）明显短 11.71 天（见表2   12）。

表 2 - 12　审理时间

审理时间	汉语案件		民语案件		合计	
	数量（件）	占比（%）	数量（件）	占比（%）	数量（件）	占比（%）
1 个月以下	35	74.47	251	89.32	286	87.20
1 ~ 3 个月	10	21.28	27	9.61	37	11.28
3 ~ 6 个月	2	4.25	3	1.07	5	1.52
平均审理时间(天)	27.02		15.31		16.98	

平均审理周期较短，不仅是因为案多人少，司法资源有限，还在于离婚案件本身的复杂程度。离婚纠纷的争议点集中于是否解除婚姻关系、子女抚养和共同财产分割这三方面问题。近年来，全国离婚纠纷争议点变化的趋势是，自身份关系向财产关系转移，即当事人争议的核心问题不是婚姻关系解除与否，而是共同财产分割和未成年子女的抚养权、抚养费数额及支付方式。在和田市 2013 年度受理的 328 起案件中，婚姻关系解除（调解离婚案件数量达到 234 件，占案件总量的 71.34%）、子女抚养（不涉及子女抚养案件达 173 件，占案件总量的 52.74%）、财产分割（无须分割共同财产的案件达到 253 件，占案件总量的 77.13%）问题上，均无实质性争议的案件数量较多。正因为有实质性争议的案件较

少，当事人单独应诉的情况极为普遍，有代理人的案件数量较少（42件，占全部案件的12.80%），有律师或法律工作者代理的案件占比也偏低（35件，占全部案件的10.67%）。案件代理情况具体如下：一方有法律工作者代理的案件有3件，均为民语案件；一方有律师代理的有22件，其中汉语案件9件、民语案件13件；双方均有律师或法律工作者代理的案件10件，其中汉语案件3件、民语案件7件。比较而言，有律师或法律工作者代理的民语案件占比（8.18%）低于汉语案件（25.53%）17.35个百分点；无代理人的民语案件占比（89.68%）高于汉语案件（72.34%）17.34个百分点（见表2-13）。

表 2-13　诉讼代理情况

诉讼代理	汉语案件		民语案件		合计	
	数量（件）	占比（%）	数量（件）	占比（%）	数量（件）	占比（%）
无代理人	34	72.34	252	89.68	286	87.20
亲友代理	1	2.13	6	2.14	7	2.14
律师或法律工作者代理	12	25.53	23	8.18	35	10.67

（二）调解率、调解离婚率较高

统计数据显示，调解结案是最主要的结案方式（75.00%），调解离婚率（71.34%）明显高于调解和好率（3.66%）；撤诉率（10.98%）与判决率（14.02%）相近，前者比后者低3.04个百分点。民语案件与汉语案件的结案方式差异较为明显：第一，民语案件的撤诉率（10.68%）低于汉语案件（12.77%），且民语案件撤诉和好率（7.83%）高于汉语案件（4.26%）；第二，民语案件的调解率（77.94%）高于汉语案件（57.45%），尽管两类案件的调解和好率都较低，但民语案件的调解和好率更低（民汉两语案件调解和好率分别是3.20%、6.38%）；第三，汉语案件的判决率（29.79%）高于民语案件（11.39%），且汉语案件的判决离婚率与判决不予离婚率（分别是19.15%、10.64%）均高于民语案件（分别是 6.05%、5.34%）（见表 2-14）。

表 2-14 结案方式及审理结果

结案方式		汉语案件		民语案件		合计	
		数量（件）	占比（%）	数量（件）	占比（%）	数量（件）	占比（%）
撤诉结案	撤诉和好	2	4.26	22	7.83	24	7.32
	撤诉登记离婚	2	4.26	1	0.36	3	0.91
	撤诉另诉	0	0	2	0.71	2	0.61
	撤诉原因不明	2	4.26	5	1.78	7	2.13
	小计	6	12.77	30	10.68	36	10.98
调解结案	调解和好	3	6.38	9	3.20	12	3.66
	调解离婚	24	51.06	210	74.73	234	71.34
	小计	27	57.45	219	77.94	246	75.00
调撤案件小计		33	70.21	249	88.61	282	85.98
判决结案	判决不予离婚	5	10.64	15	5.34	20	6.10
	判决离婚	9	19.15	17	6.05	26	7.93
	小计	14	29.79	32	11.39	46	14.02

统计数据显示的审理结果是，经诉讼解除婚姻关系（调解离婚与判决离婚）的民语案件占比（80.78%）高于汉语案件（70.21%），前者高于后者 10.57 个百分点（见表 2-15）。上述统计数据不能最终反映出当事人的婚姻关系解除与否，原因在于，汉语案件的撤诉率与判决不予离婚率高于民语案件，当事人再次起诉离婚的可能性高于民语案件。

表 2-15 婚姻解除与否

婚姻关系变化	汉语案件		民语案件		合计	
	数量（件）	占比（%）	数量（件）	占比（%）	数量（件）	占比（%）
婚姻关系解除	33	70.21	227	80.78	260	79.27
婚姻关系未解除	14	29.79	54	19.22	68	20.73

（三） 直接与间接抚养责任相对均衡

离婚后父母对未成年子女的抚养可区分为直接抚养和间接抚养，即离婚后一方与子女共同生活，照顾子女的日常生活起居（直接抚养责任）；另一方通过行使探望权、支付抚养费等方式，与直接抚养方分担对子女的共同监护责任（间接抚养责任）①。

在 328 起案件中，解除婚姻关系且涉及确定未成年子女抚养责任的案件共有 155 件：鉴于独生子女家庭是和田市法院受理的离婚案件的主要类型，且男女双方共同承担抚养责任在审判实践中极为少见（这在全国法院具有一致性），故仅由一方承担直接抚养责任是必然的审判结果，男方或女方单独抚养一个子女的案件 108 件，占涉及子女抚养案件的 69.68%；男女双方平等承担直接抚养责任的 27 件（双方各自抚养 1 个子女），占 17.42%。就直接抚养责任的轻重而言，女方承担较多直接抚养责任的案件 83 件，占涉及子女抚养案件的 53.55%；男方承担较多直接抚养责任的 45 件，占 29.03%。民汉两类诉讼语言案件相比较，平等承担直接抚养责任（18.04%）与男方承担较多直接抚养责任（30.08%）的民语案件占比高于汉语案件（后者分别是 13.64%、22.73%）（见表 2 - 16）。尽管重视父系家庭等传统观念的影响，是导致上述差异的原因之一；但更主要的原因是，有 2 个以上未成年子女的民语案件比例明显高于汉语案件，双方平等承担抚养责任（双方各抚养一子女）或男方承担较多直接抚养责任是公道、合理的解决方案。

另需说明，在女方承担直接抚养责任的案件中，超过三分之一的案件女方的直接抚养责任是短期的，调解书上记录女方照顾子女到 2 岁、3 岁、5 岁、7 岁，即哺乳期结束、入园时或入学时。到了年限，女方把孩子交给男方。有受访人认为，"女人带孩子不容易改嫁，男人带孩子容易再娶……维吾尔族有一个传言，男的可以摘星星，什么样的都可以娶。

---

① 夏吟兰：《离婚亲子关系立法趋势之研究》，《吉林大学社会科学学报》2007 年第 4 期。

女人不能待在家里说我要嫁给乡长、嫁给县长，女人张不了这个口。男人可以说，我可以娶老太太，可以娶小丫头，县长的女儿我想娶，就是这个道理"。①

表 2 - 16　未成年子女抚养责任承担

抚养责任		汉语案件		民语案件		合计	
		数量（件）	占比（%）	数量（件）	占比（%）	数量（件）	占比（%）
平等责任	男1女1	3	13.64	24	18.04	27	17.42
男方承担较多抚养责任	男养1孩	5	22.73	32	24.06	37	23.87
	男养2孩	0	0	6	4.51	6	3.87
	男2女1	0	0	2	1.50	2	1.29
	小计	5	22.73	40	30.08	45	29.03
女方承担较多抚养责任	女养1孩	13	59.09	58	43.61	71	45.81
	女养2孩	1	4.55	7	5.26	8	5.16
	女养3孩	0	0	1	0.75	1	0.65
	女2男1	0	0	3	2.26	3	1.94
	小计	14	63.64	69	51.88	83	53.55
合计		22	100.00	133	100.00	155	100.00

在女方承担较多直接抚养责任的 83 件案件中，男方支付抚养费的 50 件；男方支付抚养费案件占涉及抚养费案件（52 件）的 96.15%。在男方承担较多直接抚养责任的 45 件案件中，女方支付抚养费的 2 件；女方支付抚养费案件占涉及抚养费案件（52 件）的 3.85%（见表 2 - 17）。民语案件与汉语案件中各有一件女方支付抚养费的案件。汉语案件中，原告（男方，31 岁，无固定职业的流动人口）与被告（女方，30 岁，无固定职业的流动人口）婚姻存续了 8 年，生育两个子女。原告以被告常不回家，不与家人联系，不承担家庭责任为由起诉离婚。被告聘请了一位律师做代理人。庭审中被告同意离婚，但要求男方抚养子女。该案

---

① 受访人，男，汉族，中年，工人，访谈时间：2014 年 8 月 5 日。

以调解离婚结案，原告与两个子女共同生活，承担直接抚养责任，被告每月支付给每个子女抚养费 1000 元（JZZL－HT－LH－2013－37）。一件民语案件中，被告（男方，29 岁，小学文化程度，无业）同意离婚，被告愿意抚养唯一的子女，但鉴于子女有残疾，而被告收入有限，他称"我的工资很少，挣得钱不能维持生活"，其要求原告（女方，25 岁，文盲，无固定职业）承担一定数额的抚养费。原告愿意每月支付抚养费300 元（JZZL－HT－LH－2013－51）。有受访法官对此的解释是，"女方没有抚养能力，男方最起码你可以干个体力活，做个小生意，把这个孩子养活起来"。[①] 也有受访者认为，女方极少承担支付抚养费的责任是因为，"维吾尔族思想里或传统里有一个观念，从来不跟女的要东西"。[②]

表 2－17　抚养费支付方

支付方	汉语案件		民语案件		合计	
	数量（件）	占比（%）	数量（件）	占比（%）	数量（件）	占比（%）
男方支付	10	90.91	40	97.56	50	96.15
女方支付	1	9.09	1	2.44	2	3.85
合计	11	100.00	41	100.00	52	100.00

　　统计数据显示，就直接抚养责任的承担情况而言，女方责任略重于男方；就间接抚养责任的承担情况（抚养费支付）而言，男方是间接抚养责任的主要承担者。[③] 换言之，男女双方在直接抚养责任与间接抚养责任承担问题上责任相对均衡。民汉两语系案件有所差异，民语案件抚

---

① 受访人，男，维吾尔族，老年，法官，访谈时间：2014 年 8 月 5 日。
② 受访人，男，汉族，中年，工人，访谈时间：2014 年 8 月 4 日。
③ 艾尼瓦尔·聂吉木教授对南疆地区 461 起离婚案件做了统计分析，统计结果是男方承担直接抚养责任的明显少于女方；而男方承担抚养费的多于女方。其统计样本来自吐鲁番地区、伊犁哈萨克自治州、喀什市和阿图什市四地，时间跨度是 17 年（1987～2004年），研究样本的地域文化特征不明显，在女方承担抚养费问题上与本书作者在和田市的调研结果存在较大差异。艾尼瓦尔·聂吉木教授统计结果是，有 42.29% 的女性承担抚养费。艾尼瓦尔·聂吉木：《新疆维吾尔族人口离婚问题研究》，中央民族大学出版社，2009，第 227～230 页。

养费明显低于汉语案件，抚养费低于 500 元的民语案件占 80.49%，抚养费高于 500 元的汉语案件占 63.64%（见表 2 - 18）。

表 2 - 18　抚养费数额

月抚养费数额	汉语案件		民语案件		合计	
	数量（件）	占比（%）	数量（件）	占比（%）	数量（件）	占比（%）
100 元以下	0	0	2	4.88	2	3.85
100 ~ 300 元	0	0	19	46.34	19	36.53
300 ~ 500 元	4	36.36	12	29.27	16	30.77
500 ~ 1000 元	2	18.18	7	17.07	9	17.31
1000 元以上	5	45.46	1	2.44	6	11.54
合计	11	100.00	41	100.00	52	100.00

民政部门婚姻登记人员介绍，登记离婚案件中，在抚养费承担问题上，性别、族别之间没有明显差异，支付抚养费基本是由父亲支付，但并非所有的父亲都按月足额支付抚养费。婚姻登记员在工作中遇到过因未获得抚养费到民政部门寻求帮助的情况，都是维吾尔族妇女。面对这一类情况，民政部门爱莫之助，只能建议当事人诉讼解决。① 在查阅的民政登记离婚案件中，男方承诺承担的抚养费普遍偏高，有农民承诺每月支付抚养费 500 元，也有公务员承诺每月支付抚养费 1000 元。有受访人认为，这是男权主义的一种表现。口头与行动相悖，实际按照约定履行的不多，但很少有女性到法院请求支付抚养费。在本地离婚案件审理中，一般农民会同意支付 100 元左右的抚养费。②

（四）涉及彩礼嫁妆返还与财产分割案件较少

在 328 起案件中，涉及彩礼及嫁妆返还问题的案件共有 34 件，其中 1 件没有彩礼、嫁妆种类的详细记录，3 件彩礼为现金（分别是 0.3 万

---

① 受访人，女，维吾尔族，中年，民政局工作人员，访谈时间：2012 年 8 月 14 日。
② 受访人，男，汉族，老年，法官，访谈时间：2012 年 8 月 2 日。

元、2万元、1.5万元)，在余下的30件案件中，彩礼品目均是衣服和首饰，价值最高的彩礼是黄金首饰70克。^① 多数女性原告起诉时，就彩礼问题仅提到衣服（通常为3套或4套）和首饰（包括戒指、项链、耳环等）归自己所有。在审理过程中，法官需查明彩礼的品目并估价。34起案件中，26起案件的彩礼均裁判为女方所有，7件女方同意部分返还男方，1件判决部分返还。彩礼多归女方所有，最高人民法院司法解释明确规定，当事人办理结婚登记后，彩礼返还纠纷的审理以不返还为原则，以返还为特例。^②

有受访法官介绍，庭审时法官需要告诉当事人共同财产与彩礼有区别。彩礼必须归女方，为了说服男方，会给他看法律规定。2003年《婚姻法解释》（二）实施前，婚姻维系期较短的案件中，男方倾向于要求返还彩礼。男方说："我们结婚才不到一年，为啥五六千元的首饰都归她，她和我结婚就是为了抢占彩礼。"法官一面给其解释法律规定，一面给他说，"硬要返还彩礼对你名誉不好。村里人会说，你和前妻离婚时要回了彩礼，之后谁还愿意嫁给你呢？"^③ 另一位受访法官介绍，"结婚的时候，婆婆和丈夫带上媳妇、大姨子、小姨子在街上买的东西……一般的农民家庭，结婚前双方一起买东西，彩礼在10000元左右。其中7000~8000元用于买黄金首饰，剩下的彩礼钱用于购买衣服……这是指初婚，二次、三次结婚的，给的彩

----

① 和田地区乡村彩礼一般以男方支付现金，女方购买衣物、首饰为主，但也出现了彩礼货币化的趋势，而彩礼货币化在阿克苏地区更为普遍。一位受访人介绍，长子结婚时，他向长媳家给付了现金4万元；两年后幼子结婚，他向幼媳家给付了现金2万元。彩礼金额有别，老人的解释是，长媳有工作（在乡卫生院），"不给这么多彩礼，不同意嫁给我儿子"；幼媳无工作，是农民。长媳和幼媳都用彩礼买了首饰，长媳买了约100克黄金首饰。受访人为阿克苏地区农民，69岁。访谈时间：2016年3月7日。
② 最高人民法院《关于适用〈中华人民共和国婚姻法〉若干问题的解释（二）》（法释〔2003〕19号）第十条规定，当事人请求返还按照习俗给付的彩礼的，如果查明属于以下情形，人民法院应当予以支持：（一）双方未办理结婚登记手续的；（二）双方办理结婚登记手续但确未共同生活的；（三）婚前给付导致给付人生活困难的，适用前款第（二）、（三）项的规定，应当以双方离婚为条件。
③ 受访人，男，维吾尔族，中年，法官，访谈时间：2013年5月15日。

礼就少了"。这位受访人粗略估计了一下，介绍说，《婚姻法解释》（二）实施前，涉及彩礼的案件比例为40%左右，一般这样的案件结婚都不超过五年。当时法院的做法是，"看婚姻长短，看双方过错，给你做了十年老婆，那肯定不返还"。"最高法院出台相关司法解释，只要结婚登记在册，彩礼原则上全部不返还……现在离婚的都知道，给女方买的东西要不回来了。""《婚姻法》解释规定，男方自愿给女方的东西属于'赠送品'，开庭时就这样给当事人说。另外，现在生活水平提高了，要求返还彩礼的案件比例约为10%。结婚超过五年的，一般不涉及彩礼返还。如果给女方的彩礼（即首饰）卖了，盖了房子，买了牛羊，就不计算彩礼，但需要分割上述财产。"①

上述34件涉及彩礼返还的案件中仅有一起判决结案，此案中，原告（男方，中年，公司人员，有过3次婚姻）与被告（女方，中年，公务员，有过2次婚姻）婚姻维系半年，无子女。原告起诉离婚的理由是，被告与自己结婚目的是得到财产，且被告有婚外恋，双方共同生活仅22天。原告称，婚前自己给被告3.5万元彩礼，结婚费用是0.5万元，共4万元，上述款项要求被告返还。被告庭审时称，原告对自己的孩子不好，且原告无端吃醋。双方都同意离婚，但在彩礼返还问题上意见不一。法庭判决离婚，家庭用品归被告，被告返还原告彩礼1.5万元。被告上诉，后在二审开庭前撤诉（JZZL－HT－LH－2013－140）。

在解除婚姻关系的260起案件中，需法庭裁判分割财产的案件仅有75件，占解除婚姻关系案件的28.85%。民汉两类诉讼语言案件相比较，当事人称无财产的民语案件占比（71.37%）明显高于汉语案件（39.39%）；而需法庭裁判分割财产的民语案件占比（24.67%）明显低于汉语案件（57.58%）（见表2－19）。

---

① 受访人，男，维吾尔族，老年，法官，访谈时间：2014年8月5日。

表 2-19 解除婚姻案件的财产处理情况

财产处理	汉语案件		民语案件		合计	
	数量（件）	占比（%）	数量（件）	占比（%）	数量（件）	占比（%）
诉称无财产	13	39.39	162	71.37	175	67.31
当事人自行处理	1	3.03	7	3.08	8	3.08
法院裁判处理	19	57.58	56	24.67	75	28.85
一方放弃	0	0	2	0.88	2	0.77
合计	33	100.00	227	100.00	260	100.00

无财产的民语案件占比较高的首要原因是，当事人婚姻存续期短，共同财产积累有限；此外，另一个原因是，再婚当事人对配偶的信任度降低，缺乏积累共同财产的积极性和动力，即便是在有稳定职业的当事人中也如此。例如在一起案件中，原告（女方，31 岁，本科学历，教师，有过 2 次婚姻）结婚后不到两个月，就起诉与被告（男方，44 岁，本科学历，教师，有过 3 次婚姻）离婚。原告诉称，婚后一个月，双方在经济问题上意见不一致，原告回娘家，此后双方约好到餐厅谈家事，被告当众殴打原告。原告庭审时称，被告控制经济，原告生病，被告不给自己买药，而"这是最起码的事"。被告辩称，原告抱怨自己给她的钱太少了，被告把自己的工资卡给原告了，但原告把钱很快花光了，以至于被告没钱吃饭，只得去自己父母那里。该案以调解离婚结案，双方无共同财产，原告自愿返还婚前被告赠送给的部分彩礼（彩礼是 2 万元现金，原告自愿返还 1 万元）（JZZL - HT - LH - 2013 - 292）。

第二节　地域婚姻文化背景下的离婚纠纷审理

婚姻是一种"人为的仪式"，也是一种关于"永久共处"和"共同抚育子女"的约定和承诺。[1] 约定和承诺需要社会承认和法律认可。与

---

[1]　费孝通：《乡土中国　生育制度》，北京大学出版社，1998，第 125 页。

婚姻法相比，社会文化对于婚姻家庭观念和行为的引导和规约更为广泛、深入和持久。作为一种基础社会关系，婚姻家庭的社会性、文化性要强于其法律属性。

一　乡村维吾尔族婚姻形态

传统维吾尔社会是植根于绿洲之上的乡土社会，家庭固守在有限的土地上，以种植业、养殖业为主要生计来源。男性家主是家庭的代表和家庭重大事务的决定者，家庭权力关系体现出父权制特征。近邻联姻是常见的婚配方式（同时也有部分近亲结婚的现象），村落中亲属关系复杂，亲属间交往频繁。在此，仅就维吾尔族婚姻关系自缔结、维系到解体这一过程所形成的婚姻形态，以及各项婚姻制度、习俗之间的相关性加以解释。

（一）婚姻缔结

内婚制是就选择配偶的限制条件而言的，代表着配偶选择受到文化规制和社会控制，既反映出一种社会压力，也表征着一种文化期待。[1]从传统社会的"门当户对"到现在的"同类匹配"，选择与自身社会文化特征相似的异性为配偶，在各时期、各地区都是极为普遍的社会现象。[2]维吾尔族的内婚制表现为两项禁止——禁止异教、异族通婚，以及两项倡导——倡导亲属、近邻通婚。具言之，实行宗教内婚制，严禁穆斯林与非穆斯林之间通婚；实行民族内婚制，禁止与其他民族通婚，在维吾尔族聚居的南疆地区，上述禁忌被遵守得极为严格。维吾尔族一度倡导亲属间婚配，主要是表兄妹间结婚，当下近亲结婚已明显减少，但三代以内旁系血亲之间不得通婚并不是乡村维吾尔族社会中的普遍知

---

[1]　〔美〕大卫·诺克斯、〔美〕卡洛琳·沙赫特：《情爱关系中的选择——婚姻家庭社会学入门》，金梓译，北京大学出版社，2009，第188～190页；徐安琪：《择偶标准：五十年变迁及其原因分析》，《社会学研究》2000年第3期。

[2]　潘绥铭、黄盈盈：《性社会学》，中国人民大学出版社，2011，第143页。

识，至少未实现人所共知。① 当下近邻间婚配，通婚地域狭窄，同村、同乡、同县（市）通婚者仍居多，这被称为"亲邻内婚制"。② 卷宗中有因近亲结婚影响下一代健康的个案，例如一案中，原告（女方）与被告（男方）婚姻存续 5 年，有 1 个子女。原告起诉称，丈夫是姨妈的儿子，两人是近亲戚关系；结婚前两年两人关系和睦，但随着残疾儿子的出生，两人争执不断；一年前两人到法院要求离婚，法庭判决不予离婚（JZZL - HT - LH - 2013 - 51）。

以往维吾尔族青年男女初婚时择偶自主性较小，这一传统在城镇已明显弱化，但在乡村却仍被普遍遵行。青年男女自由恋爱，不经媒人介绍，尤其是不经父母同意，这样的婚姻会使得双方家庭在乡村舆论中声誉下降。大部分婚姻听从父母安排，自主婚恋也需经父母允许。③ 在父母安排的婚姻中，完全由父母包办、不征求子女意见也较为少见，而由父母操持并征求子女意见的居于主流。子女在同意与不同意的问题上可以表态，但缺乏与婚配对象的交往机会，以及充分的自主选择，这被称为"点头婚"。一位审判人员介绍，"农村新婚夫妻一般没有感情基础，婚前交往、了解较少。男方到了 20 岁左右多是父母通过熟人、邻居、亲友物色、介绍对象。男方看重女方的首先是长相，之后是是否会手艺、家庭经济情况如何，然后才是人品。父母的态度非常重要，因为男方本人没有经济基础，他要父母资助才能结婚。父母看中某家女儿后，会征

---

① 有学者进行抽样调查（样本 1111 人），统计结果显示，被调查者中有 25.1% 的人（279 人）认为，二代以内的旁系血亲不应该结婚。这意味着，25.1% 的人认为，只要不是二代以内的旁系血亲就可以结婚，这可能与伊斯兰教允许二代以外旁系血亲结婚的规定有关。阿迪力·阿尤甫：《中国维吾尔族婚姻习惯法研究》，吉林大学 2014 年博士学位论文。

② 徐安琪、茆永福：《新疆维吾尔族聚居区高离婚率的特征及其原因分析》，《中国人口科学》2001 年第 2 期。

③ 这种择偶方式普遍存在于南疆其他地区，例如喀什和阿克苏等地。冯雪红：《维吾尔族妇女择偶的人类学考察——以新疆喀什地区 S 县 A 村为例》，《北方民族大学学报》（哲学社会科学版）2010 年第 1 期；吐尔地·卡尤木：《维村社会的变迁》，中央民族大学 2011 年博士学位论文。

求男方意见，但绝大多数男青年没有自己的想法"。①

部分当事人在媒人介绍、父母撮合下成亲，婚前交往极为有限，甚至出现男女双方第一次单独接触是办理结婚登记的个案。缺乏感情基础，结婚草率，婚姻缔结之初就埋下了不和的伏笔。双方婚后发现彼此的性格差异、对方的缺点乃至不良嗜好，产生摩擦、争吵后冲突升级。此外，因初婚当事人普遍低龄，部分当事人不适应家庭角色要求，对家庭缺乏基本的责任心，婚姻生活出现纠纷和争议时夫妻双方不能积极解决②。部分案件中，男方要求离婚的原因是，女方无法适应为人妻、为人媳的角色要求，例如不爱干农活、不早起、不能操持家务等。③ 两种情形下（有时相互作用），都可能导致双方感情未经充分磨合婚姻即告解体。例如一起案件中，原告（男方，农民，初婚）与被告（女方，农民，初婚），婚姻存续不到半年，无子女。原告起诉离婚的理由是，双方婚前不相了解，共同生活 20 天后，发现被告精神上有问题，此后被告回娘家。庭审时被告称，原告殴打辱骂被告（JZZL－HT－LH－2013－93）。

民语案件卷宗诉讼信息显示，初婚离婚者与再婚离婚者相差无几，但女性再婚的比例和婚次比男性低。民语案件再婚率高的首要原因是当事人相对低龄，向往能够建立幸福美满的家庭，不想长期单身生活；再者，农村离异女性缺乏收入来源和生活保障，迫于生计需要再次组织婚姻。因此，除非年龄偏高、担心子女和继父或继母之间关系不睦等特殊原因外，多数离异者都会再婚。

值得注意的另一点是，普遍高婚次和高离婚率，对婚姻稳定产生不良影响。部分离异者再婚预期目标不高，选择配偶的条件降低，加上社会交往范围狭隘，与异性相识后匆忙再婚者占一定比例，这使得多次离

---

① 受访人，男，维吾尔族，中年，法官，访谈时间：2012 年 7 月 20 日。

② 有学者认为，维吾尔族初婚未生育者提出离婚的比例较高，其深层原因之一在于"结婚前后女性角色地位的骤变引发的心理落差"。王海霞：《农村维吾尔族离婚率变动成因——以库车县牙哈镇为例》，《人口与经济》2009 年第 1 期。

③ 受访人，男，维吾尔族，中年，法官，访谈时间：2012 年 8 月 2 日。

婚成为普遍现象。卷宗信息显示，有些再婚者仓促结婚，对再婚配偶缺乏基本了解，乃至不知晓对方的健康情况。一起案件中，原告（女方，31 岁，农民，初中文化，有过 2 次婚姻）与被告（男方，26 岁，农民，小学文化，有过 3 次婚姻）的婚姻维系了 2 年，双方无子女。原告起诉离婚的理由是，双方仓促结婚，婚后不久原告发现被告有精神病，被告经常殴打并威胁原告，导致原告两次流产，起诉时双方已分居 7 个月。庭审中，被告称，双方关系和睦，不同意离婚。法庭查明，被告婚前隐瞒了自己的精神病史，其前两次婚姻失败也与自身患病有关，被告的病情明显危害到原告的人身安全和健康，法庭判决双方解除婚姻关系（JZZL - HT - LH - 2013 - 119）。

（二）婚姻维系

不论汉族还是维吾尔族，传统观念都认为，男性的气质表现在男性应具有事业成就感——对完成任务的高度关注和有明确的行动取向，以及果断、坚强等一系列心理特征；而女性气质则表现为女性具有同情心、关爱他人，以及腼腆、温柔、多愁善感的性格特征。就如维吾尔族谚语所称，"男孩要模仿大山，女孩要模仿苹果"，"女人是家里的花"。在这样的男女有别、男刚女柔的文化规约中，男性是高大的，像高山般雄伟，要能够顶天立地，保护女人这个弱者。[1] 上述文化规约为父权制提供了思想基础和社会心理认同。

"从夫居"（女方进入男方的家庭，而不是相反）被社会学家视为父权制的"基础"和"依据"。[2] 父权制家庭权力关系的特征是"父主子从、男主女从"，并且具有与之相对应的关于"家庭成员角色分工、权利义务和财产继承"等方面的一系列规则体系。"父系、父权和从夫居制"是父权制的三大基石。[3] 相对于中国内地农村家庭，在和田市，尤

---

① 张毅：《维汉谚语中的性别歧视现象及成因透析》，《伊犁师范学院学报》（社会科学版）2011 年第 3 期。

② 李银河：《后村的女人们——农村社会性别权力关系》，内蒙古大学出版社，2009，第 107 页。

③ 金一虹：《流动的父权：流动农民家庭的变迁》，《中国社会科学》2010 年第 4 期。

其是该市的农村家庭，父权制受到的冲击有限，保留得也更为完整。

农村维吾尔族女性婚后，多居住在公婆家；而小夫妻单独居住，即"新居制"，较为少见。以往结婚后，新婚夫妇通常会与男方父母共同生活一段时间（3～5年），是否分家及分家时间取决于家庭经济条件和其他儿子的结婚时间。家庭较为富裕，或其他儿子也已经长大成人婚期在即，父母会给长子另建新居让其搬出居住。农村土地承包后，村里很少有宅基地可供新婚者使用，近年来南疆农村普遍建设富民安居房，有儿子的家庭倾向于多盖两间，儿子结婚后就和父母住在同一院落。① 年轻夫妇与男方父母共同居住的家庭，公公在家中的权力和地位最高，对重大事项（例如土地的使用、家庭经济支出原则、子女成亲、家畜的购置与出售、农机具的购买与使用等）有最终决定权，当然公公通常会与婆婆以及成年子女商量。在媳妇娶进家后，大部分家庭会进行家庭分工和家务承担的调整，婆婆从繁重的家务中"退居二线"，主要负责对儿媳做一些指导工作。

年轻夫妇分家后，丈夫成为一家之主。妻子一般认可和支持丈夫的权力和地位，甚至认为这种家庭权力结构是生活的指望和保证。赚钱养家糊口仍被认为是"丈夫的义务"，② 妻子的责任在于操持家务、照顾丈夫、养育子女。即便是在城市家庭中，部分男性夫权思想仍然严重，例如一起案件中，原告起诉离婚的理由是，被告欺骗原告，先后两次以"买房"（实为租房）为名让原告交出积蓄。原告后来发现双方所住的房子是租的，便责问被告，"买房的钱怎么用的？"被告对原告破口大骂（JZZL－HT－LH－2013－290）。另一起案件中，原告与被告婚姻存续了17年，有3个未成年子女。原告起诉离婚的理由是，三年前原告母亲患脑血管堵塞，原告常回家照顾母亲，被告抱怨原告不能按时做饭，殴打

---

① 受访人，男，维吾尔族，老年，法官，访谈时间：2014年8月5日。

② 肖迎、拜合提亚尔·吐尔逊主编《维吾尔族：新疆疏附县木苏玛村调查》，云南大学出版社，2004，第185～188页。

原告，且原告怀疑被告有婚外恋。被告庭上承认，原告所述属实（JZZL - HT - LH - 2013 - 300）。

有研究者认为，在维吾尔社会，男权主义思想根深蒂固，男性婚后非常重视自己在家庭中的地位是普遍现象。随着南疆地区经济社会关系的不断发展，女性的政治、社会、经济地位明显提高，以往女性在经济上绝对依靠丈夫的从属地位发生了根本性变化，上述变化恰恰对维吾尔族男性在家庭中的最高地位和支配权构成重大挑战。一旦因争取家庭里的主动权和支配权，在夫妻之间出现矛盾，如果女方不让步，男方往往为了维护家主的尊严，宁愿选择离婚，也不肯妥协。另外，男权主义思想也是引发家庭暴力，乃至造成草率离婚的重要原因之一。虽然离婚不是一件受欢迎的事，但男性因经济原因或者家庭暴力而离婚，在维吾尔社会不被认为是"见不得人"的事；而女性因"不正当关系"（甚至"疑似"婚外恋）被休，则会受到社会排斥。①

另外需要解释的是，和田地区耕地资源困乏，② 最大的绿洲就是"和墨洛"（和田市、和田县、墨玉县、洛浦县）绿洲，得益于和田河形成的冲积平原。③ 人多地少，农村富余劳动力众多是和田市乡村的普遍现象。2013 年末，和田市耕地面积为 5996.45 公顷（89946.75 亩），户籍人口（33.15 万）人均耕地面积为 0.27 亩，农业人口（18.81 万）人均耕地面积为 0.48 亩。④ 和田市农村维吾尔家庭至今仍有"分家不分

---

① 阿迪力·阿尤甫：《中国维吾尔族婚姻习惯法研究》，吉林大学 2014 年博士学位论文。

② "十三五"期间，和田地区计划对生活在沙漠腹地、偏远山区、无地可耕的约 3 万户 11 万余人实施易地扶贫搬迁。数据来源于《地区召开"十三五"易地扶贫搬迁工作推进会》，《和田日报》2015 年 11 月 3 日。

③ 和田河是唯一一条从塔克拉玛干沙漠腹地穿过的河流，全长 1127 公里。发源于昆仑山的玉龙喀什与喀拉喀什河是和田河上游的两条支流，在两河的汇合处——阔什拉什——改称"和田河"，和田河下游为典型的平原游荡型河流，河床宽浅，河道曲折。和田市就位于玉龙喀什河河畔。

④ 数据来源于《2014 年新疆统计年鉴》"3～5 各地、州、市、县（市）户数、人口数、土地面积""3～9 各地、州、市、县（市）按城镇、乡村和农业、非农业分人口数""12～4 各地、州、市、县（市）耕地面积"，新疆统计信息网，http://www.xjtj.gov.cn/sjcx/tjnj_3415/，最后访问日期：2015 年 11 月 3 日。

田"的习惯，父子两家在自家田里共同劳动，收入分配使用由父亲决定，"分家不分灶"的情况极为常见。① 审判人员认为，"新婚夫妇多与公公、婆婆、小姑、小叔同住一个屋檐下，没有自己住房的占80%~90%，吃、喝、住等各种日常开支都在一起。新婚夫妇没有经济自主权。因为丈夫给妻子买一些衣物，公公婆婆不同意，继而发生家庭矛盾的情况时有发生"。这明显有别于内地农村的家庭收入、家庭结构和家庭关系，即农村青年非农就业扩大，非农活动成为主要的谋生方式，父母对子女家庭的控制力下降，婚姻家庭（相对于出生家庭）的经济地位提高，家庭关系趋于平等。②

（三）婚姻解体

定亲时，维吾尔族父母因担心女儿受委屈，一般倡导并遵循"就近嫁女"的原则。尽管交通阻碍已非重要的择偶制约因素，但女方及其父母对"远"嫁他乡仍有诸多顾虑。这导致乡村维吾尔人的通婚半径很小，女方与娘家的交往较为频繁，关系也非常密切。在与男方家庭发生矛盾后，女方会向娘家寻求支持；分居期间或离婚后，女方也会在娘家得到生活照顾和保障。近邻通婚习俗与母系庇护习俗间相互强化，两种习俗分别在维吾尔族人的婚姻缔结、维系、解体的过程中发挥着调节平衡的作用。但也有学者认识到，女方亲属对其支持、庇护的态度过于强硬，也会产生负面效应，譬如女方动辄回娘家或与丈夫长时间分居，导致夫妻间隔膜加深。③ 例如一案中，原告（男方，农民，31岁，有过2次婚姻）与被告（女方，农民，25岁，初婚），婚姻存续了5年，生有1个子女。原告起诉离婚的理由是，双方父母家相距很近，被告把家事

---

① 王跃生：《制度变革、社会转型与中国家庭变动——以农村经验为基础的分析》，《开放时代》2009年第3期。
② 受访人，男，维吾尔族，中年，法官，访谈时间：2012年7月20日。
③ 李晓霞：《试析维吾尔族离婚现象形成的原因》，《西北民族研究》1996年第2期；徐安琪、茆永福：《新疆维吾尔族聚居区高离婚率的特征及其原因分析》，《中国人口科学》2001年第2期。

说给娘家，两家关系不睦。尤其是孩子出生后，被告家人干涉他们夫妻的家庭生活。被告父亲曾殴打过原告父亲。起诉时双方已经分居 10 个月（JZZL－HT－LH－2013－89）。

为了保持婚姻双方的身心依托和慰藉、后代的正常成长以及社会的稳定，公众对婚姻的人为解体（诉讼离婚或登记离婚）一般都不持支持、鼓励的态度。在所有有世界性影响的宗教传统中，"没有一种会将离婚看作是喜悦的事情"，[①] 在高离婚率的维吾尔族聚居区南疆也如此。婚育观念的差异主要表现在，对不幸福婚姻的态度和离婚结果的社会接受程度有别。在维吾尔族聚居区，对婚姻的主流态度是不委屈、不将就，离婚所受的社会限制较少，公共舆论对于离婚问题较为宽容，婚姻失败乃至解体被视为"天意"的安排，离婚是"不得已为之"的平常事。[②] 尽管算不上极为普遍，但再婚者与前婚配偶、前婚子女的关系仍是再婚家庭关系不睦的常见原因。例如一起案件中，原告（男方，25 岁，无业，小学文化，初婚）与被告（女方，23 岁，无业，初中文化，有过 2 次婚姻）婚姻维系了 2 年，双方未生育子女。原告起诉离婚的理由是，被告结过一次婚，前婚有一个孩子，常与前夫见面。婚后被告怀孕，原告怀疑不是自己的孩子，要求被告去医院检查，被告拒绝并做了流产，在娘家常住达 6 个月；后被告要求和好，原告将其接回；一个星期后接到前夫电话，被告立即赴约，原告为此坚决要求离婚。该案以调解离婚结案，婚前原告赠送被告项链一条，归被告所有；原告当庭给付被告住院费用 1500 元（JZZL－HT－LH－2013－106）。

综上，乡村维吾尔人婚姻家庭形态及相关制度、习俗的关系大体可以归纳为：婚姻缔结时，受到内婚制的社会文化规范限制，在伴侣选择

---

① 〔美〕约翰·德弗雷：《离婚后单亲家庭的凝聚力与挑战》，《江苏社会科学》2006 年第 1 期。

② 李晓霞：《新疆少数民族人口婚姻状况浅析》，《西北人口》1994 年第 4 期；李晓霞：《试析维吾尔族离婚现象形成的原因》，《西北民族研究》1996 年第 2 期；徐安琪、茆永福：《新疆维吾尔族聚居区高离婚率的特征及其原因分析》，《中国人口科学》2001 年第 2 期。

问题上主要由父母操办，当事人可以表示同意与否；婚姻维系期间的居住模式是以从夫居为主，男性通常在家庭中拥有最高权威；地域社会文化对离婚问题不持明显的负面评价，婚姻解体期间和再婚前女方多会得到娘家的庇护（见图2-1）。

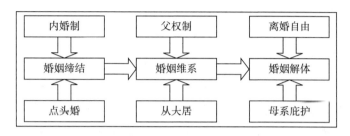

图2-1　乡村维吾尔族婚姻形态及其与相关社会规则的关联

在此必须解释的是，以和田市离婚纠纷为研究样本，上述对维吾尔族婚姻形态的概括，仅有典型性意义，而这一模式不能与每一对维吾尔族婚姻一一对应。尤其需要强调的是，维吾尔族的各种婚姻习俗和制度并非该族特有，习俗的历史沿袭和当下影响使得南疆维吾尔族的婚姻形态与其他民族、其他地区的婚姻形态存在较为明显的差异。

传统与现代、边缘与中心不是二元对立的关系，婚姻家庭变革是一种普遍的趋势，在变革过程中存在着起始状态、变革力量（自然地理环境、历史文化背景、距权力中心距离、经济发展水平、开发早晚等）的差异，由此导致变革的方式与速度、反变革因素作用等方面的差别。秉持审慎、客观的研究态度才能发现和分析"趋同中的差异"和"差异中的趋同"，或者也可以表述为"一样中的不一样"和"不一样中的一样"。具体言之，第一，乡村维吾尔族的点头婚、从夫居、父权制，在我国众多地区也曾普遍存在，只是后者的衰落更为明显。第二，离婚问题逐渐被社会公众接受，娘家是出嫁女儿的庇护所，在各地都是极为常见的社会现象，南疆维吾尔族婚姻与其他地区、其他民族仅存在着程度区别，而无本质差异。第三，南疆维吾尔族婚姻形态与内地省份、其他民族最大的区别在于内婚制，但这一点也不是维吾尔族人特有的，新疆的哈萨克族、回族对非穆斯林间、非本族间的通婚也普遍持反对态度。第四，本书的研究地点和田市可以视为我国婚姻家庭变革的末梢，但即便如此，维吾尔族女性的自主性、维权意识（对个人利益的积极维护）也有明显提高。例如一起案件中，原告（女方，24 岁，农民，初婚）与被告（男方，26 岁，农民，初婚）婚姻存续 4 年，无子女。女方起诉离婚的理由是，婚后原被告两人到外地三次拾棉花挣了一些钱，此后两人在家庭支出和共同财产使用上意见不一致，经常争吵，且男方家人干涉他们的家庭事务。原告要求分割 2 间房子、5 只羊（价值 4500 元）、一些木头（价值 3800 元）。法庭查明，2 间房子是被告婚前财产。该案以调解离婚结案，2 间房子归被告所有，其他均归原告所有（JZZL - HT - LH - 2013 - 276）。

二 乡村法庭离婚诉讼听审

2014 年暑期调研期间，作者本人在玉龙喀什人民法庭旁听了一次离婚纠纷审理。作者、翻译和司机曹师傅在约定的时间（北京时间 16 时整）到达法庭，阿布力米提庭长和我们打了招呼，艾则孜法官在一旁开始做开庭准备工作，其间工勤人员（一位年轻女性，临时工）擦拭了审判席、原被告席、记录席的桌椅，法庭被打扫得干干净净。审判庭约有 40 平方米，完全是按照正规法庭的标准设计的，深米色瓷砖和浅米色窗帘，审判席、原被告席、记录席的桌子是暗红色的，听审席位座椅是蓝色的，法庭环境整洁明亮。

（一）庭审调查阶段

开庭时间是 16：30。征得当事人同意，此案公开审理，在审判庭的还有另外一对更年轻的夫妻等待开庭，案由也是离婚纠纷。

原告为女方，1984 年生，30 岁，小学文化，无业。女方穿着蓝色长裙，围着粉色围巾，中等身高、体态匀称，不像是产后不久的母亲。法庭核实当事人身份时，原告的母亲抱来一个穿红衣的婴儿，原告一面给婴儿喂奶，一面参与庭审。被告为男方，1985 年生，29 岁，以前受雇于他人开装载机开采玉石，因和田市政府禁止使用装载机采玉，男方现在靠打零工谋生。① 男方穿着土黄色与黑色相间的格子衬衫、藏蓝色西服、深蓝色牛仔裤，戴白色帽子，脚上的黑色皮鞋落着灰土，中等偏下身高，体形消瘦，看上去是老实巴交的农民，面貌远远超出实际年龄。

阿布力米提庭长告知当事人诉讼权利和义务，并确定当事人均不申请回避。原告请求庭长代替自己宣读起诉状，原告诉称，双方 2013 年 ×月 ××日结婚，婚后一个月过得好，之后被告经常殴打原告。原告要求离婚，自己抚养女儿，并要求被告承担抚养费每月 300 元。被告称，"水不离婚，如果离婚的话，孩子我自己抚养"。庭长告知他，第一个问题是同不同意离婚的问题，然后才涉及子女抚养。

在法庭调查阶段，原告说，双方是结婚前一个月经长辈介绍认识的，两人都是第二次结婚，被告前婚有一个男孩，原告无子女。两人婚后一个月过得好，之后原告怀孕，妊娠反应强烈，不想干活。原告平时从事家庭手工业——艾德莱斯绸制作。被告骂原告懒，婚后一个月内三次殴打她，其中一次殴打原告的原因是，原告去亲戚家，未按时回家；之后两人和好，但约一个月后，两人又吵架，被告再次动手打原告，原告此后回娘家，至今一直住在娘家。2014 年 ×月 ×日原告生下女儿，其间被告未支付过抚养费。被告说，两人婚后第一个月相处得好，后来原告常去亲戚家，原告躺着不干活（家务活和织绸工作），还有一次原告突然消失了 6 天，回来后两人和好了一段时间（不足一个月）。五个月前原告起诉离婚，因为怀孕在身（女儿出生前的两个月），法庭调解让他们好好相处。

调查财产时，原告说，家里有地毯一条、锅碗瓢盆等家庭用品，差不多值 1300 元，"我不提，我也不要，就留给他，以后成家还用得上"。

---

① 男方主要的收入来源是建房子。和田市农村富民安居房施工数量大，仅玉龙喀什镇 2014 年建设住房数量就超过 1000 套。

原告不要求分割这些物品。被告称，自己筹备婚事借了 10000 元，孩子举办"命名礼"① 也花了 5000 元。庭长告知被告，"你是为娶媳妇借的钱，不是老婆、孩子凑到一块儿借的钱，这个不算"。为结婚借的钱是婚前的事，不是夫妻的共同债务；"孩子起名字，你花了钱，别人吃了你的饭也没有白吃，也给你放了钱的，这个事你不要提"。

（二）法庭调解阶段

双方对于感情不和的原因、婚生一子女、共同财产都无实质性争议，法庭便开展调解工作。原告要求离婚，法官询问被告态度，被告回答"离也行，不离也行"。庭长问被告，"离还是不离？"被告说，"看看孩子怎么抚养"。原告要求被告承担抚养费每月 300 元，直到孩子 12 岁，但原告不知道被告最近挣了多少钱，家里有多少钱？被告要求自己抚养孩子。

庭长说，"法律有规定，孩子 2 周岁以前，由母亲抚养，这是法律规定的"。被告说，"我只给一年，一年后我来养。我一个月只能给 50 元，我 30 岁了，再娶不上老婆了。我向别人借了钱，我还要还钱"。庭长向双方当事人解释说，"按法律规定，抚养费是收入的 20%～30%，和田地区在 130～150 元，被告现在没工作，支付 100 元比较合适"。他继续对原告说，"被告是开装载机的，现在国家有规定，不准再挖玉石，暂定 100 元。以后看着物价上涨的时候，你可以再起诉，要求增加生活费"。接下来他对被告说，"现在 2 块钱一个馕②，50 块钱买不上 30 个馕，你这个孩子能吃饱吗？还是咋弄？100 块不是那么多的钱，万一孩子病了，这点儿钱什么都干不了"。原告要求，每月抚养费 150 元，至

---

① "命名礼"，按照传统习俗，维吾尔族婴儿出生一周后可取名并举行命名仪式。在举行命名礼之前，婴儿的家长要做几项准备：一是邀请宾客的物质准备；二是孩子名称的选定；三是主持人的选择与聘请。来客一般是亲朋好友及邻居。

② 馕，一种烤制的面食，是新疆少数民族的主食。馕最早可能起源于古波斯，但这一食品在新疆的历史极为悠久，可追溯到无文字记载的史前考古时代。最传统也最常见的馕以面粉为原料，面粉不发酵，不放碱，只放少许盐。但目前随着南北疆人员、物资流动日趋频繁和新疆餐饮业的迅速发展，馕的大小、原料、配料、花样不断增加。

18 岁，她边哭边说，"孩子生下来 2 个多月了，他一分钱也没给过"。被告不同意支付 100 元抚养费。庭长说，"法庭给你们 10 天时间，自己回去商量解决女儿的抚养费"。原告哭着离开法庭，坚持说，"我要离婚"。

　　原告离开后，艾则孜法官也离开法庭走到隔壁办公室。阿布力米提庭长走下审判席，走到听审席，被告仍留在被告席，一脸茫然地看着庭长和司机曹师傅。庭长说，"你好好考虑一下，要么不离婚，要么给女方每月 100 块钱抚养费"。曹师傅问被告，现在抚养前婚的一个男孩（被告与母亲一起生活，儿子由祖母抚养），再有一个女婴的话如何抚养？被告回答，"那个时候我想办法挣钱"。曹师傅说，"你现在一直说没有钱，没有钱，那个时候你就有钱了？你是男人吗！爽快地，那是你自己的娃娃，你就给 50 块钱，现在法庭调解 100 块钱，这是按着农牧民的标准。你还不愿意，你看看孩子一天换尿布要多少钱（庭审持续了约一个半小时，其间原告给女婴换了两片尿不湿），100 块钱也干不了什么！孩子病了怎么办？住院三天，没有 1000 块钱出不来，现在都是……你嘛，也爽快点，不要说给就给 100 块，你手头上有钱，就给二三百块，不是给别人，是给你娃娃的。她现在吃奶呢！就是她妈妈花了、吃了，她的奶不是也到娃娃身上吗？"

　　曹师傅转过头来对作者本人说，"双方都是因为一些小事情，女方怀孕一两个月反应比较大，男方不理解。男方手快，光打女方，伤了这个女人的心了。别看男方样子挺老实的，打老婆可厉害了……女方要 300 块钱抚养费，到 12 岁，冉一冉（新疆方言，有调和、妥协的意思）嘛，给到 10 岁或 8 岁也愿意呢！……男方说借的钱、花的钱，不说收礼。他是'铁公鸡'，真正的'铁公鸡'！他有钱，不是没钱，像这样的人就是'装疯卖傻'。他说三十岁娶不上老婆了，七八十岁还娶得上丫头呢！他就在法庭上诉苦，想让法庭给他少判一点……他想离婚，又不想离婚：老婆不要钱嘛，快快地离；一提到钱，就不离。不离吧，老婆和孩子待在娘家，他也不管，就是'破罐子破摔'……他最坏、最坏的。他老婆说，他一有钱就到城里面花去呢！……现在嘛，城里面的干部不去，就是农民把家里的大米、麦子卖掉，到城里面的酒吧去，要不然就去网吧，要不然就是老虎机、卡拉 OK……上次吐沙拉乡的一个 24 岁的小伙子，把他们家的一头牛卖给卖肉的'宰夫'（新疆土话，即'屠夫'），这头牛吗，比市场上便宜了 1000 多块钱，卖了 8000 多块钱，紧凑能卖到一万块钱左右。然后这个'宰夫'呢，就把钱给他了，他就拿上钱就走了。'宰夫'就把牛宰了，卖肉嘛！宰完了，父母找上公安、派出所找牛来了，牛头在肉铺子那里放着呢！一问'宰夫'说，'这个牛我买的，从一个小伙子那里'。两找三找把这个儿子找到了，（儿子说）'我就是把牛卖掉了'。他父母没啥话说了，钱呀都打那个老虎机，一百二百打完了，钱也没有了。牛肉还在那里挂着呢！最后卖牛肉的给他父母 10 公斤牛肉，让他们回家吃去吧！'你牵上来卖的，又不是我到你们家偷的。'最后派出所没办法，儿子把牛拉出去卖了，老子来报案来了！儿子 24 岁，有个娃娃，他把老婆的金银首饰全部都卖掉，他就是打那个东西（老虎机），他说，'有一天我一定会赢上几百万'"。

（三）达成调解协议

二十分钟后，被告同意了法庭提出的抚养费标准，"好吧，100 就 100 吧！"被告到隔壁艾则孜法官的办公室。被告离开审判庭时，对庭长说，自己没带 25 元的诉讼费，原告起诉时未缴纳诉讼费。按照诉讼费缴纳规定，谁起诉谁先垫付诉讼费，案件审结时，由败诉方承担。现在法庭受理离婚案件时，都不要求原告（百分之七八十是女方）缴纳诉讼费，便立案审理，审结后法庭向男方收取诉讼费。因为农村维吾尔族家庭里，掌权的、管钱的是丈夫。几年前法庭收取 150 元诉讼费时，要求原告先缴诉讼费再开庭，因为一些当事人开完庭后耍赖说没钱，还有人和法庭讨价还价，拿着一只鸡、一筐蛋来抵诉讼费的也大有人在。现在诉讼费减至 25 元，当事人几乎都能承受得起。阿布力米提庭长解释说，离婚案件中，很多夫妻无共同财产，一般争执的焦点就是抚养费，女方一般要求 100～200 元。

曹师傅到艾则孜法官办公室，对被告说，"我现在拍下你的照片，我到公安局去，我把你的照片一扫描，你在和田市的哪个地方，在哪一圈儿干啥呢，一清二楚，把你找得到"。被告低头不语，曹师傅继续说，"你在外面找女人，找小老婆"。女方在一旁说，"他就是，就是这个样子，我还没抓住把柄"。被告问曹师傅，"还有这样的东西？"曹师傅说，"有呀，交上 1200 块钱，把你的照片一弄，我们和田地区 4000 多个摄像头，哪一天、哪一月，你在哪个地方走着，都给你照上。我办你的案子快得很。你在和田哪个理发店、按摩店、泡脚店，我不知道吗？"被告连忙说，"我就没有去过那个地方，朋友们带我去了一次"。

曹师傅把被告"吓唬"了一下，艾则孜法官继续对被告说，"你大方一点儿，大度一点儿，再过二十年，你 50 岁了，你这个娃娃刚好 20 岁，成家的时候，维吾尔族最起码父母两个人都要在呀！她的后爹不可能站到那个地方，你还要站到那个地方，那个时候是什么概念，你给娃娃花了多少钱，那个时候能弥补吗？"被告说，"我手头有钱我就多给，这个不在 100 块钱范围内"。艾则孜法官在离婚调解书上又加上一条，"女儿生病时，医疗费用由双方共同承担"。双方当事人签完字后，曹师傅对被告说，"你要给你老婆、孩子买套衣服呢！离婚了，你最起码要庆祝一下，给你们家的丫头到大'巴扎'① 那个地方买上两个洋娃娃，做个纪念。把老婆带上，买上两套衣服，钱你是有的，就像发牌一样，刷刷刷刷……那么多钱，我都知道"。被告看了曹师傅一会儿，用手捂

---

① "巴扎"（Bazaar），来自波斯语，现在成为维吾尔语、哈萨克语、柯尔克孜语最常见的词汇，意为集市、农贸市场。新疆因地处丝绸之路这条中西贸易通道的中段，新疆少数民族，特别是维吾尔族人具有重商、崇商、经商的传统，巴扎因此遍布新疆城乡。在南疆维吾尔族人聚居地区，差不多每个乡镇、交通路口，都有巴扎。乡镇巴扎一般是设在户外的露天市场，不仅是村民互通有无、出售多余的农副产品的地点，而且也是信息交流的重要场所。乡村巴扎平时仅有若干店铺，供售日杂百货。一到"巴扎天"，方圆几十里的群众纷纷前来"赶巴扎"。不仅小商小贩们会抓住时机，在巴扎上占位设摊，扬声叫卖；附近农民也把自家生产的少量瓜果、禽蛋、牛羊、手工制品之类物产拿到巴扎上兜售。"巴扎日"常见的是每星期一次，多在星期五或星期日，相邻的几个乡村巴扎，可将时间错开。近年来，巴扎也成为到新疆旅游的中外客人观光购物、体验民俗风俗、品尝特产风味的重要去处。

住脸笑了。曹师傅断定他有钱，对他需要像"挤牙膏"一样一点儿一点儿挤出来抚养费。被告说，"我今天，或者明天，到大巴扎，给娃娃买个玩具"。曹师傅接着被告的话说，"你去买个玩具看看，小小的布条条的东西都要三四十、四五十块钱呢！你给那一点点儿钱能干什么？"

调解工作不宜一个人进行，几个人轮番调解更为有效，用曹师傅的表达是，"连挖，带咬，带掐，连忽悠带骗，这农民走在大街上看摄像头啪啪一闪一闪的，也不知道怎么回事？"就法庭补充的医疗费条款，曹师傅评价，"我看法庭这个事做得好，这个娃娃不是吃喝拉撒的事，万一病了怎么办？"曹师傅开玩笑说，"我适合在玉龙喀什法庭当个保安，我就在大门口审，快快地审……"

2014年暑期在和田调研的最后一天，也就是调研工作即将结束之时，偶遇曹师傅。这位师傅实际年龄40岁，看起来像50岁，中等个儿，皮肤黝黑，魁梧结实，两道浓眉，长得有些像维吾尔族人，但他的小眼睛、圆下巴又与维吾尔族的体貌特征拉开了距离。曹师傅祖籍甘肃，父母20世纪50年代末辗转来到和田谋生。曹师傅在和田出生，在维吾尔语高中毕业后，家境贫寒未上大学。因维语听说读写能力俱佳，曹师傅在政府部门当了十几年的文字秘书，但因为是工人编，一直没得到提拔和重用，直到2008年开始当驾驶员。我一天的调研工作都得益于曹师傅出色的翻译、沟通能力，他和当事人谈话时，不像少部分官员态度高高在上、不接地气，而是直截了当、因势利导。与作者本人的翻译相比，曹师傅不需要组织语言，不需要斟酌，就可以直接把作者一连串的问题用维吾尔语浅显易懂地表达出来。曹师傅的语言能力让翻译暗暗佩服，她对本人说，"老师，这个翻译非常好！"后来交流得知，曹师傅娶了维吾尔族妻子，生了三个孩子，曹师傅已经当"姥爷"了（大女儿生了儿子）。本人不知深浅地问，三个孩子是不是上大学了？曹师傅说，"我们工人的孩子嘛，不上大学，学个技术，早早工作了"。让曹师傅引以为傲的是三个孩子的维汉双语能力，这都归功于曹师傅本人的言传身教。

三　婚姻文化对审理的影响

和田市维吾尔族当事人在本地社会里出生、成长、结婚成家、生儿育女，说同一种语言（维吾尔语），微观社会中的结构性力量较强、内生性规范（传统社会性别、家庭角色规范，其中不乏宗教规范对行为的约束）作用空间极大，上述因素对离婚案件审理的影响较为明显。

（一）非涉诉当事人对诉讼的参与

20 世纪 90 年代以来，我国离婚纠纷审理的变化之一是，第三方（亲戚、朋友、邻居、工作单位、居委会、村委会等）参与的明显减少。与上述整体情况形成反差，在和田市民语离婚纠纷审理过程中，第三方参与没有明显减少的趋向。一方亲友 7～8 人、双方亲友 15 人以上，同到法庭听审的情况较为常见。[1]

和田市非涉诉当事人对离婚诉讼的参与度较高，主要原因在于：第一，和田绿洲人口稠密，当事人通婚半径极为狭小，同市、同乡、同村通婚极为普遍，亲戚居住较为集中。和田市法院位于和田市中心，玉龙喀什法庭位于吉亚乡和玉龙喀什镇的中心（附近的三十余个行政村十分密集），为当事人就近诉讼及其近亲属旁听案件审理提供了便利条件。第二，乡土社会对离婚行为较为宽容，至少没有明显的歧视，所以当事人的隐私保护意识不强。第三，当事人普遍低龄，需要近亲属，尤其是父母，为其撑腰做主，父母参与诉讼极为常见。第四，亲友可能对当事人的离婚决定不加干涉，但对当事人的利益却不能听之任之，譬如彩礼返还、夫妻共同财产分割、子女抚养费支付等问题。第五，众多案件不存在重大争议，亲友旁听仅有家族力量和家族团结的象征意义。上述原因与亲邻内婚制、点头婚、母系庇护、离婚相对自由化等习俗和传统直接相关。

---

① 受访人，男，维吾尔族，中年，法官，访谈时间：2012 年 7 月 20 日。

（二）分居两年难以作为判断感情破裂的标准

离婚原因为性格（感情）不合的 323 件案件中，通常都存在着或长或短的分居情况。最长的案件当事人分居时间为 5 年，该案双方当事人均再婚，原告（男方）婚前赠与被告（女方）180 平方米土地，但被告未能尽心尽力照顾原告，离家出走 5 年。2012 年 5 月原告曾起诉离婚，法庭主持调解，双方达成协议，被告或还土地，或给原告 15 万元土地补偿金，但被告未履行（JZZL – HT – LH – 2013 – 129）。起诉离婚时，案件双方当事人分居时间最短的不足 1 个月。一起案件双方当事人共同生活了两个星期，因家庭经济支出意见不一发生争执，原告（女方）回娘家，一个月后起诉离婚（JZZL – HT – LH – 2013 – 140）。另一起案件，双方结婚不到半个月，原告（女方）因和被告（男方）及其父母关系不好，回娘家后一个星期便起诉离婚（JZZL – HT – LH – 2013 – 131）。样本案件中仅有 15 个原告起诉时称，双方分居时间超过 2 年，但实际分居时间难以认定，法庭也均未以分居已超过两年为由裁判离婚。

当下分居已经失去判断女方是否怀孕以便明确子女抚养责任这一重要作用。分居期间，女方回娘家居住，这与母系庇护、考虑婚姻可否挽回以及社会评价有关：第一，女方久居娘家，丈夫不闻不问，在当地人看来是表示女方想挽救婚姻，或至少不是主动要离婚。第二，婆家若不主动到女方娘家赔礼道歉，接回媳妇，表示其未尽礼数也无和好的诚意。

（三）调解和好的困难和障碍

调解和好率的高低一方面取决于双方家人、人民调解组织的介入以及司法机关审判绩效考核的要求，同时也取决于案件争议的大小和当事人的诉讼态度。具体言之，第一，相当一部分案件起诉前，双方亲友都力促双方和好，这在初婚离婚案件中极为常见。例如一起案件中，双方都是初婚，婚姻仅维系了 5 个月。原告（男方）诉称，婚后 50 天过得好，被告（女方）吃醋，怀疑原告和表妹的关系，被告持刀以自杀威胁原告。此事发生后原告打算离婚，经原被告双方亲友劝说，放弃离婚想法。但 13 天后，双方又吵架，原告把被告送回娘家。此案以调解离婚结案，原告同意给付被告生活安置费 3000 元（JZZL－HT－LH－2013－232）。第二，和田市上至各乡镇和街道办、下至行政村及各社区均设立人民调解委员会，在和田市法院立案庭旁设有人民调节室，司法局派来了两名专职工作人员。当事人来起诉离婚时，先由人民调解组织进行调解，经调解无法和好，才到法院起诉。这导致分流到法院的离婚案件调解和好的比例有所降低。第三，法院系统的绩效考核中有调撤率的要求，离婚纠纷是拉动调解率的重要案件类型，一方面地域文化对离婚问题的宽容使得当事人比较容易达成离婚合意，同时也是出于达标的考虑，对于离婚纠纷法庭倾向于适用简易程序审理并以调解离婚（非判决离婚）方式结案。第四，部分当事人认为，法官进行背对背的调解促和工作是在办"人情案"，是司法不公正的表现，故拒绝接受法庭的促合调解①。第五，法庭上，原被告与其各自亲属都在，因大家庭不合诱发离婚的案件审理过程中，法官很难让双方当事人平心静气地陈诉案情，从而全面获知争诉双方的婚姻情况，并与双方共同分析婚姻的"病灶"，导致促成和好的机会较少。第四、第五项因素均可归咎于离婚相对自由与亲邻内婚制的影响。

此外需要说明的是，维吾尔族离婚纠纷和好的前提是，在双方家庭看来，婚姻存在和好的可能。如果男方说了三遍"Talap"（休妻），无论是基于当事人的判断，还是出于社区情理的考虑，均难以再继续维持夫妻关系，因为这种夫妻关系被认为是违反宗教教义和本民族风俗习惯的"不道德""可耻"的行为。此类案件（尽管不是较为常见，但确实存在）中，法官在调解书中多使用"感情不和""性格不合"等格式化、中性化的语言，而不直接写明真实原因，这样有利于维护双方声誉，达成调解协议。例如一案中，原告（男方，23 岁，农民，初婚）与被告（女方，21 岁，农民，初婚）婚姻关系存续了一年半，有 1 个子女。原告

---

① 受访人，男，维吾尔族，中年，法官，访谈时间：2012 年 7 月 20 日。

起诉离婚的理由是，孩子出生后，原告去被告娘家，带了 500 元，要接回被告和孩子，但被告认为钱太少了，不愿意回去。被告则称，"我跟原告2011 年×月×日结婚，婚后一年关系好。后来像原告说的关系不好，没有共同语言，经常争吵，连小事都合不到一块儿。丈夫经常撒谎，影响到我们两个的关系。2012 年×月×日吵架，丈夫口头上说'塔拉克'以后不要我了。我就回娘家去了"（JZZL – HT – LH – 2013 – 195）。

（四） 抚养费标准难以确定且执行困难

和田市农牧民年人均纯收入不足六千元，① 根据抚养费的计算标准（个人收入的 20% ~ 30%），法院裁判抚养费的数额在每月 100 ~ 200 元。即便如此，一些当事人也不能按月支付，他们会回复女方秋天卖完农产品再支付，赚到钱再支付，或外地务工（一般是到阿克苏或库尔勒拾棉花）结束后再支付。②

抚养费难以按时足额支付的原因在于：第一，部分当事人（均为男方）不是推脱抵赖，而是收入有限，支付能力不足。第二，当然也有当事人再婚后，需承担新家庭的经济责任，无力或无暇顾及前一次婚姻离异后未共同生活的子女。第三，更为重要的原因是，和田市农村育儿成本低廉，祖辈替代父母承担抚养责任（比较常见的是外祖父母抚养外孙子女，这与"母系庇护"直接相关），即隔代抚养现象普遍存在。上述原因导致直接抚养责任人（女方）对抚养费支付与否听之任之，没有维权动力。在和田市法院 2013 年受理的 11 起抚养费纠纷案件中，民语案件有 8 件，当事人为维吾尔族农民的案件有 2 件，均是母亲作为法定代理人起诉父亲支付抚养费，抚养费数额均是每月 300 元，其中一起案件被告拖欠了 6 个月抚养费（JZZL – HT – FYF – 2013 – 5），一起案件被告拖欠了 99 个月抚养费（JZZL – HT – FYF – 2013 – 10）。

---

① 2014 年末，和田市农牧民人均纯收入达到 5873 元。数据来源于和田市政府网，http://www. hts. gov. cn/Article/ShowArticle. aspx? ArticleID = 226023，最后访问日期：2015 年 10 月 4 日。

② 受访人，男，维吾尔族，中年，法官，访谈时间：2012 年 7 月 20 日。

四　婚姻离散性的统计数据

鉴于上述地域文化和民族文化因素的影响，维吾尔族及其聚居地区（包括和田地区）的婚姻关系缺乏稳定，和田市法院离婚纠纷审理亦受此影响，典型表现是调解和好和撤诉和好的情况较为少见，调解离婚率较高。

（一）和田地域的高离婚人口占比

在新疆各地州（市）中，和田地区的离婚人口占比最高；而在新疆各世居民族中，维吾尔族离婚人口占比也偏高。仅以第六次人口普查年度（2010 年）数据为例，在新疆 15 个地州（市）中，和田地区离婚人口占 15 岁以上人口的 5.34%，是全疆离婚人口占比（3.22%）的 1.66 倍，是各地州（市）中离婚人口占比最低的阿勒泰地区（1.44%）的 3.71 倍。该年度维吾尔族离婚人口占 15 岁以上人口的 4.32%。与新疆其他人口超过百万的民族①相比，维吾尔族离婚人口占比是汉族离婚人口占比（2.53%）的 1.71 倍，是回族离婚人口占比（2.20%）的 1.96 倍，是哈萨克族离婚人口占比（1.11%）的 3.89 倍（见表 2 - 20）。

表 2 - 20　第六次人口普查新疆各地区与世居民族离婚人口情况

地区	离婚人口比重（%）	位序	世居民族	离婚人口比重（%）	位序
乌鲁木齐	3.06	5	汉族	2.53	8
克拉玛依	3.99	3	维吾尔族	4.32	3
吐鲁番	2.59	8	哈萨克族	1.11	13
哈密	2.16	11	回族	2.20	11

---

① 人口普查数据显示，俄罗斯族（6.82%）、满族（4.78%）、锡伯族（3.86%）、塔塔尔族（3.45%）、乌孜别克族（3.09%）的离婚人口占比也较高，但是上述民族人口总数较少，普查人数也有限（上述各族申报登记人数分别是 660 人、1506 人、2693 人、290 人、744 人），抽样情况未必符合上述各族人口的实际婚姻状况。数据来源：新疆维吾尔自治区人民政府人口普查小组办公室：《新疆维吾尔自治区 2010 年人口普查资料》（中册），中国统计出版社，2012，第 697 ~ 698 页。

续表

地区	离婚人口比重（%）	位序	世居民族	离婚人口比重（%）	位序
昌吉	1.90	14	蒙古族	2.34	10
博州	1.91	13	柯尔克孜族	2.79	7
巴州	2.90	7	塔吉克族	1.99	12
阿克苏	4.28	2	乌孜别克族	3.09	6
克州	2.55	9	塔塔尔族	3.45	5
喀什	3.95	4	满族	4.78	2
和田	5.34	1	锡伯族	3.86	4
伊犁	2.32	10	达斡尔族	2.50	9
塔城	2.06	12	俄罗斯族	6.82	1
阿勒泰	1.44	15			
直辖县级市	2.91	6			
全疆	3.22				

注：离婚人口比重计算方式：（离婚人口数）÷（15 岁以上人口数）；离婚人口指曾经结过婚，但到人口普查标准时点办理了离婚手续且没有再婚，或正在办理离婚手续的人。

数据来源：新疆维吾尔自治区人民政府人口普查小组办公室：《新疆维吾尔自治区 2010 年人口普查资料》（中、下册），中国统计出版社，2012，第 697～698、1579 页。

以城市化程度为准，新疆全区城市、镇、乡村离婚人口占比无明显区别，分别是 3.32%、3.22%、3.17%，城市离婚人口占比略高于镇和乡村。和田地区城市①、镇、乡村离婚人口占比几无差异，分别是 5.76%、5.14%、5.33%，但均明显高于全疆平均水平。和田地区城市、镇、乡村离婚人口占比分别是新疆全区城市、镇、乡村离婚人口占比的 1.73 倍、1.60 倍、1.68 倍。全疆 15 个地州（市）中，与和田地区离婚离婚人口占比情况接近的是阿克苏地区和喀什地区。鉴于乌鲁木齐市与克拉玛依市的镇、乡村人口占比较低，普查期间，登记人口数量有限，②

---

① 第六次人口普查年度（2010 年），和田地区辖 1 个县级市，即和田市。

② 乌鲁木齐市镇人口抽样人数为 6092 人、乡村抽样人数是 18635 人；克拉玛依市镇人口抽样人数为 1299 人、乡村抽样人数是 3108 人。数据来源：新疆维吾尔自治区人民政府人口普查小组办公室：《新疆维吾尔自治区 2010 年人口普查资料》（下册），中国统计出版社，2012，第 1581 页。

两地城乡离婚人口比例的差异（两地城市离婚人口占比分别是农村的 1.79 倍、2.65 倍）不具有代表性。阿勒泰地区城乡离婚人口占比差异最为悬殊，城市离婚人口占比是乡村的 2.68 倍。和田地区城市、镇、乡村离婚人口占比分别是阿勒泰地区城市、镇、乡村离婚人口占比的 2.26 倍、2.23 倍、5.61 倍。（见表 2 – 21）。

表 2 – 21　第六次人口普查新疆各地区城市、镇、乡村离婚人口情况

地区	城市		镇		乡村	
	比重（％）	位序	比重（％）	位序	比重（％）	位序
乌鲁木齐	3.20	7	1.67	13	1.78	9
克拉玛依	4.35	2	1.85	14	1.64	10
吐鲁番	3.34	6	2.17	12	2.61	6
哈密	2.70	12	2.30	10	1.48	14
昌吉	2.36	14	2.22	11	1.50	13
博州	2.73	11	2.14	13	1.57	12
巴州	3.10	8	2.79	6	2.94	4
阿克苏	4.25	3	4.66	3	4.15	2
克州	2.34	15	3.28	4	2.49	7
喀什	3.75	5	4.73	2	3.85	3
和田	5.76	1	5.14	1	5.33	1
伊犁	3.82	4	2.36	8	1.79	8
塔城	2.93	10	2.52	7	1.63	11
阿勒泰	2.55	13	2.31	9	0.95	15
直辖县级市	3.08	9	2.75	6	2.64	5
全疆	3.32		3.22		3.17	

数据来源：新疆维吾尔自治区人民政府人口普查小组办公室：《新疆维吾尔自治区 2010 年人口普查资料》（下册），中国统计出版社，2012，第 1580 ~ 1582 页。

（二）审结案件的调解离婚率偏高

与新疆法院系统离婚纠纷一审案件结案方式与审理结果相比较，和田市法院离婚案件的调撤率、调解率、调解离婚率偏高，故通过离婚诉讼解除婚姻关系的案件占比也偏高。2010 ~ 2014 五年间，新疆

法院一审解除婚姻关系的案件占一审离婚纠纷受案量的70%左右,而和田市法院解除婚姻关系的案件占比均在80%左右且年度变化较大(2011年和田市解除婚姻关系的案件占比高达91.40%,2014年降至78.27%),后者比前者分别高10.70个、18.60个、16.35个、7.06个、7.33个百分点(见表2-22)。

近年来,诉前调解、诉讼调解,乃至判决不予离婚在和田市法院离婚纠纷案件审判实践中被更多适用,通过诉讼解除婚姻关系的案件占比有所下降。和田市离婚案件调解离婚率偏高的决定因素是民语案件的审理结果,仅以2013年度为例,民语案件的调撤率(88.61%)高于汉语案件(70.21%)18.40个百分点;民语案件的判决率(11.39%)低于汉语案件(29.79%)18.40个百分点;民语案件的调解率(77.94%)高于汉语案件(57.45%)20.49个百分点,且民语案件调解离婚率(74.73%)明显高于汉语案件(51.06%)23.67个百分点。

表2-22 和田市法院与新疆法院系统离婚纠纷一审案件
审理情况 (2010~2014)

		结案数(件)						解除婚姻关系占比(%)
		合计	其中					
			判决离婚	判决不予离婚	撤诉	调解离婚	调解和好	
2010年	全疆	39373	5279	1309	5892	23404	3344	72.84
	和田市	237	59	0	39	139	0	83.54
2011年	全疆	41563	4769	1350	6076	25487	3710	72.80
	和田市	279	49	0	24	206	0	91.40
2012年	全疆	41125	4192	1431	6295	25312	3727	71.74
	和田市	235	66	0	26	141	2	88.09
2013年	全疆	41888	4163	1378	6261	26082	3839	72.20
	和田市	328	26	20	36	234	12	79.26

续表

		结案数（件）					解除婚姻关系占比（%）
		合计	其中				
			判决离婚	判决不予离婚	撤诉	调解离婚	调解和好	
2014 年	全疆	44087	4783	1673	7065	26493	3882	70.94
	和田市	359	37	0	74	244	0	78.27

注：1. 结案数指当年审结的案件数量，其中包括上一个审判年度未审结的案件数量，与当年受案数不完全一致。

2. 按照最高人民法院司法统计制式表格（法综 10 表"婚姻家庭、继承纠纷一审案件统计表"），离婚案件结案方式包括判决（判决离婚、判决不予离婚）、裁定（驳回起诉，撤诉、终结、其他）、调解（调解离婚、调解和好）和移送四大类，本表的统计项目与最高人民法院不完全一致。

数据来源：上述数据由新疆维吾尔自治区高级人民法院研究室提供。

第三节 婚姻稳定与家庭和谐目标下的司法审判

相对于其他类型的民事案件，离婚纠纷案件司法审判的最大特点是情、理、法相互交织。在案件审理过程中不仅要考虑法律规定，还要考虑人情、事理和个人感受，酌定因素之多，超过任何其他类型案件。法院适用离婚制度不仅是给"问题婚姻"提供一个法律"出口"，使得婚姻解体本身"副作用"最小化，以减少对家庭成员（尤其是未成年子女）的伤害；作为离婚诉讼的必要程序，设置司法调解程序更为重要的目的是，促进双方沟通、消除不信任和攻击行为，帮助当事人摆脱婚姻危机、修复婚姻关系。尽管离婚现象高发取决于社会经济文化因素，面对离婚率的不断增加，人民法院无法力挽狂澜，但法院就离婚案件审判工作仍有一定的延缓婚姻解体的作用。鉴于新疆在全国各省份中离婚率一直居于首位，基于维护婚姻稳定与家庭和谐的目的，新疆基层人民法院与相关政府部门有必要重新界定自己在整个社会管理和公共服务体系中的职能和目标，并思考如何改进婚姻家庭纠纷审理的司法程序与婚姻家庭公共服务。

一 严格把握和适用离婚标准

尽管我国《婚姻法》具有强烈的"珍视"婚姻和挽救"危机"婚姻的价值取向，离婚标准仅居于整个婚姻法律制度体系的一隅，但却代表着现代婚姻家庭法的重要取向。确立无过错离婚原则，即破裂主义，意味着国家法对婚姻家庭关系有如下想象，即婚姻家庭乃是夫妻双方的自治体，国家法对当事人的意志（婚姻缔结、婚姻维系与否）予以尊重和认可，即所谓的"婚姻自由"。

尽管如此，婚姻家庭关系仍处于国家法的监督之下，基于离婚给很多子女带来的"负面结果"，所以不论国内或国外，不论过去和现在，"孩子是国家干预家庭生活的重要目的"①。因此，对草结草离、没有重大过错、有未成年子女的案件，法院应严格把握离婚标准，尽量促成双方和好；对过错明显，对家庭和子女极端不负责任的当事人，应适用婚姻损害赔偿制度；尤其要弱化当事人对"Talap"（休妻）、男性中心主义等宗教规范和民族习俗的教条化刻板理解，引导当事人重建相互扶助、相互尊重、互敬互爱的现代婚姻关系。

二 积极充分地开展司法调解

维吾尔族离婚诉讼中"盲目诉讼"的当事人较多，客观上存在着调解和好的可能。法官应帮助当事人分析婚姻生活中存在的问题与其主观感觉的偏差，使其意识到起诉离婚的莽撞和冲动，重新思考婚姻生活维系的可能和改善的途径。具言之。第一，在开庭前，法官征求双方当事人的意见，根据其愿望和要求，选择面对面的方式进行调解。如果双方情绪过于激动，可以先采取背靠背的调解方式。第二，同时针对庭审过

---

① 〔法〕弗朗索瓦·德·桑格利：《当代家庭社会学》，房萱译，天津人民出版社，2012，第4～5页；〔美〕大卫·诺克斯、〔美〕卡洛琳·沙赫特：《情爱关系中的选择——婚姻家庭社会学入门》，金梓译，北京大学出版社，2009，第347～350页；徐安琪、叶文振：《中国婚姻研究报告》，中国社会科学出版社，2002，第254～279页。

程中，背对背调解遭遇司法信任危机这一现实情况，法官有必要以圆桌调解的方式，邀请双方父母、其他家庭成员参与，从事理、人情、家庭关系、子女抚养等多个角度，细致入微地开展调解工作。第三，开庭结束后，不宜当庭宣判或迅速裁判，应给当事人再次审慎思考的机会，法庭也可在此期间考察当事人的婚姻关系有无转机。

家庭矛盾往往不是基于一方的单一过错，鉴于婚姻家庭关系的衡平性和连带性，相互误解和交流不足也是夫妻间情感对立的重要肇因，尤其是在南疆本地的基层社会中，司法调解除了具有司法裁判功能外，兼有交涉（提供给当事人更多选择）、教化（维护和重建婚姻关系）和治疗（帮助当事人消除误解和情感对立）的功能。[①] 当然法院的职能不同于妇联、人民调解委员会和民政局，当上述努力均告无效后，法院则必须查清事实、判断过错、确定权属。

三　参与婚姻辅导与婚姻教育

由于第二次世界大战后离婚率不断攀升，许多国家都积极开展挽救婚姻的行动，例如美国民间组织推出"婚姻教育工作坊"，为夫妻提供婚姻咨询和培训。[②] 法国在 20 世纪 90 年代起实行"家庭调节"制度，帮助夫妻双方在离婚后重新建立家庭运作模式。[③] 韩国实施了"离婚熟虑制"，启动了开展婚前教育等社会性努力措施。[④] 而在我国自 2003 年颁布实施《婚姻登记条例》后，民政部门不再对申请离婚者进行登记调解。鉴于离婚率的持续增长，众多地区（上海、杭州、兰州等）的婚姻

---

① 关于调解的裁判、交涉、教化、治疗的四种功能定位，参见〔日〕棚濑孝雄《纠纷的解决与审判制度》，王亚新译，中国政法大学出版社，1994，第 52～69 页。

② 〔美〕大卫·诺克斯、〔美〕卡洛琳·沙赫特：《情爱关系中的选择——婚姻家庭社会学入门》，金梓译，北京大学出版社，2009，第 357～358 页。

③ 〔法〕弗朗索瓦·德·桑格利：《当代家庭社会学》，房萱译，天津人民出版社，2012，第 5、47～48 页。

④ 〔韩〕金淑子：《婚姻遭遇"寒流"：解析韩国离婚潮——以最近十年离婚案件分析为例》，《中国妇女报》2012 年 7 月 10 日；李晓宏：《面对离婚冲击波》，《人民日报》2011 年 6 月 2 日。

登记部门陆续启动了无偿自愿的婚姻调解服务。2011 年 7 月，国家民政部发布《婚姻登记机关等级评定标准》，通过开展等级评定工作，拓展婚姻服务的外延，包括开展婚姻家庭辅导服务。①

维吾尔族的高离婚率同本民族的婚姻观念和家庭观念关系密切。在新中国成立之前的漫长历史过程中，维吾尔族一直实行口头离婚，中华人民共和国成立后也习惯于协议登记离婚。② 在《婚姻登记条例》实施以前，到乡政府办理离婚登记，③ 婚姻关系即告解除。换言之，维吾尔族高离婚率是历时性问题，地域婚姻家庭文化原本就较为自由，对离婚的态度较为宽和（但绝不是鼓励、支持离婚）；加之婚姻家庭变革潮流的冲击，婚姻家庭不稳定性加大。因故，更有必要建立登记调解与婚姻学习制④：一方面，对即将步入婚姻生活的青年，要提高其家庭责任意识和责任能力，包括对婚姻磨合期的困难有清醒的认识，能看到自身的不足和所要完成的角色转换，并有针对性地做出调整，完成从"非自主者"向"独立责任人"的转变。比较可行的方法是民政部门⑤、司法行政部门与妇联、团委联合开展婚前教育。另一方面，法院（尤其是受案量较少的人民法庭）⑥ 与上述单位合作，为家庭提供"前站"式教育、

---

① 中华人民共和国民政部：《民政部开展婚姻登记机关等级评定工作通知》（民发〔2011〕100 号，2011 年 7 月 8 日），民政部官网，http://sws.mca.gov.cn/article/hydj/zcwj/201107/20110700166468.shtml，最后访问日期：2012 年 9 月 2 日。

② 阿迪力·阿尤甫：《中国维吾尔族婚姻习惯法研究》，吉林大学 2014 年博士学位论文。

③ 截至 1985 年底，据不完全统计，新疆地区有 1080 个婚姻登记机关（含代办机关），其中县（区）级 68 个，乡（街、镇）级 795 个，兵团团场、国营农牧场等代办机关 217 个，乡（街、镇）级代办机构占 73.61%，离婚登记手续相对简易。新疆维吾尔自治区地方志编纂委员会：《新疆通志第 24 卷·民政志》，新疆人民出版社，1992，第 235 页。

④ 至 2013 年末，新疆有 7 个婚姻登记处开展了婚姻家庭辅导服务，分别是哈密市、塔城市、克拉玛依区、青河县、吉木萨尔县、托克逊县、乌苏市。但除了托克逊县、克拉玛依区以外，这些婚姻登记处所在地区离婚率均低于新疆平均离婚率，而新疆离婚率较高的喀什、和田、阿克苏地区尚未开展婚姻家庭辅导服务。

⑤ 在和田市，登记离婚的数量远远高于诉讼离婚。仅以 2013 年为例，民政部门办理离婚登记 1144 对，诉讼解除婚姻关系的案件为 281 件，诉讼离婚占比为 24.56%。

⑥ 在南疆各地州（市），除了中心城市法院以外，各县基层法院年受案量均不多，多数法院年受案量在一千件左右，大部分人民法庭的年受案量均在一百件左右。

培训、咨询等服务，帮助夫妻双方提高自主解决感情、生活问题的能力，及时解决婚姻家庭生活的矛盾，以及妥善处理有关子女监护、抚养、照顾等方面问题。

结　语

鉴于现代法律完全进入中国基层社会，尤其是边疆少数民族地区，还有一定的阻力，国家法与边疆社会文化的磨合也尚需时日。因此，在离婚纠纷审理的司法实践中，为了衔接制度（离婚标准的严格）和现实（婚姻的离散趋势），弥合司法程序（离婚诉讼的严肃）和普通民众需要（迅速简便地处理问题）之间存在的距离，基层法官们需要熟悉并理性地对待地域文化影响下的"问题"婚姻，明确自身的角色责任，能动司法，以实现维护婚姻稳定和家庭和谐，平等保护当事人权利，平衡双方当事人的利益，使得婚姻解体后涉外效应最小化（对子女伤害）等多项司法目标。和田市法院的离婚纠纷审判实践也表明，对于南疆地区基层法院的法官来说，本地婚姻家庭文化无疑为实现上述司法目标增加了障碍和阻力。

第三章

稳定与变动：诉讼信息中的
哈萨克族婚姻关系

买马商量一月，娶妻商量一年。

——哈萨克谚语

　　新疆是离婚高发地区。和全国其他省份一样，自 2003 年《婚姻登记条例》颁布实施以来，新疆全区登记离婚对数超出通过诉讼解除婚姻关系的案件数量，登记离婚成为解除婚姻关系的主要途径。第六次人口普查数据显示，新疆离婚人口占比为 3.22%，明显高于全国均值（1.38%）。在新疆 15 个地州（市）中，阿勒泰地区是唯一一个离婚人口占比（1.44%）接近全国均值的地区，而且也是新疆全区唯一一个诉讼离婚案件数量超过离婚登记申请数量的地区。阿勒泰地区婚姻家庭关系呈现上述特殊性的首要原因在于，该地区人口以哈萨克族为主体，哈萨克族离婚人口占比明显低于新疆其他民族，且倾向于采取诉讼离婚方式解除婚姻关系。

　　就哈萨克族家事纠纷审理情况，本书作者于 2012 年暑期曾在阿勒泰市做过初步调研。为深入了解阿勒泰地区家事纠纷审判情况，考察阿勒泰地区婚姻家庭关系变化，探讨地域婚姻家庭文化对婚姻家庭纠纷案件审理的影响，2015 年暑期本人再次进行专题调研。鉴于离婚纠纷的复合性和衍生性，故以离婚纠纷审判情况为调研主题。此次调研以在阿勒泰市法院查阅裁判文书，调取司法统计数据，对办案人员做深度访谈等调研方式为主；附以到民政部门、司法行政部门、统计部门调取相关数据，入户调查和随机访谈为辅。本人利用多部门的调研资料，围绕审判工作实践，对阿勒泰市离婚纠纷的案情特点、案件变化、审理情况进行司法统计分析；同时，结合阿勒泰地区以及哈萨克族婚姻家庭关系的变化，对阿勒泰市离婚案件审判形势变化做出预测。

第一节　319 起离婚案件的诉讼信息统计

阿勒泰市是阿勒泰地区的核心城市，多民族聚居，城市化程度较高。2013 年末，阿勒泰市总人口为 197315 人，其中非农人口 126270 人，占总人口的 63.99%；哈萨克族人口 78792 人，占总人口的 39.93%；汉族人口 102155 人，占总人口的 51.77%。① 与上述民族构成与人口结构呈反相关，在阿勒泰市法院受理的离婚案件中，民语案件、当事人为哈萨克族的案件占比远远高于少数民族人口、哈萨克族人口在本市总人口中的占比。本人查阅了阿勒泰市法院 2013 年度审理的全部离婚案件诉讼卷宗，共计 319 份，按审判语言划分，② 其中汉语案件 62 件（当事人为汉族的案件 44 件，哈萨克族的案件 1 件，其他少数民族的案件 4 件，跨族离婚案件 13 件），民语案件 257 件（当事人为哈萨克族的案件 234 件，其他少数民族的案件 11 件，跨族离婚案件 12 件）。按照当事人族别划分，其中汉语案件 44 件，哈萨克族案件 235 件，其他少数民族案件 15 件，跨族离婚案件 25 件。民语案件占全部案件的 80.56%，当事人为哈

---

① 上述数据由阿勒泰市统计局提供。
② 阿勒泰市法院历年受理的离婚案件中，既有汉语案件，也有民语案件，民语案件的庭审语言均为哈萨克语，裁判文书用哈萨克文制作。调研期间，本人对诉讼档案进行编号。本章所提到的案件编号，依据的是作者本人录入案件信息的顺序，既不是法院受理后的立案号，也不是案件审结归档后的档案号。

萨克族的案件占全部案件的 73.35% 。

调研期间，本人先将审判信息录入到 Excel 表格，所提取的审判信息最重要的原始资料是裁判文书，裁判文书就诉讼信息记录不详时，则查阅起诉状与庭审笔录。调研结束后，本人将 Excel 表格中记录的审判信息规范化录入 SPSS 统计软件，统计项目涵盖了 3 个大类、17 小项内容，即当事人个人特征（具体包括原告性别、结婚年龄、起诉时年龄、职业、受教育程度 5 小项）、拟解除的婚姻状况（具体包括婚姻维系期、子女数量、彩礼嫁妆情况、共同财产、离婚原因 5 小项）、案件审理情况（具体包括诉讼代理、审理时间、结案方式、子女抚养、财产分割、彩礼嫁妆返还、生活扶助 7 小项）。

一 当事人的个人特征

（一）女性原告所占比例偏高

自 1949 年以来在我国离婚诉讼中，女性原告一般在三分之二左右。与全国离婚诉讼中原告性别特征相比，阿勒泰市女性原告占比更高。319 起案件中，女性原告为 262 人，男性原告为 57 人，女性原告占比达 82.13% 。两类诉讼语言案件相比较，女性原告占比无显著区别，民语案件中女性原告占比略高，高出汉语案件 1.84 个百分点（见表 3 - 1）。

表 3 - 1　原告性别情况

性别	汉语案件		民语案件		合计	
	数量（人）	占比（%）	数量（人）	占比（%）	数量（人）	占比（%）
男	12	19.35	45	17.51	57	17.87
女	50	80.65	212	82.49	262	82.13

（二）以受过初中教育的非农人口为主

裁判文书记录当事人的职业情况如下：农民 238 人，牧民 54 人，事业单位工作人员（包括教师、医生、护士等）60 人，个体经营者 35 人，公务员 33 人，公司职员 21 人，无业、无固定职业、职业不详者合计 182 人（三者占当事人总数的 28.53%）。非农人口占比（54.23%）高于农业人口（45.77%）。民汉两种诉讼语言案件相比较，民语案件中农牧民比例偏高（279 人，占民语案件当事人总数的 54.29%）；汉语案件中无稳定职业者比例较高（66 人，占汉语案件当事人总数的 53.24%）。当事人职业情况统计数据与同一年度阿勒泰市在业人口统计数据大体一致。[①] 当事人职业情况表明，阿勒泰市非农就业人员数量较多，不仅汉族人口的职业稳定性不足，以哈萨克族为主的少数民族人口的职业稳定性也明显减弱（无业、无固定职业、职业不详者合计 110 人，占民语案件当事人总数的 21.41%），农村人口流动性明显增强（见表 3 - 2）。

表 3 - 2　当事人职业情况

职业	汉语案件		民语案件		合计	
	数量（人）	占比（%）	数量（人）	占比（%）	数量（人）	占比（%）
个体	12	9.67	23	4.47	35	5.49
公司员工	9	7.26	12	2.33	21	3.29
公务员	8	6.45	25	4.87	33	5.17
军人	1	0.81	1	0.19	2	0.31
牧民	0	0	54	10.51	54	8.46
农民	13	10.48	225	43.78	238	37.31
事业单位工作人员	4	3.23	56	10.89	60	9.41
退休人员	3	2.42	5	0.97	8	1.25
无固定职业	58	46.79	6	1.17	64	10.03
无业	8	6.45	39	7.59	47	7.37
罪犯	2	1.61	3	0.58	5	0.78

---

① 2013 年阿勒泰市总人口 19.73 万人，其中非农业人口 12.63 万人（占总人口的 64.01%），在岗职工平均人数 3.42 万人（占总人口的 17.33%），农业人口 7.1 万人（占总人口的 35.99%），城镇化率为 49.67%。数据来源于《2013 年阿勒泰市国民经济和社会发展统计公报》，阿勒泰市人民政府网，http://www.alt.gov.cn/Article/ShowArticle.aspx? ArticleID = 92405，最后访问日期：2015 年 9 月 29 日。

续表

职业	汉语案件		民语案件		合计	
	数量（人）	占比（%）	数量（人）	占比（%）	数量（人）	占比（%）
不详	6	4.83	65	12.65	71	11.13
合计	124		514		638	

汉语案件缺乏当事人受教育情况记录。257 件民语案件中，514 位当事人的受教育情况如下：小学文化的 61 人，初中文化的 226 人，高中毕业的 25 人，中专毕业的 57 人，大专毕业的 22 人，有大学本科学历的 50 人，有硕士学历者 1 人，受教育程度不详的 72 人；受过中专以上教育的当事人有 130 人，占少数民族当事人总数的 25.29%（见表 3 - 3）。统计数据表明，离婚纠纷与当事人的职业、受教育程度没有显著相关性，离婚纠纷发生于各种职业、各种受教育层次人群中。

表 3 - 3　民语案件当事人受教育情况

受教育程度	数量（人）	占比（%）	受教育程度	数量（人）	占比（%）
小学	61	11.87	大专	22	4.28
初中	226	43.97	本科	50	9.73
高中	25	4.86	硕士研究生	1	0.19
中专	57	11.09	不详	72	14.01

（三）民语案件当事人相对低龄

以 10 年为计算单位，当事人年龄集中在 30 ~ 39 岁，这一年龄段的当事人有 282 人；以 5 年为计算单位，当事人年龄集中在 30 ~ 34 岁，这一年龄段的当事人有 152 人；高于 50 岁的当事人数量较少（37 人）；638 个当事人的平均年龄为 36.11 岁。

民汉两种诉讼语言案件相比较，民语案件中当事人年龄集中于 30 ~ 39 岁（247 人，占民语案件当事人总数的 48.05%）；汉语案件中当事人年龄集中于 40 ~ 49 岁（52 人，占汉语案件当事人总数的

41.94%）；民语案件当事人平均年龄（35.17 岁）低于汉语案件当事人平均年龄（39.51 岁）4.34 岁。起诉时，没有低于 20 岁的当事人；结婚时，年龄低于 20 岁的当事人仅有 5 人，低于法定婚龄同居的仅有 3 人，均为哈萨克族。① 上述信息表明，与汉语案件当事人相比较，民语案件当事人呈现低龄化趋势；此外，在阿勒泰市，无论是汉族，还是少数民族，早婚现象已经极为少见（见表 3-4）。有受访人介绍，在本级法院审理的离婚纠纷中，有部分当事人的婚姻维系期不到两年，但在其本人承办的案件中，没有未达到法定婚龄同居的当事人。② 在阿勒泰市民政局办理的登记离婚案件中，哈萨克族当事人的年龄集中于 25-35 岁，40 岁以上的申请离婚者非常少，但婚姻存续期较短者不断增加。③

表 3-4　当事人起诉时年龄情况

年龄		汉语案件		民语案件		合计	
		数量（人）	占比（%）	数量（人）	占比（%）	数量（人）	占比（%）
20 岁以下		0	0	0	0	0	0
20 ~ 29 岁	20 ~ 24 岁	7	5.65	31	6.03	41	6.43
	25 ~ 29 岁	20	16.13	101	19.65	121	18.97
	小计	27	21.78	132	25.68	162	25.39
30 ~ 39 岁	30 ~ 34 岁	17	13.71	135	25.88	152	23.84
	35 ~ 39 岁	16	12.90	114	22.18	130	20.38
	小计	33	26.61	247	48.05	282	44.22
40 ~ 49 岁	40 ~ 44 岁	35	28.23	85	16.54	120	18.81
	45 ~ 49 岁	17	13.71	20	3.89	37	5.80
	小计	52	41.94	105	20.43	157	24.61

---

① JZZL - ALT - LH - 2013 - 261 案件中，双方当事人均为农民，起诉离婚时均 33 岁，婚姻存续 15 年；JZZL - ALT - LH - 2013 - 251 案件中，原告 41 岁，自 1987 年起与被告同居生活，当时仅 15 岁。

② 受访人，男，哈萨克族，中年，法官，访谈时间：2012 年 8 月 15 日。

③ 受访人，女，哈萨克族，中年，民政局工作人员，访谈时间：2012 年 8 月 14 日。

续表

年龄		汉语案件		民语案件		合计	
		数量（人）	占比（%）	数量（人）	占比（%）	数量（人）	占比（%）
50~59岁	50~54岁	5	4.03	7	1.36	12	1.88
	55~59岁	1	0.80	7	1.36	8	1.25
	小计	6	4.84	14	2.72	20	3.13
60岁以上		6	4.84	11	2.14	17	2.66
平均年龄（岁）		39.51		35.17		36.11	

二 拟解除的婚姻状况

（一）婚姻存续期约10年

以 10 年为一个时段，在 319 起离婚纠纷中，婚姻维系期在 10 年以下的案件共有 208 件，其中婚姻维系期在 5 年以下的案件有 115 件，在 5~9 年的案件有 93 件；婚姻维系期在 10~19 年的案件有 90 件，其中婚姻维系期在 10~14 年的案件有 59 件，在 15~19 年的案件有 31 件；婚姻维系期超过 20 年的案件有 20 件；平均婚姻维系期为 8.28 年。

尽管在民汉两种诉讼语言案件中，当事人的婚姻存续期均集中于 0~9 年，民汉两类语言案件数量分别是 172 件、36 件，分别占同类案件的 66.93%、58.06%；比较而言，民语案件当事人婚姻存续期（7.78 年）明显低于汉语案件（10.51 年），前者比后者低 2.73 年（见表 3-5）。

表 3-5 婚姻存续情况

存续时间		汉语案件		民语案件		合计	
		数量（件）	占比（%）	数量（件）	占比（%）	数量（件）	占比（%）
0~9年	0~4年	22	35.48	93	36.19	115	36.05
	5~9年	14	22.58	79	30.74	93	29.15
	小计	36	58.06	172	66.93	208	65.20

续表

存续时间		汉语案件		民语案件		合计	
		数量（件）	占比（%）	数量（件）	占比（%）	数量（件）	占比（%）
10 ~ 19 年	10 ~ 14 年	9	14.52	50	19.46	59	18.50
	15 ~ 19 年	9	14.52	22	8.56	31	9.72
	小计	18	29.03	72	28.02	90	28.21
20 年以上		8	12.90	12	4.67	20	6.27
不详		0	0	1	0.38	1	0.31
平均婚姻维系（年）		10.51		7.78		8.28	

（二）独生子女家庭较多

319 起离婚案件中，有 314 件子女数量统计如下：无子女的案件为 64 件；有子女的案件为 250 件（有未成年子女的案件 240 件），其中有 1 个子女的案件为 173 件（见表 3 - 6）。无子女的案件与低婚姻维系期的案件高度重合：在无子女的 64 起案件中，婚姻维系期超过 5 年的有 18 件；不足 5 年的 46 件，其中婚姻维系期不足 3 年的 37 件，不足 1 年的 15 件。

表 3 - 6　子女数量

子女数量	汉语案件		民语案件		合计	
	数量（件）	占比（%）	数量（件）	占比（%）	数量（件）	占比（%）
无子女	19	30.65	45	17.51	64	20.06
1 子女	33	53.23	140	54.47	173	54.24
2 子女	8	12.90	62	19.44	70	21.94
3 子女	1	1.61	6	1.88	7	2.19

注：子女数量仅指婚生子女，不包括非婚生子女、继子女和养子女。

有未成年子女的 240 起案件中，有 1 个未成年子女的 170 件，有 2 个未成年子女的 65 件，有 3 个未成年子女的 5 件。有 3 个未成年子女的案件中当事人均是农牧民，其中农民 4 人、牧民 6 人；平均年龄是 44.2 岁，年龄最低的当事人起诉时也已经 37 岁。无论是汉语案件，还是民语案件，有 1 个未成年子女案件所占比例均较高，汉语案件与民语案件分别是 30 件、140 件，占同类案件的 48.39% 和 54.47%（表 3 - 7）。考虑到再婚当事人诉请离婚的汉语案件较多（9 件，均无子女及未成年子女），且汉语案件婚姻存续期较长、当事人年龄相对偏高（6 件汉语案件中当事人的子女已成年），故在同一年龄段，民汉两类诉讼语言案件当事人的家庭结构趋于一致，即父母与 1 ~ 2 名未成年子女，未成年子女数量均不超过 3 个。除了受计划生育政策①的影响外，教育成本、生活压力也使得少数民族的生育观念与汉族趋于一致。当事人家庭规模与同一年度阿勒泰市户均人口数据大体一致。②

表 3 - 7 未成年子女数量

未成年子女数量	汉语案件		民语案件		合计	
	数量（件）	占比（%）	数量（件）	占比（%）	数量（件）	占比（%）
无未成年子女	25	40.32	48	18.67	73	22.88
1 未成年子女	30	48.39	140	54.47	170	53.29
2 未成年子女	5	8.06	60	23.35	65	20.38
3 未成年子女	0	0	5	1.95	5	1.57
数量不详	2	3.23	4	1.56	6	1.88

（三）有夫妻共同财产案件较多

在 319 起案件中，无夫妻共同财产的案件仅有 54 件，占 16.93%；财产不详的案件有 28 件，占 8.46%；有财产明细的案件 237 件，占 74.61%（见表 3 - 8）。

---

① 城镇汉族居民可生育 1 个子女，汉族农牧民可生育 2 个子女；城镇少数民族居民可生育 2 个子女，少数民族农牧民可生育 3 个子女。

② 2013 年阿勒泰市总人口 197315 人，户数 63452 户，户均人口 3.11 人。相关数据由阿勒泰市统计局提供。

表 3 - 8　财产情况

财产情况	汉语案件		民语案件		合计	
	数量（件）	占比（%）	数量（件）	占比（%）	数量（件）	占比（%）
无财产	17	27.42	37	14.40	54	16.93
财产不详	5	8.06	23	8.95	28	8.46
有财产明细	40	64.52	197	76.65	237	74.61

注：有待分割的夫妻共同财产包括，一方认为是共同财产，另一方认为是个人财产的情况。

城市家庭最重要的财产是房屋，此外便是储蓄。比较而言，乡村家庭财产更加实物化，主要包括以下七类：第一，地产，包括宅基地、院外四旁林占地、耕地（除了种植玉米、小麦外，还有很多家庭种植油葵、红花、甘草等经济作物）、饲草饲料地（主要种植青储玉米饲料），部分家庭还有牧场。第二，房产，包括家庭住房与配套设施，如厨房、库房、牲畜圈以及庭院等。第三，畜产，主要是家中所养的牛、马、羊、骆驼等。第四，家庭储蓄，包括存款、现金、股票、基金等。第五，交通工具，常见的是摩托车和电动车，个别家庭拥有小汽车。第六，家用电器和家具，电视、冰箱、洗衣机等在农村家庭已基本普及，少数民族定居家庭与游牧家庭无明显区别。第七，日常生活用品，包括各种卧具（床、花毡、被褥、地毯等）、炊具、餐具、茶具等。对于婚姻维系期较短的家庭来说，很少能积累前四类财产。卷宗中，有大额财产（房屋、店铺、汽车、多头牲畜或万元以上存款）的案件仅 102 件。统计数据显示，无论是民语案件，还是汉语案件，无论是城市居民，还是乡村农牧民，房屋都是当事人最为重视的财产。涉及房屋的案件有 57 件，占有财产明细案件的 23.95%（见表 3 - 9）。

与汉语案件相比，牲畜、毡房、某些卧具（花毡等）、地毯等是哈萨克族家庭极为重要的财产，尤其是牲畜，不仅需要法官写明牲畜种类、头数，还要写明年龄、毛色。例如一份调解书详细列明了财产分配方案：灰色的牛 1 头、四条腿有白毛的牛 1 头、有白花的黄牛 1 头、头上有灰色毛的小牛 1 头、5 头半大的牛（2 岁左右）、1 匹枣红马、一个镶着玻璃的书架、1 个双人床、1 台缝纫机、2 个木箱、2 个木柜、3 个花毡、4 床被子、4 条褥子、3 张三米的地毯、2 个枕头、1 个锅、1 个茶壶、5 只碗、5 个盘子、1 个盆、1 幅窗帘、1 只铁桶归原告（女方）；毡房和同等数量的牲畜归被告（男方）（JZZL – ALT – LH – 2013 – 123）。

另需说明，司法档案记录的夫妻共同财产与实际情况存在一定偏差，原因如下：第一，个别当事人不了解彩礼、婚前个人财产与夫妻共同财产的区别，误将个人财产视为夫妻共同财产，此类案件经法官解释，当事人通常会放弃财产分割请求。第二，在部分案件中，当事人已就财产分割问题达成协议，故未向法庭提交财产明细，并要求分割财产。第三，约半数左右的案件以调解和好、庭前和解方式结案，并未解除婚姻关系，故不涉及财产分割问题，法庭就此类案件财产状况的记录较为简略。综上可知，当事人实际财产情况，较之卷宗记录种类更多、数额更大。

表 3 – 9   家庭资产情况

家庭资产	汉语案件		民语案件		合计	
	数量（件）	占比（%）	数量（件）	占比（%）	数量（件）	占比（%）
生活用品	0	0	47	23.86	47	19.75
家具家电	4	10.00	44	22.34	48	20.17
现金、存款或基金	3	7.50	3	1.52	6	2.52
房屋	19	47.50	38	19.29	57	23.95
店铺	2	5.00	3	1.52	6	2.52
汽车	4	10.00	10	5.08	14	5.88
牲畜	0	0	19	9.64	19	7.98
债务	8	20.00	33	16.75	41	17.23
合计	40		197		238	

（四）性格（感情）不合是复合型常见理由

319 起案件中，除了性格（感情）不合（多达 316 件）外，[1] 原告起诉的离婚理由及被告庭审陈诉的离婚原因分别是：因对方有不良嗜好的 135 件；因家庭暴力（裁判文书的表述多是"殴打"、"打骂"等）的 119 件；因对方不承担家庭责任的 55 件；怀疑对方感情不忠的 50 件；因经济原因（家庭贫困或家庭财产使用意见不一致）的 30 件；因双方家庭矛盾的 15 件；因再婚家庭关系问题的 14 件；因子女问题的 7 件（见表 3 - 10）。两类诉讼语言案件相比较，不良嗜好在民语案件的具体离婚理由中占比最高（48.64%），不良嗜好大部分是酗酒，且有不良嗜好者几乎均是男方。统计数据显示，民语案件离婚原因主要是不良嗜好、家庭暴力等，这与法官和民政婚姻登记工作人员的分析相一致。此外，婚外恋也是重要原因之一，夫妇一方怀疑对方感情不忠诚而要求离婚的比较常见。这种情况下，通过调解双方一般会和好，当事人多是大吵大闹一番而已，真正离婚的不多见。[2] 大家庭矛盾不是引发离婚的重要原因，大家庭矛盾包括婆媳之间矛盾、妯娌之间矛盾、女婿与岳父母之间矛盾。准确地说，年轻夫妇与男方父母共同居住、共同生活，无经济自主权、家庭日常事务决定权的案件很少。哈萨克族父母通常坚决反对子女离婚，新婚夫妻的父母一般倾向于化解子女的家庭矛盾。在妻子回娘家后，丈夫会主动到岳父母家接回妻子，酗酒的丈夫更是如此。因为分居时间较长，导致感情破裂的离婚案件比较少见。

---

[1] JZZL – ALT – LH – 2013 – 162 民语案件撤诉原因不明、JZZL – ALT – LH – 2013 – 284 民语案件调解和好，这两起案件起诉状未写明离婚原因。JZZL – ALT – LH – 2013 – 304 民语案件离婚理由是再婚家庭矛盾，双方当事人都没有称离婚原因是感情（性格）不合。原告（男方，退休干部）称，自己照顾被告，为其买医保，照顾被告的孩子。现在两人都老了，不能再继续照顾彼此，各自应回到自己子女处。被告（女方，农民）庭审时称，原告的儿子、儿媳让原告把自己赶走，其本人要求原告支付生活费。该案以调解离婚结案，被告一次性支付原告生活费 30000 元。

[2] 受访人，女，哈萨克族，中年，民政局工作人员，访谈时间：2012 年 8 月 14 日。

表 3 - 10　离婚原因

离婚原因	汉语案件		民语案件		合计	
	数量（件）	占比（%）	数量（件）	占比（%）	数量（件）	占比（%）
性格（感情）不合	62	100	254	98.83	316	99.06
家庭暴力、虐待、遗弃	18	29.03	101	39.30	119	37.30
不承担家庭责任	8	12.90	47	18.29	55	17.24
婚外恋	4	6.45	46	17.90	50	15.67
不良嗜好	10	16.13	125	48.64	135	42.32
双方家庭矛盾	1	1.61	14	5.45	15	4.70
子女问题	2	3.23	5	1.95	7	2.19
家庭经济问题	2	2.23	28	10.89	30	9.40
再婚家庭关系问题	6	9.68	8	3.11	14	4.39
其他	4	6.45	9	3.50	13	4.08

注：1. 不承担家庭责任指有能力但拒绝承担家庭责任，或确无力承担家庭责任，例如犯罪服刑、患病、年老体弱等。

2. 婚外恋包括一方当事人有证据证实配偶有婚外亲密关系，或者仅是怀疑对方感情不忠。

3. 不良嗜好包括吸毒、赌博、酗酒等，其中酗酒最为常见。

4. 双方家庭矛盾指一方当事人与配偶父母或其近亲属存在矛盾，常见的是婆媳纠纷。

5. 子女问题包括因子女的性别、抚养、教育等问题，夫妻之间意见不一致。

6. 家庭经济问题，既包括家庭贫困，也包括家庭财产使用、家庭收支意见不一，且后者更为常见。

7. 再婚家庭关系问题包括当事人不满配偶与其前妻（前夫）或前婚子女的关系，或者与继子女关系不睦，再婚家庭的经济问题不在此项统计范围内。

8. 其他原因主要包括包办、买卖婚姻，一方犯罪，一方移民，借婚姻谋求就业、经济等方面利益。

统计数据显示，男方酗酒是哈萨克族离婚的重要原因。有受访者认为，尽管哈萨克族男性有聚会喝酒的习惯，但不同代际男性的家庭责任感存在差异：年长的男性有工作、有收入，中老年农牧民踏实肯干，对家庭负责；哈萨克族年轻人喜欢喝酒，无固定职业及不承担家庭责任者较多。[①] 本人在调研中发现，对于酗酒问题，不同族别的受访者评价不

---

① 受访人，男，哈萨克族，中年，法官，访谈时间：2012 年 8 月 15 日。

一。有哈萨克族受访者认为，与 20 世纪八九十年代相比，哈萨克族男性酗酒者已经明显减少，当时年轻人成群结队喝酒，现在这种现象已经较为少见，因酗酒导致的交通事故案件数量也呈现下降趋势。身为公务员，有时自己下乡喝酒都觉得不好意思，即便是在亲戚朋友家。① 但汉族受访者却认为，哈萨克族酗酒情况依然很严重。"哈族男性一旦染上酒瘾，就很难戒掉。""哈族男性流行'柜台酒'，在小商店的柜台外，按杯买酒，当即喝下。""还有些人一早起来，先买上一瓶酒，几个酒友聚在一起喝完。"②

就统计数据情况看，性格（感情）不合是离婚首因，但性格（感情）不合在起诉与庭审阶段并非作为单一原因，而是和其他具体离婚理由一并提出，且通常作为其他具体离婚理由的总结性表达。另需解释的是，原告的起诉状大部分是由乡镇司法所代为起草，小部分是由立案庭法官指导写作，个别起诉状是由律师代书（不是代理离婚案件）。用"性格不合""感情不和"这样的表述，无论是代书者，还是指导者均不需要花时间听当事人大吐苦水，费心思找最主要的离婚理由，即可完成文书制作。所以，实际的离婚原因要比裁判文书记录复杂。

三　离婚案件审理情况

（一）普遍适用简易程序且平均审理周期较短

319 起离婚纠纷的平均审理时间为 11.98 天。1 个月内审结的案件为 290 件，占全部案件的 90.91%；1~3 个月内审结的案件为 25 件，占全部案件的 7.84%；3~6 个月内审结的案件仅有 4 件，占 1.25%。比较而言，民语案件平均审理周期（10.31 天）比汉语案件（19.34 天）明显短（9.03 天）（见表 3-11）。

---

① 受访人 1，男，哈萨克族，中年，公务员，访谈时间：2015 年 7 月 21 日；受访人 2，男，哈萨克族，中年，公务员，访谈时间：2015 年 7 月 21 日。

② 受访人，男，汉族，青年，法官，访谈时间：2012 年 8 月 23 日。

表 3 - 11　审理时间

审理时间	汉语案件		民语案件		合计	
	数量（件）	占比（％）	数量（件）	占比（％）	数量（件）	占比（％）
1月以下	52	83.87	238	92.61	290	90.91
1-3月	9	14.52	16	6.22	25	7.84
3-6月	1	1.61	3	1.17	4	1.25
平均审理时间(天)	19.34		10.31		11.98	

　　需要说明的是，卷宗记录的审理周期与实际办案时间存在一定偏差，即前者短、后者长。实际办案过程中，只有一小部分调解离婚案件是当天立案、当天下达法律文书；调解和好的案件审理期限则相对较长，一些依简易程序审理的最终调解和好的案件实际办案期限长达两个月以上。一线法官的解释是，阿勒泰市法院速裁庭和立案庭合署办公。在正式立案前，立案庭要先行筛选案件，"立案庭法官要把案子先过一遍，有一些案子就不立案了，在负责速裁的法官那留下了，（法官要考虑）如何给当事人做工作，一些离婚案件当事人比较冲动，今天吵架，明天就来离婚，但一段时间后（可能是一两个月）怒气消了，就申请撤诉了。有些当事人再来起诉的，没有调解和好的可能了，这类案件就当天立案、当天下达法律文书。其实案件根本不是一天审理的"①。

　　整体看来，阿勒泰市离婚案件平均审理周期较短，不仅是因为案多人少，司法资源有限，还在于离婚案件本身的复杂程度。在319起案件中，就婚姻关系解除与否（约半数案件庭前和解或调解和好，未解除婚姻关系）、子女抚养（不涉及子女抚养的73件）、财产分割（无须分割夫妻共同财产的208件）问题，均无实质性争议的案件数量较多。正因为有实质性争议的案件较少，当事人单独应诉的情况极为

---

① 受访人，男，汉族，青年，法官，访谈时间：2012年8月23日。

普遍，聘请代理人的案件数量极少（仅 16 件，占 5.02%）。① 比较而言，有代理人的民语案件比例（1.56%）低于汉语案件（19.36%）（见表 3 – 12）。

表 3 – 12　诉讼代理情况

诉讼代理	汉语案件		民语案件		合计	
	数量（件）	占比（%）	数量（件）	占比（%）	数量（件）	占比（%）
无代理人	49	79.03	253	98.44	302	94.67
亲友代理	1	1.61	0	0	1	0.31
律师或法工代理	12	19.36	4	1.56	16	5.02

（二）调撤率、调解率尤其是调解和好率较高

统计数据显示，调解结案是离婚案件最主要的结案方式（81.82%），加之撤诉率（15.36%）也较高，故判决结案的比例较低（2.82%）。且在判决结案的案件中，判决离婚的案件数量（8 件）明显多于判决不予离婚的案件数量（1 件）。足见全国较为通行的"二次离婚"潜规则，② 在阿勒泰市法院离婚案件审判实践中并未得到奉行，当事人也不知晓此规则。民语案件与汉语案件结案方式的差异较为明显：第一，民语案件的撤诉率（12.06%）低于汉语案件（29.03%）。第二，民语案件的调解率（86.77%）高于汉语案件（61.29%），且民语案件调解和好率（47.08%）明显高于汉语案件（4.84%），民语案件调解离婚率（39.69%）明显低于汉语案件（56.45%）。第三，汉语案件的判决率（9.68%）高于民语案件（1.17%）（见表 3 – 13）。

---

① 有律师或法律工作者代理的 16 件案件中，一方由法律工作者代理的案件 1 件，为民语案件；一方由律师代理的案件 8 件，均为汉语案件；双方由律师或法律工作者代理的案件 7 件，其中汉语案件 4 件、民语案件 3 件。

② "二次离婚"潜规则，即对于无法举证离婚理由符合《婚姻法》第三十二条规定的初次起诉的原告，法院驳回其诉讼请求，判决不予离婚；原告六个月后再次起诉时，法院对二次起诉离婚者通常会准予离婚。

表 3 - 13　结案方式及审理结果

结案方式		汉语案件		民语案件		合计	
		数量（件）	占比（%）	数量（件）	占比（%）	数量（件）	占比（%）
撤诉结案	撤诉和好	12	19.35	9	3.50	21	6.58
	撤诉登记离婚	0	0	2	0.78	2	0.63
	撤诉另诉	3	4.84	2	0.78	5	1.57
	撤诉原因不明	3	4.84	18	7.00	21	6.58
	小计	18	29.03	31	12.06	49	15.36
调解结案	调解和好	3	4.84	121	47.08	124	38.87
	调解离婚	35	56.45	102	39.69	137	42.95
	调解率小计	38	61.29	223	86.77	261	81.82
调撤案件小计		56	90.32	254	98.83	310	97.18
判决结案	判决不予离婚	1	1.61	0	0	1	0.31
	判决离婚	5	8.06	3	1.17	8	2.51
	小计	6	9.68	3	1.17	9	2.82

　　统计数据直接显示的审理结果是，经诉讼解除婚姻关系（调解离婚与判决离婚案件之和是 105 件）的民语案件占比（40.86%），明显低于汉语案件（64.51%），前者低于后者 23.65 个百分点（见表 3 - 14）。尽管统计数据不能最终反映出当事人的婚姻关系解体与否，但大部分未解除婚姻关系的当事人结案后欲缓和夫妻关系，寻求双方和好。原因在于：第一，尽管近年来阿勒泰市诉讼离婚与登记离婚的案件数量都有明显增长，但该地婚姻家庭观念仍相对保守，家庭稳定与个人声誉仍密切相关，即便是在阿勒泰城区离婚也不是一件稀松平常的事情。诉讼尚难以解决的离婚纠纷，当事人诉后到民政部门以办理离婚登记的方式解除婚姻关系的可能性更低。第二，在阿勒泰市法院，判决不予离婚的案件所占比例极低（0.31%），以初次判决（不予离婚）为感情破裂的证据，当事人再次起诉要求离婚的案件并不常见。

表 3 - 14　婚姻解除与否

婚姻关系变化	汉语案件		民语案件		合计	
	数量（件）	占比（%）	数量（件）	占比（%）	数量（件）	占比（%）
婚姻关系解除	40	64.51	105	40.86	145	45.46
婚姻关系未解除	22	35.49	152	59.14	174	54.54

（三）双方当事人直接与间接抚养责任相对均衡

鉴于独生子女家庭是阿勒泰市法院受理的最为常见的离婚案件类型，且男女双方共同承担直接抚养责任的情况全国在审判实践中极为少见，故仅一方承担直接抚养责任是极为普遍的审判结果。在 319 起案件中，解除婚姻关系且涉及确定未成年子女抚养责任的案件共有 97 件：其中仅由女方承担直接抚养责任的案件 54 件，占涉及子女抚养案件的 55.67%；仅由男方承担直接抚养责任的 33 件，占 34.02%；男女双方平等承担直接抚养责任的 10 件（双方各抚养 1 子女），占 10.31%。民汉两类诉讼语言案件相比较，平等承担直接抚养责任与男方承担直接抚养责任的民语案件占比均高于汉语案件，前者分别是 12.33%、34.25%，后者分别是 4.17%、33.33%（见表 3 - 15）。尽管重视父系家庭、离婚时子女留在夫家等传统观念的影响，是导致上述差异的原因之一；但更主要的原因是，有两个未成年子女的民语案件占比（20.38%）明显高于汉语案件（8.06%），平等承担直接抚养责任（双方各抚养一个子女）是公道的解决方案。

表 3 - 15　未成年子女直接抚养责任承担

子女抚养		汉语案件		民语案件		合计	
		数量（件）	占比（%）	数量（件）	占比（%）	数量（件）	占比（%）
平等责任	男1女1	1	4.17	9	12.33	10	10.31
男方承担直接抚养责任	男养1孩	7	29.17	20	27.40	27	27.84
	男养2孩	1	4.17	5	6.85	6	6.19
	小计	8	33.33	25	34.25	33	34.02

续表

子女抚养		汉语案件		民语案件		合计	
		数量（件）	占比（%）	数量（件）	占比（%）	数量（件）	占比（%）
女方承担直接抚养责任	女养1孩	15	62.50	37	50.68	52	53.61
	女养2孩	0	0	1	1.37	1	1.03
	女养3孩	0	0	1	1.37	1	1.03
	小计	15	62.50	39	53.42	54	55.67
未成年子女抚养案件		24		73		97	

在女方单独承担直接抚养责任的 54 件案件中，男方承担抚养费的有 41 件（占涉及抚养费案件的 93.18%）。在男方单独承担直接抚养责任的 33 件案件中，女方承担抚养费的有 3 件（占涉及抚养费案件的6.82%）（见表 3 - 16）。统计数据显示，就直接抚养责任承担情况而言，女方的责任重于男方；就间接抚养责任承担情况而言，男方更多地承担了支付抚养费的责任。换言之，男女双方在抚养责任承担方面责任相对均衡。

表 3 - 16　抚养费支付方

抚养费支付	汉语案件		民语案件		合计	
	数量（件）	占比（%）	数量（件）	占比（%）	数量（件）	占比（%）
男方支付	13	81.25	28	100	41	93.18
女方支付	3	18.75	0	0	3	6.82
涉及抚养费案件(件)	16		28		44	

在抚养费问题上，民语案件与汉语案件略有差异，民语案件中女方均不承担抚养费，承担抚养费的女方均是汉语案件当事人，且人数较少（3 人）；民语案件抚养费标准低于汉语案件，月抚养费低于 500 元的民语案件占 71.43%，月抚养费高于 500 元的汉语案件占 56.25%（见表3 - 17）。民政部门婚姻登记员介绍，在抚养费问题上，性别、族别之间没有明显差异。本人没有遇到过因不支付抚养费，离婚者到民政部门寻

求帮助的情况。①

表 3 – 17　抚养费数额

抚养费数额	汉语案件		民语案件		合计	
	数量（件）	占比（%）	数量（件）	占比（%）	数量（件）	占比（%）
100 元以下	0	0	1	3.57	1	2.27
100 – 300 元	2	12.50	12	42.86	14	31.82
300 – 500 元	4	25.00	7	25.00	11	25.00
500 – 1000 元	6	37.50	4	14.29	10	22.73
1000 元以上	3	18.75	3	10.71	6	13.64
不详	1	6.25	1	3.57	2	4.55
涉及抚养费案件（件）	16		28		44	

（四）涉及彩礼返还与财产分割的民语案件较多

在 319 起案件中，涉及彩礼及嫁妆返还问题的案件共有 30 件，其中 8 件没有彩礼、嫁妆种类的详细记录，在余下 22 件案件中，彩礼、嫁妆品目包括现金、牲畜、生活用品、家具家电和首饰，最高的现金彩礼是 70000 元。有受访人介绍，农牧区的彩礼一般在 5 万 ~6 万元左右，包括牲畜，一般是 5 ~6 头牛或 5 ~6 匹马、几只羊就合人民币 3 万 ~4 万元；再加上要送给女方的现金，一般 1 万 ~3 万不等；此外男方家送给女方一些首饰、衣服，折合成现金约在 1 万元左右。部分现金彩礼用于购买新婚家庭的生活日用品、家用电器等。② 男方家送给女方的彩礼，归女方父母所有的情况越来越少。常见的是，双方父母一起出资给新婚夫妻，让他们买房、买地、开店。除了彩礼之外，农牧区家庭办婚礼会宰一头牛（约合人民币 5000 元），准备糖果、干果、油炸食品、馕、奶制品（约合人民币 5000 元），举办婚礼需要花费一万元左右。③ 与农牧区相

---

① 受访人，女，中年，哈萨克族，民政局工作人员，访谈时间：2012 年 8 月 14 日。
② 受访者，男，中年，哈萨克族，法官，访谈时间：2012 年 8 月 15 日。
③ 受访者，女，中年，哈萨克族，民政局工作人员，访谈时间：2012 年 8 月 14 日。

比，城市的彩礼高低不一：家庭经济条件较差的新婚夫妻租房居住，少量购置家庭用品，婚礼从简；家庭经济条件较好的新婚夫妻购房、购车，高标准办婚礼酒席，结婚费用在 20 万元以上，没有固定上限。①

高额彩礼及其使用方式的多样化，使得彩礼返还问题成为民语案件的争议点之一。裁判结果明确涉及彩礼返还的案件有 6 件，其中调解离婚的案件 5 件、判决离婚案件 1 件；其余 24 件案件中，彩礼及嫁妆均裁判女方所有。另需说明，在涉及彩礼及嫁妆返还的 30 件案件中，29 件案件的当事人均为少数民族；除了 1 件汉族案件、1 件（回族与东乡族）跨族婚姻案件为汉语案件外，其余案件均为民语案件。5 件调解离婚且涉及彩礼返还案件的基本案情如下：JZZL - ALT - LH - 2013 - 45 号案件中，女方自愿放弃结婚时用彩礼购买的家具。双方婚姻关系存续三年，女方以相互争吵、互不理解为由诉求离婚；女方同时要求抚养孩子，并放弃分割财产。男方庭审时称，女方不愿意分担家务，家务事主要由母亲承担；女方很少做饭，心情好才做一次；且女方多疑，吃男方醋。男方不同意女方抚养子女，起诉时孩子已满 2 周岁。该案以调解离婚结案，孩子由男方抚养，女方不支付抚养费，节日及每月最后两天可以探望孩子。JZZL - ALT - LH - 2013 - 137 号案件中，女方自愿返还 7 万元彩礼中的 4 万元。该案双方婚姻关系存续不足 1 年，女方以婚前了解不足、相互争吵为由起诉离婚。JZZL - ALT - LH - 2013 - 174 号案件中，女方隐瞒自己再婚且前婚有两个子女的事实，男方与其办理准生证时获知上述情况，因女方是非农户口，无法再生育子女，男方起诉要求离婚，女方自愿返还彩礼 8000 元。JZZL - ALT - LH - 2013 - 182 号案件中，双方当事人 2009 年领取结婚证，2012 年举行婚礼。婚后共同生活不足 3 个月，女方起诉离婚，原因是男方怀疑并殴打自己。女方自愿返还 4 万元彩礼。JZZL - ALT - LH - 2013 - 191 号案件中，女方起诉离婚的理由是男方怀疑并殴打自己，还将其赶出家门，双方婚姻存续了 1 年。此前双

---

① 受访人，男，中年，哈萨克族，法官，访谈时间：2012 年 8 月 15 日。

方亲友为其做过调解，但女方庭审时称，"他说假话，你们查一查，我对他没有信心"。此案以调解离婚结案，双方自愿均分女方用彩礼购买的家具家电。JZZL－ALT－LH－2013－282 案件以判决离婚结案，此案男方有律师代理，女方有法律工作者代理。男方起诉离婚的原因是，婚后一个月，女方去见前男友；女方辩称，自己出门做生意，男方对此知晓。双方都同意离婚，但在彩礼返还和嫁妆归属问题上有争议。男方庭审时称，给女方的彩礼合计 61200 元，均系借贷，并出示了借条 4 张，男方同时要求支付精神损害赔偿金 10 万元。女方辩称，男方家仅赠与现金彩礼 3 万，此外有金首饰 40 克，但自己购买家电用去 4.1 万元，并当庭出示发票 9 张。法院查明，女方婚后一个月，以务工为由出门，与他人有"亲密合影"；登记结婚前，男方家给女方赠送彩礼，包括现金和首饰；女方用彩礼购置了如下嫁妆：海信电视 1 台、容声冰箱 1 台、小天鹅洗衣机 1 台、格兰仕电磁炉 1 台、联想电脑 1 台。法庭判决女方返还 1.5 万元彩礼；首饰及嫁妆归女方所有。

在裁判解除婚姻关系的案件（145 件）中，需要法庭分割财产的案件有 80 件，占 55.17%；无须法庭分割财产的案件有 65 件，占 44.83%。两类诉讼语言案件相比，民语案件中需要法庭分割财产案件所占比例（61.90%）高于汉语案件（37.50%）（见表 3－18）。尽管阿勒泰市法院受理的民语离婚案件中，涉及财产的案件占比较高，解除婚姻关系的民语案件需要法庭分割财产的占比也较高，但该院受理的离婚后财产分割案件数量有限，2013 年度仅有四起案件，均是汉语案件；仅有一件案件当事人是回族（JZZL－ALT－LHHCC－2013－2），其他案件当事人族别都是汉族。当事人中 6 人为无固定职业者。

表 3－18　解除婚姻案件的财产处理情况

财产处理	汉语案件		民语案件		合计	
	数量（件）	占比（%）	数量（件）	占比（%）	数量（件）	占比（%）
诉称无财产	17	42.50	20	19.05	37	25.52

续表

财产处理	汉语案件		民语案件		合计	
	数量（件）	占比（%）	数量（件）	占比（%）	数量（件）	占比（%）
当事人自行处理	8	20.00	12	11.43	20	13.79
法院裁判处理	15	37.50	65	61.90	80	55.17
一方放弃	0	0	8	7.62	8	5.52
解除婚姻案件（件）	40		105		145	

在夫妻共同财产分割问题上，普遍不涉及农地使用权和牧场使用权的确权问题，几乎没有女方主张农地和草场使用权，女方一般会主张牛、羊、马等牲畜和家庭用品的所有权。原因在于，第一，二轮土地承包合同中确定的土地承包期限长（30 年承包期），女儿出嫁不能将家庭承包的部分土地带走，土地使用权留在娘家。第二，同样夫妻离婚时，不改变土地承包关系，土地使用权留在夫家。此外在共同财产分割上，很难执行离婚损害赔偿的过错罚则，哈萨克族男性酗酒者较多，很少有人有赌博、吸毒恶习，但酗酒不是适用过错罚则的情形，而且"什么样的算是酗酒成习惯，标准不好把握，女方也缺乏举证能力"①。

需说明的是，多起案件中，女方用彩礼购买家庭生活用品、家具家电或交通工具（主要是摩托车），且使用数年，起诉离婚时要求分割上述财产。对于这一类案件，法庭一般会尊重女方的意见，适当考虑双方结婚年限、子女抚养责任、双方过错及家庭经济情况，平衡双方利益，达成调解方案。这一类案件卷宗中记录的财产分割方案与彩礼、嫁妆返还方案并无明确区分，法庭在审理过程中，分割夫妻共同财产时一并解决了彩礼、嫁妆返还问题。例如一起案件中，双方婚姻存续 4 年，原告（女方）以与婆婆、大姑姐争吵，家庭关系不睦为由，诉请离婚；同时要求抚养孩子，由被告承担抚养费，并公平分配财产。被告（男方）庭审时称，原告不尊重母亲，不干家务，无理取闹，把小事变成大事，曾

---

① 受访人，男，中年，哈萨克族，法官，访谈时间：2012 年 8 月 15 日。

堕胎一个 7 个月大的胎儿；被告不同意孩子与原告共同生活；并称，"（两人）共同的牛羊没有，其他东西要分割"。双方要求分割的家庭财产（大部分是用彩礼购置的）包括 8 个花毡、1 个 4 米长的花毡垫子、1 张地毯、10 床被子和褥子、2 幅窗帘、1 个衣柜、1 口箱子、1 张长桌子、1 组沙发，以及电视、烤箱、洗衣机、DVD 播放机各 1 台。在法庭主持下，双方达成的财产分割方案是，除了 3 张花毡、4 床被子、1 幅窗帘归被告外，其他均归原告（JZZL - ALT - LH - 2013 - 286）。

第二节　地域婚姻文化背景下的离婚纠纷审理

如果把社会（尤其是社区、村落、部族为核心的微观社会）比喻成一张网，个人可以被视为存在于绳股交汇处的"结"，个人处于"网"之中、"结"之上。一个社会恰似绳结交错的结结之网，可以与其他社会文化形式形成对照。"想像一下狩猎—群居或者畜牧—游牧社会，人们编织成体现权利和职责的结构……网编得越密，把个人摘出网外就越困难或越没有意义。个人既在网中，也在结上。"[①] 传统哈萨克社会是植根于草原之上的游牧社会，以畜牧业为主要生计来源，家庭随着畜群沿着转场路线在四季牧场间迁徙往复。游牧地区人迹罕至，自然环境极为恶劣，四季牧场间相隔几百公里，"人口分散使得作为建立在婚姻和血亲基础上的社会组织形式——家庭，愈是需要具备较强的独立存在能力，甚至全项功能。每个家庭实质上成为一个小的经济联合体，绝大多数生活资料还得自给自足。……同时也对男性劳动力提出更多需求，因为在恶劣劳动条件下，男性较女性优势更大。"[②] 艰苦的游牧生活同样使得家族、氏族、部落内的互助成为必要，亲属间交往频繁，从而强化了男性

---

① 〔英〕戴维·赫伯特：《宗教、信仰和公民社会》，查立友译，《马克思主义与现实》2003 年第 1 期。

② 晏月平、廖爱娣：《民族家庭结构转变的人口学分析——基于人口普查数据》，《广西民族研究》2015 年第 4 期。

家长、族长的权威；男性是家庭的代表和家庭重大事务的决定者，家庭权力关系体现出父权制特征；娶妻要七水之隔，近邻联姻并不是常见的婚配方式，也很少有近亲结婚的现象。1949 年后行政区划设置打破了哈萨克族传统的氏族部落体制，而 20 世纪 90 年代以来不断推进的牧民定居工程，更使得传统的游牧生计方式难以为继，扩大家庭逐渐被核心家庭所取代，父权家庭呈现平权化趋势。[1]

一 助手美尔的家族故事

美尔是作者本人 2015 年暑期在阿勒泰后期调研工作的助手，这个哈萨克女孩从哈萨克语高中毕业后考入新疆大学，是典型的"民考民"[2]。尽管她的汉语能力一般，但把案件信息翻译成汉语，完全在她的语言能力范围之内。已经上大三的她，和本人用汉语进行日常交流也毫不费力。这个女孩安静的性格和认真做事的态度，让人喜欢。调研中间正好赶上穆斯林的传统节日肉孜节，[3] 美尔带了她妈妈准备的节日食品——馓子、油饼、糖果。本人试探着问可否去拜访她的父母，美尔爽快地答应了，她说，"妈妈本来就让我邀请您来做客"。一周的朝夕相处，还有一次做客，让本人有幸记录下美尔的家庭故事。美尔父亲年轻时，已经被动放弃了传统游牧生活。像大部分定居后的哈萨克族牧民家庭一样，美尔的童年时期一家有三代人，随着爷爷、奶奶的去世，美尔和大弟弟也离开家庭，求学、参军在外。或许可以将这一变化解释为，家庭生计方式趋于固定化（种植业加饲养业）与家庭成员的流动化。

---

① 核心家庭，即已婚夫妻与未婚子女同住的家庭；扩大家庭，指除了父母与子女外，还有其他成员（祖父母、叔伯、姑妈等）同住。父权制，即一个社会期望男性主导家庭决策；平权制，即夫妻双方的地位和权力被视为平等的。父权制、母权制、平权制不是针对一个家庭而言的，而是用以指代不同社会中家庭权力分配的不同模式。〔美〕理查德·谢弗：《社会学与生活》，刘鹤群、房智慧译，世界图书出版公司，2006，第 313~314 页。

② "民考民"是新疆高考形式之一，即少数民族学生以少数民族文字参加高考。

③ "肉孜节"又称"开斋节"和"宰牲节"，是伊斯兰三大宗教节日之一。每年斋戒期满，穆斯林要过一年一度最隆重的节日之一肉孜节，其间家家户户都要烹调佳肴、走亲访友、宴请宾客。

（一）美尔家的家庭成员

美尔父亲 1965 年出生，是村支书。父亲小学上的汉语学校，当时正值"文化大革命"期间，学校的教学状态是"老师来了学生不来，学生来了老师不来。"所以，美尔父亲只有最基本的汉语交流能力，但汉语远远算不上熟练。为供养孩子上学、维持家计，美尔父亲尝试过各种养殖业。因为在村中担任支部书记，父亲家里家外两头忙。

美尔母亲 1970 年出生，是党员。母亲小学上的哈语学校，没有汉语表达能力，可以听懂最简单的汉语生活用语。因承担大部分农活，还要照顾一家老小，看起来比实际年龄大。像很多农村哈萨克妇女一样，母亲任劳任怨、不善言谈、待人友善。美尔性格上非常像母亲。

美尔有两个弟弟，大弟弟，20 岁，军人，在争取当士官生，并准备报考军校；小弟弟，15 岁，初中毕业，下学期上哈一中高一。两个弟弟有时叫美尔"姐姐"，多数时候叫她名字，美尔姑姑的孩子们都叫她"小姨"（哈萨克族姑妈和姨妈不做区分）。

美尔的奶奶生育了三男六女九个孩子。这位老人的孩子们都成家后，"还子"① 习俗已经不常见了。美尔父亲是最小的儿子，所以奶奶与美尔父母一起生活，奶奶常说，"美尔是我的孩子。"美尔称父、母为"哥哥"、"嫂子"，这一称呼在奶奶去世后也没有改过来，美尔觉得不习惯。美尔奶奶身体一直很好，一个女儿住院时，美尔奶奶去哈萨克医院照顾病人。她咨询一位年轻的哈萨克医生可否拔掉她的两颗病牙，医生说可以。奶奶高血压，拔掉的是右上面两颗臼齿，她当场昏倒，三天后在医院去世。美尔说，"奶奶离家时好好的，因为拔牙再也没有回来。"那一年美尔上初中二年级，这以前她一直和奶奶睡，她和奶奶最亲近。奶奶去世后，美尔天天哭泣，后来晕倒了。美尔父母把她送到一个牧区的亲戚家，在山上夏牧场住了半月，每天喝酸奶、马奶，帮助亲戚照看牛羊，

---

① 哈萨克族长子或长女成家立业、生育子女后，把生育的第一个孩子（无论男女都可）送给父母抚养，这个孩子成年后继承家业，给爷爷奶奶养老送终。这被称为"还子"习俗。

半个月后美尔康复了。奶奶去世后不久，给奶奶拔牙的哈萨克族医生被民族医院开除了，美尔一家没有要赔偿，后来这个医生在二道巷子开了自己的牙科诊所。

除了奶奶以外，还有一个老人和美尔一家长期生活在一起，这位老人是美尔的舅爷爷，也就是美尔奶奶的弟弟，老人是教师，终生未婚。舅爷爷经常说，美尔的小弟弟是他的孩子，他和小弟弟住在一起。他每次发了工资，就带着小弟弟去市区买衣服、买吃的。回到家就把好吃的带到自己的房间，和小弟弟一起分享，"像个小孩一样"。舅爷爷高血压，在美尔高二时去世。舅爷爷过世以后，美尔、大弟弟和小弟弟争吵时，明明错在小弟弟，他也会说，"我爷爷去世了，你们两个欺负我"。

（二）家庭收入来源

美尔家里有 21 亩地，其中耕地 15 亩、草地 6 亩，种青储玉米饲料和小麦，玉米和麦麸可以用来喂牲口。家里主要的收入来源是卖牛奶。有 7 头产奶的牛留在家里，另外一些牛在山上，美尔母亲的姐夫帮助"代牧"①。除了牛以外，家里还有几匹马在山上（具体几匹，美尔说不清楚）。美尔说，"亲戚'代牧'也要给钱，现在没有不付钱的'代牧'"。

留在家里的牛，每天一大早赶到对面山上，不需要人看管，牛也不会丢失。在美尔家所在的村，除了几户蒙古人，都是哈萨克人，家家户户都靠养牛为生。阿勒泰本地没有大的牛奶加工企业，牛奶也很少能做成奶制品外售，主要的销路是阿勒泰市区。前两年牛奶价格高时，一公斤牛奶最高可以卖到 6 元钱。2015 年牛奶价格明显降低，一公斤只售 3 元或者 3.5 元。美尔难过地说，"三道巷子、四道巷子有很多卖牛奶的哈萨克族。我们家的牛奶三块钱卖给超市，超市再三块五卖出去。"

---

① "代牧"是游牧地区一种历史悠久的劳务合同。牲畜少的家庭委托专门的牧业户夏季代为放牧牲畜，对方提供放牧劳务及本家牧场的饲草资源，劳务接受者支付一定对价，比如牲畜的鲜奶及奶制品或部分幼畜。但当下实物方式的劳务费已经被货币取代。劳务费的支付标准，主要取决于牲畜的大小及多少。

美尔父亲小的时候，家里放牧，和美尔母亲结婚前就已定居生活。为了维持生计，供养三个孩子上学，美尔父母尝试过数种养殖业。"三年前，我爸妈从昌吉买了孵化机，孵化了一个春天的小鸡，干得挺好的，把买机器的钱赚回来了。但妈妈觉得麻烦，再加上今年家里养了骆驼，就没孵化。……爸爸小时候养过牛、羊、马，没有养过骆驼。爸爸福海的朋友在家里养骆驼，养得不错。……骆驼不一定在牧场养，在家里也可以，时间长了，骆驼就习惯了。骆驼奶一公斤30块钱，很容易卖掉，有人到家里买。爸爸买了4头大骆驼、4头小骆驼，每头大骆驼一万二，我们买的是便宜的，爸爸说大骆驼一般一头一万五。现在有三头大骆驼每次可以挤出半公斤奶，一头大骆驼每次可以挤出一公斤奶，每天挤三次。"

（三）定居家庭的马匹

如今一度逐水草而居的游牧民族放弃了当时的生活状态，相对稳定的生活慢慢延伸到草原最深处，由此马匹之于牧民的意义也慢慢发生变化。现在村里有马匹的人家不多了，美尔家里有马，是因为美尔的父亲和弟弟都喜欢马。

2015年夏天小东沟建设亚洲最大的滑雪场，施工队需要用马匹运输行李和物资，每天可以挣上三百元。美尔说，村里很多孩子都牵着马去了，就他弟弟一个人留下了，"弟弟小学是'民考汉'[①]，现在是双语班，汉语好。弟弟15岁，上初三，长得非常高大，有一米八十多，很壮实"。施工队负责人对美尔的父亲说，"我们留下一个大学生"。美尔父亲纳闷，哪儿来的大学生呢？去的都是本村的孩子。施工队的人就指着美尔弟弟说，"就是他。"

美尔弟弟骑乘的马是从山上夏牧场带下来的，那匹马原来是赛马。这匹马的故事让美尔一家在马受伤后仍不忍卖掉他。这匹马非常有名，

———————

① "民考汉"，是新疆高考形式之一，即少数民族学生用汉语言文字参加高考。

他最早的主人是个赛马手，但有一次喝醉了，就把马卖掉了。美尔说，"爸爸从这个卖家手中买到了这匹马，后来马原来的主人找到我们家，想花高价买回这匹马，爸爸不卖。马也认出了主人，主人抱着那匹马哭了。我们一家人心里也很难过。因为爸爸买马，刚开始我和妈妈都生他的气，后来理解爸爸了。……这匹马参加过很多次比赛，得过第一名，奖品是一辆摩托车；第三名，奖品是 2000 元。骑马参加比赛的都是我们村里的孩子，人越小体重越轻越好。弟弟小的时候，骑着这匹马参加比赛；弟弟长大了，邻居的孩子骑他参加比赛，孩子们都愿意。这匹马参加比赛的次数很多，他腿受过伤，年龄不是很大。……后来爸爸花了两万多从伊犁买了一匹黑色赛马，两万多价格不是很贵，有人花十几万买赛马，我们买不起那么贵的马。那匹马第一次参加比赛，一直跑在最前面，跑得特别快，可是最后一圈他突然倒下，当场死亡……弟弟哭得特别伤心，他一直怨爸爸，为什么要让黑马参加比赛？……小弟弟和爸爸一样都是'爱马'的人。"

没有游牧生活经历的美尔也深知，和人类的马拉松比赛一样，在比赛中马受伤死亡的事件经常发生，而一旦受伤就意味着这匹赛马将被永久淘汰。有时马的主人也会为赛马实施安乐死，来减轻它的痛苦。所以在比赛前马的主人更重要的工作是，检查并判断赛马的身体状态，一旦他状态不佳，宁可退赛，也不会让赛马冒险一搏。

二　哈萨克族的婚姻形态

婚姻家庭生活的变化取决于政治经济社会环境的变化，以及使之得以调节的文化系统。分析哈萨克族婚姻形态，需考察民族文化、地理环境、经济形态、政治法律制度等众多相关因素。笔者选择的调研地点阿勒泰市是一个哈萨克族人口聚居的城市，牧业支持城市经济的时代已经渐行渐远。2013 年（样本抽取年度）仅有牧业户 7302 户，牧业总人口31058 人，畜牧业劳动力 13916 人，分别占阿勒泰市总户数（63452 户）、总人口（197315 人）、农业劳动力（54128 人）的 11.51%、15.74%、25.71%[1]。牧业在经济总量中所占比重不断下降，且日益依赖于城市消费市场。[2] 同全国少数民族家庭变化相一致，在生计方式变革（从游牧业转向种植业、养殖业）的同时，哈萨克族家庭结构（从扩大家庭到核心家庭）、家庭规模（明显缩小）、家庭关系（从等级化向平权化转变）也发生了一系列变化。[3] 结合本章的主题——离婚诉讼信息中的哈萨克族婚姻家庭关系，作者本人仅就当下哈萨克族婚姻家庭关系自婚姻缔结、婚姻维系到婚姻解体这一过程，及其中各项重要社会规则间的相关性，作出解释。

（一）婚姻缔结

"买马商量一月，娶妻商量一年"。过去在哈萨克族生活中，买马是大事，需要慎重，要和邻居们多商量，哈萨克有一句谚语是"要买马，得跟全村人商量"。但娶妻则是更为重大的事情，需要与家人、邻居、族人多方商量，了解对方的人品。这在哈萨克族谚语中亦有体现，"姑娘可爱，因为品行好；儿子可爱，因为懂礼貌"、"姑娘要品行端正，小伙要手艺精通"。

任何社会就选择配偶问题都有一定的限制条件，有的社会希望成员在本群体内择偶（内婚制），有的社会则希望成员在本群体外择偶（外

---

① 相关数据由阿勒泰市统计局提供。

② 2013 年，阿勒泰全市实现生产总值 519316 万元，其中农林牧渔业总产值为 117072 万元，畜牧业产值 54784 万元，畜牧业产值分别占生产总值及农林牧渔业总产值的 10.55%、46.80%。数据来源于《2013 年阿勒泰市国民经济和社会发展统计公报》，阿勒泰市人民政府网，http://www.alt.gov.cn/Article/ShowArticle.aspx?ArticleID=92405，最后访问日期：2015 年 9 月 29 日。

③ 自 20 世纪 90 年代中期以来，我国的经济社会制度、政治体制、社会生活方式等发生了巨大变化，导致家庭结构也发生了明显变化。全国少数民族家庭结构整体呈现如下发展趋势：一方面，从"血亲关系"向"婚姻为主"的核心家庭结构转变；另一方面，从"血亲本位"向"婚姻主位"转变。其间，不可避免地导致家庭核心结构由"父子轴心"到"夫妻轴心"的转变，这意味着家庭权力中心的转移与个体角色地位的变化。晏月平、廖爱娣：《民族家庭结构转变的人口学分析——基于人口普查数据》，《广西民族研究》2015 年第 4 期。

婚制）。① 就此而言，内婚制与外婚制都代表着选择配偶时所受的文化规制和社会控制。长期以来，哈萨克族的内婚制表现为两项严格限制：第一，实行宗教内婚制，严格限制穆斯林与非穆斯林之间通婚；第二，实行民族内婚制，严格限制与其他民族通婚。在哈萨克族高度聚居的阿勒泰地区，上述限制、禁忌一定程度上被遵循，但也并非铁板一块，无一特例。阿勒泰市民政局每年都办理若干件跨族结婚登记，阿勒泰市法院每年都审理多起跨族婚姻纠纷，说明上述禁忌正在被打破。2007~2014各年度，阿勒泰市民政局婚姻登记处分别为 6 对、12 对、10 对、13 对、12 对、8 对、9 对汉族和少数民族跨族婚姻办理了结婚登记数。② 2013 年度阿勒泰市法院受理的 319 件离婚纠纷中，有跨族婚姻纠纷 25 件，其中涉及哈萨克族与其他民族的跨族婚姻纠纷有 15 件。③ 阿勒泰市哈萨克族跨族婚姻以哈维通婚、哈回通婚最为常见。尽管全国及新疆全区范围内维吾尔族跨族通婚比例极低，目前阿勒泰地区的维吾尔族男性仍有到南疆娶妻的习惯，但毕竟有限的维吾尔族人口生活在以哈萨克族为主体的地域，两族通婚有着特殊的人文地理条件。

民政部门婚姻登记员介绍，在阿勒泰市民汉两族男女办理结婚登记，尤其男方是汉族、女方是少数民族时，民政部门会要求女方近亲属（父母或兄长）到场并出具书面证明，证实家人知道并同意这一跨族婚姻。因为以前出现过年轻人背着父母偷偷结婚的情况，部分父母一时想不开，也难以接受，甚至也有个别父母找到民政局说理。一般经沟通调解后，

---

① 〔美〕理查德·谢弗：《社会学与生活》，刘鹤群、房智慧译，世界图书出版公司，2006，第 312~313 页。

② 上述数据由阿勒泰地区民政局提供。

③ 25 件跨族婚姻纠纷中，少数民族之间跨族婚姻纠纷 16 件，包括哈维（哈萨克族与维吾尔族）跨族婚姻纠纷 6 件、哈回（哈萨克族与回族）跨族婚姻纠纷 4 件、哈乌（哈萨克族与乌孜别克族）跨族婚姻纠纷 2 件、哈蒙（哈萨克族与蒙古族）跨族婚姻纠纷 1 件、东回（东乡族与回族）跨族婚姻纠纷 2 件、维塔（维吾尔族与塔塔尔族）跨族婚姻纠纷 1 件；汉族与少数民族之间的跨族婚姻纠纷 9 件，包括汉俄（汉族与俄罗斯族）跨族婚姻纠纷 1 件、汉哈（汉族与哈萨克族）跨族婚姻纠纷 2 件、汉蒙（汉族与蒙古族）跨族婚姻纠纷 3 件、汉回（汉族与回族）跨族婚姻纠纷 3 件。

父母也就接受了。目前"民考汉"的年轻人越来越多，观念与行为方式与汉族趋同，思想开放，接受并认同跨族婚姻。因父母反对，导致跨族婚姻离异的非常少见；个别跨族婚姻的离婚原因是，当事人信仰、习俗、生活方式的差异；但更重要的还是双方的感情发生危机，民族和宗教信仰不同只不过是感情出现危机后的借口。①

以往哈萨克族青年男女择偶的自主性较小，当下这一传统无论是在城镇，还是乡村都已明显弱化。大部分婚姻由子女决定，自主婚恋征求父母意见是常见的，父母在同意与不同意的问题上可以表态，父母的意见仍有重要参考价值。青年男女在择偶问题上可以自主选择，且与婚配对象有充分的交往机会，这被称为"自主婚"。作者本人在阅卷时，没有发现父母包办的个案。

重视聘礼与婚礼仪式是哈萨克族的传统习俗，这一习俗未显衰落，反而呈现新旧交叠、仪式翻新的趋势。聘礼仅指男方家给女方的彩礼；结婚成本则包括彩礼、订婚仪式支出、给女方亲友的礼品支出、婚宴支出，近年来哈萨克族彩礼与结婚成本节节攀升。一位受访者称，农村哈萨克族男青年结婚，平平常常的也得 5 万 ~6 万元，给女方的彩礼一般是 2 万 ~4 万元彩礼。"嫁妆多数是用男方家彩礼钱买的。新疆各地不一样，阿勒泰地区各个县市、阿勒泰市的各个乡之间也有区别。伊犁彩礼比阿勒泰多，阿勒泰阿拉哈克镇彩礼比拉斯特乡多。一是看当地经济状况。拉斯特乡的彩礼就比阿拉哈克的少，因为拉斯特乡的地少，一家就10 亩、15 亩地，许多年轻人都没有土地。乡里人都靠养奶牛、卖牛奶为生，今年（2015 年）收牛奶的老板卷款跑路了，农牧民损失很大。二是看当地社会风气。比如说，一家女儿是中专生，要了 3 万元彩礼，一家女儿是大专生要了 5 万元彩礼，另一家女儿是本科生少于 5 万元就觉得没面子，他们觉得 10 万元彩礼比较合适。一家比一家，彩礼就越来越高。"②

---

① 受访人，女，中年，哈萨克族，民政局工作人员，访谈时间：2012 年 8 月 15 日。
② 受访人，男，中年，哈萨克族，教师，访谈时间：2015 年 7 月 19 日。

与汉族农民家庭相比，少数民族家庭，尤其是哈萨克族家庭，更注重将家庭装饰的整洁美观，花毡、挂毯、地毯，以及成套的餐具、茶具等物品是生活必需品，也是新婚家庭必需添置的，主要由女方家庭购置。在民族用品商店订制的花毡，依据大小、做工、质量，价格在 500 ~ 2000 元不等，这种花毡的制作材料一般是从乌鲁木齐批发来的机制毡子。如果是用羊毛、驼毛擀制的毡子手工缝制而成的大幅花毡，可以卖到 4000 元。提早为女儿亲手准备嫁妆（被褥、花毡等）的习俗，即便在阿勒泰地区的农村也已经明显衰落了。手工艺品和民族传统用品加工业迅速发展，众多家庭直接为女儿购买嫁妆。调研期间，本人走访了切木尔切克乡的一户家庭，发现主屋的墙角卷着一张大幅花毡且用布包着，足见主人对其的爱惜。这家的小女儿介绍，这是母亲为姐姐准备的嫁妆，姐姐喜欢花毡，母亲做了五年才完成。她十分骄傲地说，有人出价 5000 元买，但母亲不卖。① 一天晚上，本人结束阅卷工作去拜访一对居住在市内的哈萨克族夫妇，主妇正在收拾给新婚的女儿托运到克拉玛依市的物品，满满当当装了 6 箱，大部分是餐具，水晶的杯、盘、碗、碟。这位女主人一边打理一边说，"在阿勒泰市买这些餐具花了一千来块钱，克拉玛依东西贵得很，三千块也买不下来。……不给他们买怎么办呢?！快到肉孜节了，要来客人，要摆'大桌子'。"②

另需说明，尽管登记结婚政策的宣传已经深入到每家每户，但仍有部分当事人举行婚礼并同居生活一段时间后才领取结婚证。此类案件有 14 件，其中同居 1 年内领取结婚证的案件有 6 件，同居 1 ~ 3 年内领取结婚证的案件有 3 件，同居 3 ~ 5 年内领取结婚证的案件有 3 件，同居 5 年以上领取结婚证的案件有 2 件。农牧民家庭对婚礼仪式的重视程度超过

---

① 受访人，女，青年，哈萨克族，教师，访谈时间：2015 年 7 月 12 日。
② 受访人，女，中年，哈萨克族，家庭主妇，访谈时间：2015 年 7 月 17 日。摆"大桌子"指在古尔邦节、肉孜节期间，哈萨克、维吾尔等穆斯林群众家中要准备好各种各样的食品，包括肉、干果、水果、点心、糖果等，招待客人。来客不仅是亲朋好友、左邻右舍，还有同事。这一古老的礼俗较为完整地延续至今。

领取结婚证，这一现象具有普遍性。例如一起案件中，当事人均是牧民，2001 年同居生活，2002 年、2006 年两个孩子相继出生，2009 年两人才领取结婚证。原告（女方）以男方酗酒、殴打自己为由起诉离婚。被告（男方）同意离婚，并要求抚养两个孩子。该案以调解离婚结案，孩子均由被告抚养；家具家电归原告所有，牲畜及债务归被告（JZZL - ALT - LH - 2013 - 132）。此外，也出现了为诉讼离婚而补办结婚登记手续的个案。该案中，当事人自 1987 年起同居生活，当时仅 15 岁，两个孩子分别在 1990、1995 年出生。2001 年原告（女方）去了哈萨克斯坦，后取得哈国国籍。2013 年原告以两人相距遥远、感情疏离为由起诉离婚，起诉前两人补办了结婚登记手续（JZZL - ALT - LH - 2013 - 251）。

（二）婚姻维系

"从夫居"，即婚后女方进入男方家庭居住生活，被社会学家视为父权制的"基础"和"依据"。以往结婚后，哈萨克新婚夫妇通常会与男方父母共同生活一段时间，是否分家以及分家时间取决于家中男孩数量、家庭经济条件，以及其他儿子的结婚时间。年轻夫妻与男方父母共同居住的家庭，公公在家中的权力和地位最高。年轻夫妇分家后，丈夫成为一家之主。哈萨克族有一句谚语"男人是一个家的头"。与中国内地大部分家庭一样，哈萨克族家庭的父权制也不断受到冲击，但仍保有一定影响。目前部分家庭权力分配仍是男性中心主义模式，男性单方处分财产、作出重大支出决定的情况，在农牧民家中也较为常见。① 一位受访者认为，"父亲的权威是绝对的，父亲错了，妻子和儿女也不可以指责。……在我家，有时爸爸当着哥哥孩子的面批评哥哥，我和妈妈就悄悄地跟爸爸说，'这样以后哥哥就很难教育自己的孩子了，要给哥哥在孩子们面前留面子'。"②

城市哈萨克族女性婚后，部分居住在公婆家；比较而言，小夫妻单

---

① 受访人，男，青年，汉族，法官，访谈时间：2012 年 8 月 13 日。
② 受访人，女，青年，哈萨克族，教师，访谈时间：2015 年 7 月 12 日。

独居住，即"新居制"，更为常见。农村哈萨克族女性婚后，多居住在公婆家，但随着牧民定居工程的实施，"新居制"居住模式不断扩大。有受访者介绍，阿勒泰地区实行的农牧民定居工程，以家庭为单位，凭户口本（包括新婚夫妇），向当地政府申请，可享受安居房的福利待遇，申请者自己出资 1 万元，政府出资 4 万元，建成 90 平方米的住宅，同时可申请宅基地的使用权。① 另一位受访者也认为，实施牧民定居工程为父子分居提供了便利条件，"现在的哈萨克族家长倾向于让结婚后的儿子、儿媳分家另住，独生子的家庭基本也是如此。……我和姐姐一直上大学，家庭经济条件不好，哥嫂和爸妈住在一起。今年家里申请了安居房指标，父母计划好了，新房建成后让哥嫂住。"② 工作于农牧区法官也谈及，"年轻人结婚后，离开父母单独居住的比例增加了，但是和父母一起生活的也很多，我的亲戚、认识的朋友，都有一起住的，具体（数字）我说不成。"③ 尽管越来越多的新婚夫妻不和男方父母一起居住生活，但一旦小夫妻发生矛盾，父母会用各种方式力劝双方和好，支持离婚的父母几乎没有。④

另外需要解释的是，阿勒泰市部分哈萨克农牧民家庭至今仍是"定而不居""房定人不定"。除了种植业外，养殖业和牧业仍是农牧民主要的家庭收入来源，多业经营需要大家庭全部成员合力应对生活压力，父子两家共同劳动，收入分配使用由父亲决定，"分家不分灶"的情况也较为常见。新婚农牧民夫妇通常在数年内缺乏对重大家庭财产的支配权，且共同财产积累也相对有限。这也可以解释，为何在离婚诉讼中，婚姻存续期短的有大额夫妻共同财产的案件较少。

（三）婚姻解体

1949 年前哈萨克族有禁止离婚的习俗，尤其是禁止女性离婚。丧偶

---

① 受访人，女，中年，哈萨克族，民政局工作人员，访谈时间：2012 年 8 月 14 日。
② 受访人，女，青年，哈萨克族，教师，访谈时间：2015 年 7 月 12 日。
③ 受访人，男，中年，哈萨克族，法官，访谈时间：2015 年 7 月 22 日。
④ 受访人，女，中年，哈萨克族，民政局工作人员，访谈时间：2012 年 8 月 14 日。

后，兄终弟及的"收继婚"①习俗使得女性附属于夫系家族和氏族。尽管禁止离婚、收继婚习俗、女性改嫁不带产、离婚时子女留在夫家等习俗作为历史已经一页翻过，但时至今日"以离婚为耻"在哈萨克族聚居区仍是普遍的社会心理，在农村尤为突出。有受访者认为，在哈萨克族家庭，一个人的婚姻状况会影响到其他兄弟姐妹成婚。"在以前，如果姐姐离婚了，她的妹妹出嫁就很困难，其他人家不愿意娶这样人家的女儿。……现在，离婚对家族声誉的影响没那么大了，但影响还是有的。……男方家庭娶有离婚情况发生人家的女儿时，父母会有顾虑，尤其是当这对夫妻出现矛盾时，会把夫妻不合的原因直接归结于女方姐妹离过婚，家庭教育不好。"②家庭凝聚力也在很大程度上抑制了夫妻长期分居现象，有受访者介绍，"在哈族家庭中，很少有女方回娘家一住数月，乃至一年，男方家不管不问、置之不理的情况"③。

本人在调研期间，一位在民政局多年担任领导职务的公务员认为，哈萨克族婚姻家庭观念的代际差异越发明显，以家庭利益为重、珍视家庭的观念在年轻一代中日渐淡漠。父母的劝阻、族长的权威、基层组织的调解作用日益衰微，婚姻登记工作人员试图为一些申请办理离婚登记的年轻人做调解和好工作，会遭到申请人的反对，最常见的拒绝之词就是，"这是我自己的事，你们无权干涉"。受访人讲起自己在民政局工作期间处理过的一个案子，不仅能反映出哈萨克族婚姻观念的变化，也能说明重视家庭、以离婚为耻这一传统观念的持续影响。一天早晨受访人上班时看到自己一位老师的女儿带着一个五六岁的孩子站在婚姻登记大厅门口，面露难色、衣着寒酸。他多年未见这位女士，数年前最后听到她的消息是，她和一位男青年私奔，孩子出生后又被抛弃，此后回到娘家，生活困窘。这件事即便不是满城风雨，在熟人圈子里也是人人皆知。

---

① "收继婚"即丈夫去世后，妻子改嫁给亡夫的亲兄弟、堂兄弟或丈夫氏族里的其他男性。
② 受访人，女，青年，哈萨克族，教师，访谈时间：2015年7月12日。
③ 受访人，女，青年，哈萨克族，民政局工作人员，访谈时间：2012年8月16日。

这位女士本次来登记离婚，但无法交纳登记费用。念在与其父亲的师生关系以及自己近乎长辈的身份，受访人让婚姻登记员为其办理离婚登记。几分钟后，婚姻登记员怒气冲冲地来到他的办公室，把一张结婚证放在他办公桌上。受访人诧异地发现，照片上的女方根本不是这位女士。这位女士解释说，自己当时已经怀孕多个月，不好意思来办结婚证，就请一个同学代为拍照办理。受访人既气愤又无奈，对这位女士说，"你带着孩子回去吧！从法律上说，你跟孩子的爸爸根本没有婚姻关系。这张结婚证也不要再往外拿，你的同学在阿勒泰结婚生子了，她的丈夫知道自己老婆和别人拍了结婚照，会怎么样？"①

　　哈萨克婚姻形态及相关制度习俗的关系可以归纳为：婚姻缔结时，受到内婚制的社会文化规范限制，但同族同教的婚姻限制已经有所松动；在伴侣选择问题上主要由子女决定，父母可以表示同意与否，并负责操办婚事；重聘之风盛行，婚礼仪式是极为重要的人生礼仪。婚姻维系期间的居住模式是从夫居与新居制并行，新居制在城市成为主导，在乡村也呈现明显扩大趋势；男性家长通常拥有家庭的最高权威，但权威受到子女与配偶的挑战。地域社会文化对离婚问题持明显的负面评价，父母亲友积极介入婚姻纠纷化解；婚姻解体期间和再婚前女方尽管会得到娘家的庇护，但离异不仅会影响个人名誉，也会影响到家庭声誉（见图 3 - 1）。

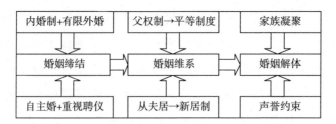

图 3 - 1　哈萨克族婚姻形态及其与相关社会规则的关联

---

① 受访人，男，中年，哈萨克族，公务员，访谈时间：2015 年 7 月 21 日。

在此必须解释的是，上述对哈萨克族婚姻形态的概括，仅有典型性和代表性，而这一模式与哈萨克族婚姻个案不是一一对应的关系。尤其需要强调的是，哈萨克族的各种婚姻习俗和制度并非该族所特有，习俗的历史沿袭、演变及当下影响使得哈萨克族的婚姻形态与其他民族、其他地区的婚姻形态存在众多共性表现，但也存在明显差异。审慎、客观的研究态度是，发现和分析"趋同中的差异"和"差异中的趋同"。具言之，第一，乡村哈萨克族的从夫居、父权制、家庭凝聚、声誉约束，在我国其他地区也曾普遍存在，只是后者衰落得更为明显。第二，离婚问题逐渐被社会公众接受，娘家是出嫁女儿的庇护所，在各地都是极为常见的社会现象。阿勒泰市哈克族婚姻与其他地区仅存在着程度区别，而无本质差异。第三，哈萨克族婚姻形态与内地省区、其他民族最人的区别在于内婚制，但这一点也不是该族所特有的，新疆的维吾尔族、回族对非穆斯林间、非本族间的通婚也普遍持不支持，乃至反对态度。第四，本章的调研地点阿勒泰市可以视为我国婚姻家庭变革的末梢，但即便如此，哈萨克族女性的自主性、对个人权益的维护也发生了极为显著的变化。例如一起案件中，双方都是农民，且均超过40岁，结婚22年。原告起诉时称，结婚时，被告（男方）家是大家庭，被告有祖母、母亲、三个弟弟，家里经济困难。2001年被告当选为村干部（村委会成员），家庭经济状况有所改善，此后被告对孩子和原告的感情日趋冷淡，亲戚为缓和他们的关系做过数次调解，但未有改善。现在两个孩子均已成年，无须再承担抚养责任，故要求离婚。被告庭审时称，婚后因孩子生病、原告生病，家里负债，且家务多由自己承担。自己怀疑原告感情不忠诚，因为原告只身一人到阿勒泰市打工数月。此案以调解离婚结案，两个了女自行决定与父母哪一方一起生活；夫妻共同财产包括39亩耕地、10亩草地、房屋6间、家具1套、4头大牛和1头牛犊、13只羊、1辆面包车与1辆摩托车，以及债务14.38万元（具体包括邮政银行贷款6.2万、工商银行贷款5

万、个人借贷 3.18 万）。家庭共同财产均归被告所有，债务也全部由被告偿还（JZZL - ALT - LH - 2013 - 69）。

三 婚姻文化之于婚姻稳定

尽管以哈萨克族当事人为主体的民语案件呈现出众多与汉语案件趋同的现象，例如当事人的低龄化、婚姻存续期缩短、家庭核心化、对财产（尤其是房屋）的重视。但婚姻家庭文化和观念的变革要相对滞后于婚姻生活自身的变化，当下在哈萨克族聚居区，内生性规范作用（传统婚姻家庭文化及婚姻解体后的社会声誉与道德评价）空间仍然很大，上述因素对离婚纠纷审理的影响较为明显。如下因素增加了哈萨克族离婚的难度，并为法庭主持庭前和解或庭审调解提供了有利条件。

（一）重礼重聘提高了离婚成本

彩礼、嫁妆，以及家庭财产的不断增加，无疑提高了当事人的离婚成本。有受访法官对 20 世纪 80 年代和当下哈萨克族结婚费用做了一番比较，以前彩礼就是 10 头左右的牲畜，"马、牛、骆驼、羊，大大小小的，钱不给，老百姓也没有钱。现在给牲畜的少了，直接给钱的多了，3 万、4 万、5 万都有"。彩礼钱拿给女方后，多数用来购买新家庭所需物品，家庭用品、家用电器——摩托车、冰柜、冰箱、电视、沙发等，"这些东西买上，结婚时带过去。有的家这个彩礼钱还不够，女方父母还要添钱，每个家每个家都不一样，条件好的房子给、小车也给，看家庭经济条件"。女方家办酒席，男方家还要送一头牛。喀拉希力克乡和阿拉哈克镇的彩礼比其他乡镇高一点儿，"这两个乡镇牲畜和土地稍多些"。① 相对于阿勒泰地区在岗职工年平均工资、城镇居民人均可支配收入与农牧民人均纯收入，结婚费用是一笔巨大

---

① 受访人，男，中年，哈萨克族，法官，访谈时间：2015 年 7 月 22 日。

的支出。①

也有受访人认为，较之农村家庭男方单方承担，城市双方家庭分担结婚成本更合理，"彩礼问题城乡有差别，农牧民基本是男方家出钱，女方家庭用彩礼钱买东西当嫁妆，多少不一，有的人家用大部分彩礼购置嫁妆，有的人家用全部彩礼，也有的还在彩礼之外加钱办嫁妆。不要彩礼或者不送嫁妆的都是特例。城市的就不一样了，男女双方家庭都出力，买车买房，不是一家承担，是两家分担。农村父母给儿子结婚经济压力比城市的大。家长借钱给儿子结婚，一个儿子成亲后，父母就什么都没有了。因为经济问题，女方常常和婆家发生矛盾。……我觉得，以后结婚就该两家家长坐在一起谈，（说好）一家出多少钱，就双方父母在，其他人不要参与，现在的风俗要改"②。

（二）有子女增加了离婚难度

当下无论是城市，还是乡村，"丁克家庭""无孩家庭"在少数民族看来还是"奇怪现象"。即便是在发生危机的民语案件中，无子女家庭占比也较低。例如 2013 年度的 257 件民语离婚案件中，无子女案件 45 件，仅占民语案件的 17.51%，且与低婚姻维系期的案件（结婚时间不到 5 年的案件占民语案件的 36.19%）高度重合。多子女也是促使当事人和好最重要的理由，例如 2013 年度有三个未成年子女的案件共 5 件，其中 4 件调解和好，仅 1 件调解离婚。唯一一件调解离婚的案件也曾被法庭调解和好一次，该案基本案情如下：原告（女方）起诉离婚的原因是，被告（男方）喝酒，无端怀疑女方，此前市法院为他们调解和好过

---

① 2013 年阿勒泰地区在岗职工年平均工资为 34916 元，城镇居民人均可支配收入 18427 元，农牧民人均纯收入 8211 元。2014 年阿勒泰地区在岗职工年平均工资为 36893 元，城镇居民人均可支配收入 20828 元，农牧民人均纯收入 9404 元。数据来源于《阿勒泰地区 2013 年国民经济和社会发展统计公报》，阿勒泰地区统计信息网，http：//alttjj. xjalt. gov. cn/info/1023/3611. htm，最后访问日期：2015 年 10 月 2 日；《阿勒泰地区 2014 年国民经济和社会发展统计公报》，阿勒泰地区统计信息网，http：//alttjj. xjalt. gov. cn/info/1023/4110. htm，最后访问日期：2015 年 10 月 2 日。

② 受访人，男，中年，哈萨克族，教师，访谈时间：2015 年 7 月 19 日。

一次。被告承认原告所述事实，表示不愿离婚。但原告执意离婚。最小的子女由原告承担直接抚养责任，另外两个子女自愿随原告生活；被告每月给每个子女支付生活费 100 元。夫妻共同财产有房屋 6 间，53 只羊（40 只大羊、13 只羊羔）及家庭生活用品，债务 1 万元。在法庭主持下，双方就财产分割达成如下方案：房屋及债务归被告，其他财产原被告平分（JZZL – ALT – LH – 2013 – 93）。

一旦婚姻关系难以维系，子女抚养权就成为民语案件，尤其是哈萨克族当事人离婚诉讼中最重要的争议。一线审判人员称，"哈族案件中很少有推脱未成年子女抚养责任的情况，多数夫妇都争夺抚养权"①。"哈族离婚诉讼中，父母双方均推托抚养责任者少见，争夺抚养权的较多。"② 民政部门婚姻登记员也有类似的总结，"我接触的案件中，争夺抚养权的多，也有女性考虑到再婚困难放弃抚养权。大家庭父母首先考虑让年轻夫妻和好，无法和好时父母也会支持争取孙子女、外孙子女的抚养权"③。卷宗中也有因无法申请到生育指标而离婚的个案。例如一案中，原告（男方）称，被告（女方）再婚，带来两个孩子，结婚后不待在家里，常出门。被告婚前只说自己有一个孩子，没有说明是两个，在计生办领准生证时原告才知道上述情况。计生办不给他们再生育子女的指标，因为被告不是农业户口，他们无法再要孩子。被告承认说谎，隐瞒了前婚事实，还隐瞒了自己有两个孩子，她的解释是，"我怕他不娶我。……我犯了特别大的错误，我愿意离婚，不要财产"。（JZZL – ALT – LH – 2013 – 274）

（三）亲友调解、人民调解仍有一定作用

阿勒泰市各乡、各村均设立人民调解委员会。当事人，尤其是农牧区哈萨克族当事人，来起诉离婚时，通常已经经历了亲友调解、人民调

---

① 受访人，男，中年，哈萨克族，法官，访谈时间：2012 年 8 月 13 日。
② 受访人，男，中年，哈萨克族，法官，访谈时间：2012 年 8 月 15 日。
③ 受访人，女，青年，哈萨克族，民政局工作人员，访谈时间：2012 年 8 月 16 日。

解，经调解无法和好，方到法院起诉。法院不是化解婚姻家庭纠纷的前沿，而是终端，尽管这导致分流到法院的离婚案件调解和好的比例有所降低，但也为法庭促和工作做了必要的前期准备。

如下三件以调解和好方式结案的案件，表明亲友调解、人民调解的作用和效果极为明显。一起案件中，当事人均是农民，分别是 46 岁、44 岁，双方已经结婚 23 年。原告（女方）起诉离婚的原因是，被告（男方）喝酒，双方关系一直不好，为孩子自己努力维持婚姻；被告在家说一不二，限制女方自由；此前，亲友劝解过被告，但被告始终不改酗酒嗜好。被告承认原告所述事实，要求和好。该案以调解和好结案（JZZL - ALT - LH - 2013 - 78）。一案中，当事人均是农民，分别是 49 岁、59 岁，起诉时双方已结婚 18 年。原告（女方）起诉离婚的原因是，被告（男方）打骂原告，无端怀疑，控制财产，此前乡司法所为这对夫妻做过调解和好工作。庭审时，男方不同意离婚。该案以调解和好结案（JZ-ZL - ALT - LH - 2013 - 144）。另一案中，当事人均是牧民，分别是 37 岁、38 岁，婚姻存续 16 年。原告（女方）起诉离婚的原因是，被告（男方）酗酒且打骂原告。被告不同意离婚，并且强调家人和孩子都不愿意他们离婚。该案以调解和好结案（JZZL - ALT - LH - 2013 - 256）。

（四）部分当事人寄望于法院督导配偶改变不良嗜好

相当一部分原告希望法官督促被告改正不良嗜好，进行调解和好工作维系婚姻关系，这在以男方酗酒为由请求离婚的案件中极为常见，这一类案件双方当事人一般都愿意接受法庭的促合调解。例如一案中，当事人均是牧民，分别是 44 岁、43 岁，双方已结婚 17 年。原告（女方）起诉离婚的原因是，被告（男方）酗酒，借债，酒后殴打原告，乱砸东西，不照顾家庭；在子女上学筹不起学费时，被告对原告说，"你想让他们（三个子女）怎么上就怎么上"。被告在庭审时称，"我媳妇说的都是真的，都是酒的错，希望媳妇和孩子们原谅我，我无条件听老婆话"。该案以调解和好结案（JZZL - ALT - LH - 2013 - 59）。

酗酒的连锁反应是男方好逸恶劳、撇家在外，甚至变卖家产、殴打家人，酗酒自然影响到男方的家庭责任心、家庭收入的稳定性，乃至家庭生活的和睦。一位哈萨克族法官介绍，一些女性到法院，目的不是离婚，是想通过法院让男方戒酒。因男方酗酒女方提起离婚请求的案件，男方都不愿意离婚。法官的审判原则是争取和解：先做男方工作，劝其戒酒；男方承诺戒酒后，再征询女方意见，多数妻子会给酗酒的丈夫机会；接下来法官会确定一个大致期限，考察男方的戒酒效果；一部分案件在开庭前当事人就和解撤诉了，还有一部分案件在开庭时调解和好。很多男方戒酒时断时续，女方到法院第二次、第三次起诉要求离婚，法院就很少有调解和好的可能了。[1] 这里值得注意的问题是，尽管大家族、部落、族群内的干预、评价对于哈萨克族当事人的婚姻家庭生活（包括婚姻解体）仍然有限制作用，但上述约束力量在男性喝酒（尤其是"喜欢"喝酒，但算不上"酗酒成性"的情形下）问题上的评价较为中性，以至于负面性评价不足。鉴于哈萨克族男性的饮酒习惯，传统道德、社会评价不能发挥约束、限制作用。于此种情况下，女性起诉到法院，寄望于国家权力机关改变男性恶习。这一现象是非常有意义、值得深入探究分析。

（五）非涉诉当事人对诉讼的参与

20 世纪 90 年代以来，我国离婚纠纷审理的变化之一是第三方参与的减少，第三方也就是非涉诉的当事人，包括家人、亲戚、朋友、邻居、工作单位、居委会、村委会等。与上述整体情况形成反差，阿勒泰市离婚纠纷审理过程中，包括开庭前后，原被告与其各自亲属参与起诉和听审的情况极为常见。部分亲友，尤其是当事人父母，希望法庭主持调解和好工作，寄望于通过法官让双方当事人平息怨气和冲突，平心静气地陈述双方婚姻情况，并与法官共同分析婚姻关系的"病灶"，促成双方

---

① 受访人，女，中年，哈萨克族，法官，访谈时间：2012 年 8 月 21 日。

和好。

在阿勒泰市法院离婚案件审判实践中，第三方参与较为普遍，主要原因在于：第一，牧民定居工程的实施很大程度上改变了哈萨克族居住情况与家庭条件，近年来民事审判一庭及阿拉哈克人民法庭不断增加巡回审判频次，为当事人就近诉讼及其近亲属旁听案件审理提供了便利条件。第二，乡土社会对离婚行为普遍持反对意见，尽管对离婚行为持有明显歧视态度的社会心理已经有所弱化，但私下的非议、指责仍是普遍现象，乃至个人离婚行为会影响家族声誉，劝阻当事人离婚是亲友们相对一致的目标。第三，近年来哈萨克族当事人呈现低龄化趋势，年龄小、婚龄低的当事人需要近亲属（尤其是父母）参与诉讼。第四，个别亲友对当事人的经济利益较为关注，譬如彩礼返还、夫妻共同财产分割、子女抚养费支付等问题，同时亲友旁听也有显示家族力量和家族团结的象征意义。

四 婚姻稳定性的统计数据

阿勒泰市法院与全疆法院离婚纠纷结案方式存在明显差异，即庭前和好与调解和好的案件占比较高，这其中不无本地民族婚姻家庭文化的影响。

（一）阿勒泰市法院与全疆法院离婚纠纷结案方式差异

与新疆法院系统离婚纠纷一审案件结案方式与审理结果相比较，阿勒泰市法院离婚案件的调撤率、调解率、调解和好率偏高，通过离婚诉讼解除婚姻关系的案件占比偏低。

2010～2014 年五年间，新疆法院解除婚姻关系的案件（调解离婚加判决离婚）占一审离婚案件受案量的 70% 左右，而阿勒泰市法院解除婚姻关系的案件占比均在 50% 左右，后者比前者分别低 18.99、24.81、15.88、25.70、22.59 个百分点（表 3 - 19）。阿勒泰市离婚案件中未解除婚姻关系的案件占比偏高，贡献率高的是民语案件。仅以 2013 年度为例，民语案件的调解率（86.77%）高于汉语案件（61.29%）25.48个百分点，且民语案件调解和好率（47.08%）明显高于汉语案件（4.84%）42.24个百分点，民语案件调解离婚率（39.69%）明显低于汉语案件（56.45%）19.36个百分点。

表3-19　阿勒泰市法院与新疆法院系统离婚纠纷一审案件审理情况（2010~2014）

| | | 结案数（件） | | | | | | 解除婚姻关系占比（%） |
| | | 合计 | 其中 | | | | | |
			判决离婚	判决不予离婚	撤诉	调解离婚	调解和好	
2010	全疆	39373	5279	1309	5892	23404	3344	72.84
	阿勒泰市	234	18	0	61	108	47	53.85
2011	全疆	41563	4769	1350	6076	25487	3710	72.80
	阿勒泰市	298	19	5	76	124	73	47.99
2012	全疆	41125	4192	1431	6295	25312	3727	71.74
	阿勒泰市	324	12	0	61	169	82	55.86
2013	全疆	41888	4163	1378	6261	26082	3839	72.20
	阿勒泰市	314	13	0	50	133	118	46.50
2014	全疆	44087	4783	1673	7065	26493	3882	70.94
	阿勒泰市	242	16	0	54	101	71	48.35

注：1. 结案数指当年审结的案件数量，其中包括上一个审判年度未审结的案件数量，与当年受案数不完全一致。例如阿勒泰市法院2013年受理离婚纠纷319件，审结314件。

2. 按照最高人民法院的司法统计制式表格（法综10表"婚姻家庭、继承纠纷一审案件统计表"），离婚案件结案方式包括判决（判决离婚、判决不予离婚）、裁定（驳回起诉、撤诉、终结、其他）、调解（调解离婚、调解和好）和移送四大类，本表统计项目与最高人民法院不完全一致。

数据来源：离婚案件结案情况数据由新疆维吾尔自治区高级人民法院研究室提供。

（二）地域民族文化是调解和好的有利因素

法院系统的绩效考核指标中有调撤率的要求，离婚纠纷是提升调撤率的重要案件类型。出于达标考虑，法院倾向于适用简易程序审理并以调解或撤诉方式结案。但不可过分夸大绩效考核指标的影响，法庭调解合好率的高低一方面受到审判绩效考核指标要求的影响；同时更取决于案件争议的大小，以及当事人的诉讼态度。有汉族法官就认为，"与汉族当事人相比较，哈族当事人更相信法律，并认可法院的裁判，更倾向于选择诉讼离婚解决争议"[①]；此外，地域文化对离婚问题的不宽容，使得当事人很难达成离婚协议。对此，汉族法官对哈萨克族法官不无羡慕，"哈族法官容易通过调解使离婚案件当事人间达成和解，原因之一是哈族与汉族的社会关系、社交网络不同。在哈萨克人中，某人离婚不仅邻里街坊都知道，整个部落也会知道，离婚仍被哈族社会看成是'丢脸'的事情。"[②]

上述因素使得民语案件调解率，尤其是调解和好率较高。有受访法官介绍，2015 年上半年阿拉哈克人民法庭审结了 8 件离婚案件，6 件调解离婚，2 件调解和好。"一个男的'第三人'（第三者）找到了，夫妻两人都同意离婚，但分财产时两人又和好了。他们财产也不多，一个娃娃，男的讲吃的、喝的、玩的，财产也不多。……另一个案子是两个娃娃，女的特别让着男的，后面他们和好了。"2014 年阿拉哈克人民法庭审理了 31 件离婚纠纷，15 件调解离婚，12 件调解和好，4 件撤诉，"撤诉的也是法庭做工作，当事人和好了"。[③] 尽管案情各异，但法官的办案原则、目标却相对稳定，如受访法官所言，离婚案件调解率高，也容易调解。"我的想法是最好调解，从立案开始我就调解。我们办离婚案还是以调解和好为主，当事人一来，我们就给他们说，我们法院的工作就是调解。离不离，我们说不出，我们要看《婚姻法》规定，不是当事人，也不是法官说了算，没有证据离不了。我们法院的工作思路就是调解，调解和好。……当事人走了，父母、亲戚就来了，找我们来了，'这案子你们弄一下吧，帮帮忙吧！'99% 是来要求调解和好的，没有来要求法官帮助调解离婚的。有父母说，'我们儿媳妇很孝顺，对待我们

---

① 受访人，男，青年，汉族，法官，访谈时间：2012 年 8 月 13 日。
② 受访人，男，青年，汉族，法官，访谈时间：2012 年 8 月 23 日。
③ 受访人，男，中年，哈萨克族，法官，访谈时间：2015 年 7 月 22 日。

很好，是我们儿子的错，给我们好好批评批评，好好做做工作，调解一下'。"① 作者本人在法庭调研期间，受访人接了一个电话，是一起离婚案件被告的父亲打来的，目的是请求法官帮助儿子、儿媳做调解和好工作。

第三节　婚姻家庭变化趋势与审判形势预测

司法审判工作无法脱离司法辖区的政治、经济、社会、文化因素构成的整体环境，以离婚纠纷为典型的传统家事纠纷的审判工作更是如此，婚姻家庭变化趋势决定了家事案件的审判形势变化。家事纠纷审判以维系婚姻稳定与家庭和谐为司法目标，故应对辖区司法环境变化有整体把握和清晰认识。作者本人认为，阿勒泰地区婚姻家庭关系在整体稳定中存在着明显的城乡差异，民语案件数在登记离婚与诉讼离婚中双向增长，登记离婚成为解除婚姻的主要途径。

一　整体稳定下的城乡差异

鉴于地域文化和民族文化因素的影响，阿勒泰地区及哈萨克族婚姻关系较为稳定。在新疆各地州（市）中，阿勒泰地区的离婚人口占比最低；而在新疆各世居民族中，哈萨克族离婚人口占比最低。仅以第六次人口普查年度（2010 年）数据为例，在新疆 15 个地州（市）中，阿勒泰地区离婚人口占 15 岁以上人口的 1.44%，新疆全区离婚人口占比（3.22%）是阿勒泰地区的 2.24 倍；新疆离婚人口占比最高的和田地区（5.34%）是阿勒泰地区的 3.71 倍。在新疆 13 个世居民族中，哈萨克族离婚人口占 15 岁以上人口的 1.11%；新疆全区离婚人口占比（3.32%）是哈萨克族离婚人口占比的 2.99 倍。与新疆其他人口

---

① 受访人，男，中年，哈萨克族，法官，访谈时间：2015 年 7 月 22 日。

超过百万的民族①相比，汉族离婚人口占比（2.53%）是哈萨克族的 2.28 倍；维吾尔族离婚人口占比（4.32%）是哈萨克族的 3.89 倍；回族离婚人口占比（2.20%）是哈萨克族的 1.98 倍（见表 3-20）。

表 3-20　第六次人口普查新疆各地区与世居民族离婚人口情况

地区	离婚人口比重（%）	位序	世居民族	离婚人口比重（%）	位序
乌鲁木齐	3.06	5	汉族	2.53	8
克拉玛依	3.99	3	维吾尔族	4.32	3
吐鲁番	2.59	8	哈萨克族	1.11	13
哈密	2.16	11	回族	2.20	11
昌吉	1.90	14	蒙古族	2.34	10
博州	1.91	13	柯尔克孜族	2.79	7
巴州	2.90	7	塔吉克族	1.99	12
阿克苏	4.28	2	乌孜别克族	3.09	6
克州	2.55	9	塔塔尔族	3.45	5
喀什	3.95	4	满族	4.78	2
和田	5.34	1	锡伯族	3.86	4
伊犁	2.32	10	达斡尔族	2.50	9
塔城	2.06	12	俄罗斯族	6.82	1
阿勒泰	1.44	15			
直辖县级市	2.91	6			
全疆	3.22				

注：离婚人口比重计算方式是，（离婚人口数）÷（15 岁以上人口数）；离婚人口指曾经结过婚，但到人口普查标准时点办理了离婚手续且没有再婚，或正在办理离婚手续的人。

数据来源：新疆维吾尔自治区人民政府人口普查小组办公室：《新疆维吾尔自治区 2010 年人口普查资料》（中、下册），中国统计出版社，2012，第 697~698、1579 页。

---

① 第六次人口普查数据显示，俄罗斯族（6.82%）、满族（4.78%）、锡伯族（3.86%）、塔塔尔族（3.45%）、乌孜别克族（3.09%）的离婚人口占比均较高，但是上述民族人口总数较少，普查中申报登记人数也有限（上述各族申报登记人数分别是 660 人、1506 人、2693 人、290 人、744 人），抽样情况未必符合上述各族人口的实际婚姻状况。数据来源：新疆维吾尔自治区人民政府人口普查小组办公室：《新疆维吾尔自治区 2010 年人口普查资料》（中册），中国统计出版社，2012，第 697~698 页。

以城镇化程度为准，新疆全区城市、镇、乡村离婚人口占比分别是 3.32%、3.22%、3.17%，三者无明显区别，城市离婚人口占比略高于镇和乡村。阿勒泰地区城市、镇①、乡村离婚人口占比分别是 2.55%、2.31%、0.95%，三者差异悬殊，城市离婚人口占比是农村的 2.68 倍。新疆全区城市、镇、乡村离婚人口占比分别是阿勒泰地区城市、镇、乡村离婚人口占比的 1.3 倍、1.39 倍、3.34 倍。鉴于乌鲁木齐市与克拉玛依市的镇、乡村人口占比较低，抽样中样本数量有限②，两地城乡离婚人口比例的差异（两地城市离婚人口占比分别是农村的 1.79 倍、2.65 倍）不具有代表性。全疆 15 个地州（市）中，与阿勒泰地区城乡离婚人口占比差异情况接近的是伊犁州直属地区，后者城市离婚人口占比是农村的 2.13 倍（见表 3 - 21），但伊犁州直属地区城乡离婚人口占比差异也没有阿勒泰地区城乡之间差异悬殊。

上述数据表明，阿勒泰地区离婚人口占比低的首要因素在于，农村离婚人口较少。在第六次人口普查年度，阿勒泰市离婚人口占比（2.55%）与阿勒泰全地区农村离婚人口占比（0.95%）的差异显著（阿勒泰市离婚人口占比是全地区农村人口占比的 2.68 倍），而阿勒泰市离婚人口占比（2.55%）与全疆城市平均水平（3.32%）之间的差距不甚明显（新疆全区城市离婚人口占比是阿勒泰市离婚人口占比的 1.3 倍），阿勒泰市城市离婚人口占比已经与全疆城市离婚人口占

---

① 第六次人口普查年度（2010 年）阿勒泰地区仅有 1 个县级市，即阿勒泰市，当时北屯市尚未设立。北屯市 2011 年 12 月 20 日经国务院批准成立，2011 年 12 月 28 日正式挂牌。阿勒泰地区辖 13 个镇，包括所辖 6 个县政府所在地的镇——布尔津县的布尔津镇、富蕴县的库额尔齐斯镇、福海县的福海镇、哈巴河县的阿克齐镇、青河县的青河镇、吉木乃县的托普铁热克镇；另外的 7 个镇分别是阿勒泰市的北屯镇、阿苇滩镇和红墩镇，富蕴县的可可托海镇、恰库尔图镇，青河县的塔克什肯镇，吉木乃县的吉木乃镇。

② 乌鲁木齐市镇抽样人数为 6092 人、乡村抽样人数是 18635 人；克拉玛依市镇抽样人数为 1299 人、乡村抽样人数是 3108 人。数据来源于新疆维吾尔自治区人民政府人口普查小组办公室：《新疆维吾尔自治区 2010 年人口普查资料》（下册），中国统计出版社，2012，第 1581 页。

比平均值相对趋近。质言之，如果把离婚人口占比高低作为一地婚姻家庭关系稳定性的最重要指标，对阿勒泰地区离婚人口占比低贡献率最大的是该地区的农村人口，尤其是占农村人口绝对多数的哈萨克族农牧民。

表 3－21　第六次人口普查新疆各地区城市、镇、乡村离婚人口情况

地区	城市		镇		乡村	
	比重（％）	位序	比重（％）	位序	比重（％）	位序
乌鲁木齐	3.20	7	1.67	15	1.78	9
克拉玛依	4.35	2	1.85	14	1.64	10
吐鲁番	3.34	6	2.17	12	2.61	6
哈密	2.70	12	2.30	10	1.48	14
昌吉	2.36	14	2.22	11	1.50	13
博州	2.73	11	2.14	13	1.57	12
巴州	3.10	8	2.79	6	2.94	4
阿克苏	4.25	3	4.66	3	4.15	2
克州	2.34	15	3.28	4	2.49	7
喀什	3.75	5	4.73	2	3.85	3
和田	5.76	1	5.14	1	5.33	1
伊犁	3.82	4	2.36	8	1.79	8
塔城	2.93	10	2.52	7	1.63	11
阿勒泰	2.55	13	2.31	9	0.95	15
直辖县级市	3.08	9	2.75	6	2.64	5
全疆	3.32		3.22		3.17	

数据来源：新疆维吾尔自治区人民政府人口普查小组办公室：《新疆维吾尔自治区 2010 年人口普查资料》（下册），中国统计出版社，2012，第 1580～1582 页。

二　民语案件同步双向增长

自 2003 年《婚姻登记条例》颁布以来，登记离婚因程序简化、成本低廉，取代诉讼离婚成为解除婚姻关系的主要途径。这是全国各地的

一致性变化，新疆全区情况与此相一致。[①] 与全国及新疆全区婚姻关系解除途径变化有别，阿勒泰离婚登记案件数量与诉讼离婚案件数量呈现双向增长趋势，整体看，离婚案件量多于离婚登记案件量：2001～2014年，阿勒泰市法院仅在部分年份案例数量有所回落（回落年份是2003年、2004年、2007年、2010年、2014年），离婚案件数量呈现整体增长趋势，2001～2014年各年度受理离婚案例数量分别是139件、177件、155件、80件、184件、219件、197件、208件、269件、235件、295件、321件、319件、245件。[②] 民政部门工作人员介绍，2004年以前登记离婚对数从未超过200对，2005年超过200对。[③] 此后除了个别年份（2010年），登记离婚数量均超过200对，近四年来均超过250对。2007～2014年各年度阿勒泰市民政局办理离婚登记数量分别是210对、248对、281对、160对、279对、252对、281对、278对。[④]

就民汉两种语言案件数量变化而言，无论是在登记离婚，还是在诉讼离婚中，民语案件数量及占比均呈现增长趋势。2010～2014年，阿勒泰市民政局共办理离婚登记1250件，其中汉族离婚登记610件，少数民族离婚离婚登记650件。仅就累计数量而言，两者之间差异不明显。但少数民族离婚登记数量（从2010年的82件增长到2014年的153件）及占比均呈增长趋势（从2010年的45.00%上升至2014年的55.04%）。哈萨克族是少数民族离婚登记的主体，2010～2014年，哈萨克族登记离婚数量及占比不断增长，即登记离婚数量从51件增长到133件，占比从31.88%上升到47.84%。2010～2014年，阿勒泰市法院共受理离婚纠纷1415件，其中汉族案件339件，民语案件1076件。仅就累计数量而言，两者之间差异显著，民语案件数量是汉语案件数量的3.17倍。少数民族

---

① 2003年以来，新疆登记离婚数量增长迅速。2000～2005年新疆全区离婚对数为52006、52120、55528、63120、80560、95822对。数据来源于新疆维吾尔自治区地方志编纂委员会：《新疆通志·民政志》（1986～2008），新疆人民出版社，2013，第583～584页。

② 上述数据由阿勒泰市人民法院档案室提供。

③ 受访人，女，中年，汉族，民政局工作人员，访谈时间：2012年8月14日。

④ 上述数据由阿勒泰地区民政局提供。

离婚案件数量（从 2010 年的 176 件增长到 2013 年的 257 件，2014 年有所回落为 200 件）及占比均呈增长趋势（从 2010 年的 74.89% 上升至 2014 年的 81.63%）（见表 2-22）。哈萨克族是少数民族诉讼离婚的主体。一线法官介绍，近年来诉讼离婚的哈汉两族当事人案件占比在 4∶1 至 3∶1 之间。[1] 哈族倾向于诉讼离婚的原因是，在民政部门达不成协议。[2]

表 3-22　阿勒泰市离婚登记与离婚纠纷受案情况（2010~2014）

| 年份 | 离婚登记数 | | | | | 离婚纠纷受案数 | | | | |
| | 小计（件） | 汉族 | | 少数民族 | | 小计（件） | 汉语 | | 哈语 | |
		数量（件）	占比（%）	数量（件）	占比（%）		数量（件）	占比（%）	数量（件）	占比（%）
2010	160	88	55.00	82	45.00	235	59	25.11	176	74.89
2011	279	145	51.97	134	48.03	295	99	33.56	196	66.44
2012	252	126	50.00	126	50.00	321	74	23.05	247	76.95
2013	281	126	44.84	155	55.16	319	62	19.44	257	80.56
2014	278	125	44.96	153	55.04	245	45	18.37	200	81.63

注：民政部门与法院的统计标准不一，民政部门根据当事人族别，法院系统根据诉讼语言。
数据来源：离婚案件数据由阿勒泰市人民法院档案室提供；登记离婚数据由阿勒泰地区民政局提供。

三　登记离婚取代诉讼离婚

2010~2014 年，阿勒泰市法院共受理离婚纠纷 1415 件，与民政部门办理的离婚登记数量（1250 件）无明显差异。但通过诉讼解除婚姻关系的案件仅有 713 件，占法院受理的离婚案件总量的 50.39%，也就是说，通过诉讼解除婚姻关系的案件仅占受案量的一半左右。除了 2010 年阿勒泰市粗离婚率偏低（1.45‰）以外，近四年来，阿勒泰市离婚率均超过

---

[1]　受访人，女，中年，哈萨克族，法官，访谈时间：2012 年 8 月 21 日。
[2]　受访人 1，男，中年，哈萨克族，法官，访谈时间：2012 年 8 月 15 日；受访人 2，女，中年，哈萨克族，法官，访谈时间：2012 年 8 月 21 日。

2‰。2010～2014 年，全市离婚对数为 1963 对，诉讼解除婚姻关系的案件量占比为 36.71%。登记离婚案件占比从 55.94% 上升至 70.38%，诉讼解除婚姻关系案件数量从 44.06% 下降至 29.62%。整体上看，登记离婚已经取代诉讼离婚成为问题婚姻的出口（见表 3 - 23）。

表 3 - 23　阿勒泰市登记离婚与诉讼离婚情况（2010～2014）

年份	登记离婚		诉讼离婚		当年离婚	
	对数（对）	占比（%）	对数（对）	占比（%）	总量（对）	粗离婚率（‰）
2010	160	55.94	126	44.06	286	1.45
2011	279	66.11	143	33.89	422	2.13
2012	252	58.20	181	41.80	433	2.21
2013	281	65.81	146	34.19	427	2.16
2014	278	70.38	117	29.62	395	2.00

注：粗离婚率是指一年内每 1000 人中发生的离婚事件数，计算方法是：（当年离婚对数）÷（人口总数）。

数据来源：诉讼离婚数据由新疆维吾尔自治区高级人民法院研究室提供；登记离婚数据由阿勒泰地区民政局提供；2010～2014 年度阿勒泰市人口数由阿勒泰市统计局提供。

与全疆其他地区民政部门的婚姻登记服务相比，阿勒泰市民政局在业务量大、人员配备不足、办公条件局促的情况下，为申请婚姻登记的当事人提供了较为细致的、人性化的服务。仅就离婚登记而言，该婚姻登记处办理离婚登记的固定费用是，离婚证工本费 9 元，其他费用支出依据当事人自愿。是否使用 8 页固定格式的离婚协议书，由当事人自主选择，费用为 10 元，此固定格式的离婚协议书是阿勒泰市民政局自行设计印制的双语文书，不是整个阿勒泰地区民政部门统一使用的。因内容比较细致，也被布尔津县、福海县民政部门使用。[①] 在子女抚养问题上，该登记处建议，抚养人按照收入的 30% 支付未成年子女的抚养费，工作人员会核实当事人的身份、收入情况；同时建议，教育费、医疗费、意

① 受访人，女，中年，哈萨克族，民政局工作人员，访谈时间：2012 年 8 月 14 日。

外事故费用由父母双方分担。① 另需说明，并非所有申请离婚登记者都办理了离婚登记手续，2007～2014 年各年度，阿勒泰市民政局婚姻登记处分别为 52 对、48 对、55 对、60 对、68 对、75 对、95 对、115 对夫妻进行婚姻调节与辅导，而非当场办理离婚登记。② 但目前阿勒泰市民政局婚姻登记处尚不具备充分开展婚姻调解和咨询服务的条件，③ 该婚姻登记处现有婚姻登记员 2 人，均是全额拨款事业编制人员；婚姻登记场所建筑面积 65 平方米，其中结婚登记室 25 平方米，离婚登记室 12 平方米，档案室 18 平方米；候登区（10 平方米）和结婚登记室共用一室，无专门的心理辅导室。④

在此需要解释的是，民政登记调解不同于离婚诉讼调解，前者是自愿的，缺乏强制性；后者是离婚案件审理过程中的法定程序，有严格的强制性，无论当事人愿意与否，法庭都必须调解。在离婚登记办理过程中，若当事人出于自愿，且对子女抚养、财产分割达成一致意见，民政部门应当场办理离婚登记手续，并颁发离婚证，效率和经济是离婚登记程序的特点；在离婚案件审理过程中，调解和好工作穿插在起诉、庭审、

---

① 受访人，女，中年，哈萨克族，民政局工作人员，访谈时间：2012 年 8 月 14 日。

② 除了阿勒泰市民政局以外，阿勒泰地区仅有 2 个婚姻登记处开展过婚姻调解和咨询服务。青河县萨尔托海乡人民政府婚姻登记处仅有 1 名婚姻登记员，为全额拨款事业编制人员。2007～2014 年各年度，该登记处分别为 51 对、107 对、138 对、104 对、61 对、59 对、20 对、31 对夫妻进行婚姻调节与辅导。该登记处办理结婚登记、离婚登记、婚姻档案查询业务，都在 20 平方米的一间室内。青河县民政局婚姻登记处也于 2012 年起开展了此项业务，2012～2014 年各年度，该登记处分别为 4 对、9 对、12 对夫妻进行婚姻调解与辅导。上述数据由阿勒泰地区民政局提供。

③ 在阿勒泰地区，已经创建全国"3A"级婚姻登记处并有条件开展婚姻咨询、调解、辅导服务的仅有青河县民政局婚姻登记处和富蕴县民政局婚姻登记处。青河县民政局婚姻登记处较早完成创建工作，目前有行政编制婚姻登记员 2 人，年工作经费 16 万元；婚姻登记场所建筑面积 228 平方米，其中结婚登记室 120 平方米，离婚登记室 20 平方米，档案室 70 平方米，候登区（18 平方米）和结婚登记室共用一室，设有 18 平米的心理辅导室。富蕴县民政局婚姻登记处目前有行政编制婚姻登记员 2 人，均是全额拨款事业编制人员，该登记处建筑面积 255.8 平方米，其中结婚登记室 120 平方米，离婚登记室 18 平方米，档案室 18 平方米，候登区（45 平方米）和结婚登记室共用一室，设有 36 平方米的心理辅导室，颁证大厅为 63.8 平方米。上述数据由阿勒泰地区民政局提供。

④ 上述数据由阿勒泰地区民政局提供。

审后各个诉讼阶段。就当事人之间感情是否破裂，法官有很大的裁量权，审慎和公允是离婚诉讼程序的特点。就此而言，婚姻登记调解的服务性和高度自由性，使得其在抑制婚姻关系解体、保护婚姻家庭稳定方面的作用极为有限。高度自主的离婚登记程序与相对严格的离婚诉讼并行，意味着更多的问题婚姻或危机婚姻会通过登记离婚途径解除婚姻关系。客观地说，阿勒泰市登记离婚与诉讼离婚案件的数量变化也印证了这一点。

结语　变革尚处于起点之上

离婚标准代表着婚姻家庭法的重要取向。与其他众多国家的婚姻家庭法制度设计相一致，我国《婚姻法》确立了无过错的离婚原则，即感情破裂主义，意味着国家法对整个社会的婚姻家庭关系建立了如下的假定和预设，即婚姻及家庭乃夫妻双方的自治体，国家法对当事人意愿（是否缔结婚姻与维系婚姻关系与否）予以尊重和认可，即所谓的"婚姻自由"。这一立法取向的社会背景是 30 年来婚姻关系和家庭生活的急剧变革，即我国的婚姻家庭关系逐步从"支配—服从"的夫权关系转向"亲近—分离"的平权关系；与之相关的是，中国的整体社会转型是趋于城市化、市场化和流动化。就社会结构和社会关系转向而言，微观领域婚姻家庭关系的"亲近—分离"模式与宏观领域整体社会关系的"趋利—流动"模式之间是一枚"硬币"的两面。

直至 2014 年末，阿勒泰地区公安户籍总人口为 675890 人（包括兵团十师人口 63065 人），其中非农业人口 335380 人，占总人口的49.62%，农业人口 340510 人，占总人口的 50.38%；汉族人口 273816 人，占总人口的 40.51%，哈萨克族人口 353417 人，占总人口的 52.29%，其他少数民族人口 48657 人，占总人口的 7.20%。① 农业人口占比较高，

---

① 数据来源于《阿勒泰地区 2014 年国民经济和社会发展统计公报》，阿勒泰地区统计信息网，http://alttjj.xjalt.gov.cn/info/1023/4110.htm，最后访问日期：2015 年 10 月 2 日。

从事农牧业生产的哈萨克族仍占本族人口的绝大部分。阿勒泰地区城市化，尤其是哈萨克族人口的城市化，以及作为该地区核心城市阿勒泰市的城市增容和扩张，有较大空间，阿勒泰市南的新城区建设即是例证。随着该地区城市化进程的不断推进、生产方式转型的加速，婚姻家庭结构、功能、关系也会发生相应转变，离婚现象会不断增加，离婚人口占比会有大幅上升。

阿勒泰地区及哈萨克族的婚姻家庭关系处于转变之中，且种种变化并非幕布初开、端倪初现。这种转变不仅在于卷宗信息记录的阿勒泰市民汉两类诉讼语言案件在多项统计数据上趋于一致（结婚年龄、家庭规模、共同财产、离婚理由等）或超前变化（婚姻存续期、离婚年龄等），更主要的是观念变化，"非以游牧为主要生计手段的哈族当事人婚姻观念，与汉族当事人趋近"①。且观念的转变跨越性别差异，同时也明显体现在哈萨克族女性群体之中。年轻一代哈萨克人也承认，长辈女性的婚姻家庭观念强，倾向于维护婚姻家庭生活的稳定，自我意识不强，认为离婚难以接受，是非常"丢脸"的事情。中老年哈萨克族女性丧偶后，在家庭生计能够维系的情况下，一般会替代亡夫成为家庭的核心，操持家业，较少选择再婚。城市里的哈萨克族年轻人多是在小家庭长大的，部分人有一个兄弟姐妹，也有一部分是独生子女。"他们没有吃过苦，没有像父母一样承担较多的家庭责任，也不知道珍惜家庭。"非牧区的哈萨克族年轻人（尤其是独生子女）的家庭观念、行为方式与汉族趋同。"这与时代、文化的'进步'有关系……很多当事人只在意婚姻感受，感情不和就想离婚。态度非常急躁，离婚的痛苦不明显。"② 这个受访者是一位年轻的哈萨克族女孩，她用的不是"变化" 词，而是"进步"。但年长一代的哈萨克人则有反思、质疑，乃至忧虑，"原来离婚案件少，现在多了……原来离婚理由少，现在都不一样，谈不成……真实

---

① 受访人，男，青年，汉族，法官，访谈时间：2012 年 8 月 13 日。

② 受访人，女，青年，哈萨克族，民政局工作人员，访谈时间：2012 年 8 月 16 日。

的离婚理由不一定是喝酒、打人，是各种各样的，一个案子和一个案子都不一样。"① "家庭债务变多了，欠个人的，欠银行的，以前没有这个样子，现在多了。"② 近二十年来，"哈族离婚诉讼当事人最大的变化是对家庭、对孩子的责任心明显减低，不仅是男方，也包括女方"。③

游牧生活之于哈萨克人家庭关系的影响在于，迁徙不已的表层下有着稳定的内核。而今生活方式的稳定性已经慢慢浸染到草原最深处，但却开始侵蚀婚姻家庭这一哈萨克人社会的稳定内核。

---

① 受访人，男，中年，哈萨克族，法官，访谈时间：2015 年 7 月 22 日。
② 受访人，男，中年，哈萨克族，法官，访谈时间：2015 年 7 月 22 日。
③ 受访人，女，中年，哈萨克族，法官，访谈时间：2012 年 8 月 21 日

第四章

延续与重构：非正式婚姻家庭制度影响力分析

> 清官难断家务事，上帝也不能强迫人相敬相爱。
>
> ——费孝通：《乡土中国 生育制度》①

自 20 世纪 90 年代起，习惯法研究在国内学界勃兴。早期研究多着重于历史文献、传统法律文化及习惯法的一般原理，而近年来习惯法研究主题集中于习俗的作用领域和作用方式、习俗对基层社会的实际影响、习惯法与国家法的互动、习俗可否引入司法及相关法律方法等具体问题，习惯法研究现已成为法学、民族学、人类学、社会学等多个学科共同关注的研究领域。② 习惯法研究的学术价值和实践意义何在？如果对这一问题不可能有预言式的回答，那么其可能更有价值的知识和理论上的增长点在哪里？上述问题不仅仅涉及研究者的认知和理论兴趣，还涉及公

---

① 费孝通：《乡土中国 生育制度》，北京大学出版社，1998，第 133 页。
② 在中国知网上，以"习惯法"为检索词做主题检索，可查到各类文献 5728 篇；做篇名检索，可查到各类文献 1970 篇，其中篇名中包含"习惯法"一词的学位论文（包括硕士学位论文和博士学位论文）已多达 234 篇。数据来源：中国知网，http://epub.cnki.net/kns/brief/default_result.aspx，最后访问日期：2016 年 5 月 1 日。

共资源的配置，例如科研机构的设立、科研项目的申报审批、科研经费投入、出版发行成本等问题。

基于寻找习惯法研究在知识和理论上的增长点这一目的，本章中，作者本人考察维吾尔族的"尼卡""塔拉克"婚俗，以及哈萨克族的"哈楞玛勒"婚俗的影响力。同时鉴于"习惯法""民间法"等表达的模糊性、歧义性，本人使用非正式社会制度（或规则、规范），用以指代居于国家正式法律制度之外的，但在社会生活中有一定影响力和约束力的规范。

历史上，"尼卡"具有证婚效力，"塔拉克"具有解除婚姻效力，两者是维吾尔族最具代表性的婚姻习俗。婚姻缔结和婚姻解除也是国家权力介入婚姻关系的两个重要环节。当下，"尼卡"仪式和结婚登记相结合，发生双重效力；而"塔拉克"也不能简单地解释为男方有权单方解除婚姻关系，但三次"塔拉克"之后，诉讼离婚或登记离婚被视为当然的结果。

"哈楞玛勒"即哈萨克人的彩礼习俗。作者本人以哈萨克族彩礼习俗的历史变迁及彩礼返还纠纷案件审理的司法指导意见为考察对象，分析民族自治地方司法机关对待彩礼返还纠纷的取向，即更为遵循现代婚姻司法原则，更有悖于传统习俗，同时部分结合当下的社会习惯，道德化取向明显。司法机关对于习俗的运用极为"审慎"和"务实"。因此，很难有习俗广泛运用于现代专业化司法的理论预期，但不否认习俗在基层司法调解过程中被广泛应用。

对非正式制度影响力研究，应该在深度描述后予以审慎评价。鉴于当下我国的法律制度（包括司法行为）为非正式的社会规范仅留下非常有限的空间，在纠纷的终局裁决中，司法机关在适用法律的同时，也在进行着对传统习俗的改造。司法裁判的重要作用之一则在于超越"负面多元主义"，凝聚基本制度和公共文化共识。

第一节 "尼卡"与"塔拉克"之于婚姻效力

爱情是个体的、主观的，婚姻与家庭则是社会的、合宜的。在个体婚姻缔结、维系和解体的过程中（尤其是在婚姻缔结和解除两个环节），父母、其他亲戚，乃至社区成员都会有不同程度的参与，其中也不乏国家权力的介入。婚姻不仅是两个人的结合，也代表了一种多维度的承诺，即个体对个体、家庭对家庭、家庭对社区、家庭对国家；承诺行为涉及多个方面，包括情感支持、生活扶助、经济互助、养育后代、共创未来、共同解决未来生活中可能出现的各种问题。[①] 以婚姻为基础，婚姻当事人组建家庭，家庭成为"社会的细胞"，不仅是人们社会生活的基本单位，还担当着多项重要的社会功能。"将所有家庭聚集在一起，就有了社会。……家庭和社会其实就是一大一小两种版本而已。两者都是由人组成，人们需要一起工作，命运彼此相连。它们也都是由关系组成，领导者与被领导者，年轻的和年老的，男性和女性……每种关系都涉及了决策、权威的使用，以及寻求共同目标的过程。"[②]

上述婚姻历程（婚姻承诺、婚姻关系缔结、婚姻维系及其间家庭共同生活目标实现过程）普遍见之于各个民族和地域，维吾尔族也不例外。既然有多重承诺，基于常识，则意味着当事人不能随意解除婚姻关系，所以在国家权力介入的两个环节上，解除婚姻关系的法律规范要比缔结婚姻关系的法律规范更为严格、审慎和繁琐。《婚姻法》规定了什么人能结婚（非近亲、无禁止结婚的疾病），何时能结婚（婚姻年龄）；并有较为严格的离婚条件（一方有重大过错或其他原因导致感情破裂），以及法律程序约束离婚行为。这体现出国家意志是希望夫妻双方维持婚

---

① 〔美〕大卫·诺克斯、〔美〕卡洛琳·沙赫特：《情爱关系中的选择：婚姻家庭社会学入门》，金梓译，北京大学出版社，2009，第188~190页。
② 〔美〕维吉尼亚·萨提亚：《新家庭如何塑造人》，易春丽、叶冬梅等译，世界图书出版公司，2006，341页。

姻关系，生育子女并照顾他们。如果夫妻想离婚，国家以法律形式规定人身关系和财产关系的处理规则，并且高度重视未成年子女在情感、生活、教育、经济方面的抚养责任如何承担。

一　AHMT 三个女儿的婚姻状况

AHMT[①] 有三个女儿，身为父亲，他对长女和幼女现在的婚姻很满意，唯一不放心的是次女，因为她还没有定亲。

PZLT，家中的长女，26 岁，已婚，是两个女孩的母亲，长女 5 岁，幼女 2 岁，有过一次婚变经历。2006 年，PZLT 与读中专时的恋人结婚，婚后同公公婆婆一起生活，一年后长女出生，但其间与公婆的关系一直不睦。一次争吵后，丈夫对她说了三次"塔拉克"。PZLT 认为夫妻双方的感情无法挽回，便带着不足半岁的女儿回了娘家。因为没有共同财产，PZLT 要求做女儿的抚养人并且不要求男方付抚养费，双方在离婚问题上不存在争议，三天后，PZLT 与前夫到县民政局办理了离婚登记。半年后，经人介绍，PZLT 开始与现在的丈夫交往，丈夫比她大一岁，无婚史，两人老家在同一个村，但此前并不熟悉。交往两个月后，双方都觉得彼此很合适，PZLT 的父母开始为他们筹备婚事，但男方父母认为 PZLT 有离异经历，劝阻儿子不成，故没有给他们提供任何资助。前夫得知 PZLT 将要再婚，来到前岳父母家，想和 PZLT 复婚。遭到 PZLT 和家人的拒绝。在 PZLT 再婚后一个月，前夫也再婚了。PZLT 的长女一直和外公外婆一起生活，现已 5 岁，上幼儿园小班，其间父亲没有承担过抚养费。PZLT 偶尔会想接女儿到城里读书，但还没有仔细规划。PZLT 和丈夫的感情很好，夫妇两人和娘家关系融洽。没有特殊情况，两人周末都会回娘家，拾棉花、割麦子、收玉米，这对夫妻帮助父母干各种农活，比哥哥和嫂子干得多。

---

① 基于尊重当事人隐私的原因，文中当事人姓名均为化名。这个个案来自于作者本人 2012 年暑期在和田所做的社会调查记录。

ANMTH，家中的次女，21 岁，未婚，是六个兄弟姐妹中学习成绩最好的一个。两年前因病辍学回家，在家休息了半年后，基本恢复健康，一直渴望重回学校。在她是否上学的问题上，家中出现了两种意见：母亲支持她上学，但涉及学费，这要由父亲决定；父亲和三个哥哥不同意她上学，因为她已经 21 岁了，不结婚去上学邻居们会背后议论，这么大的姑娘还在上中专（上大学的话，另当别论），不找婆家……；而且三年毕业后，ANMTH 再嫁人太困难了，本地女孩一般在 20 岁以前出嫁。ANMTH 的表姐大学毕业后又到北京读硕士，一直没结婚，舅舅一家丝毫不以此为荣，反而觉得一说起女儿非常没面子。姐姐 PZLT 后来知道家里人的意见分歧，同意为妹妹 ANMTH 付学费，让她上学。但暑期报名时，母亲生病住院，ANMTH 在医院照顾了两个月。出院后，ANMTH 意识到家里的经济压力，不再要求上学了，但是她想工作。姐姐和姐夫介绍她到一家公司学财务。这次父亲和哥哥们也同意了，他们要求 AN-MTH 住在姐姐家里，并且叮嘱姐姐和姐夫保护好妹妹，为她物色合适的人家，让妹妹快些成家。

AZGL，家中最小的女儿，18 岁，结婚一年半，孩子刚刚出生。AZGL 初中毕业后，在家帮父母干了两年农活，其间不断有人来提亲，但都被父母回绝了。后来媒人介绍了现在的丈夫（28 岁），他在本村长大，双方父母都相互熟悉；此人大学毕业后、在南疆各地州（市）搞水利施工，月收入在 4000 元以上；另外，他人品也很不错，不抽烟、不喝酒，孝敬老人，待人和气。AZGL 父母对他的家世、职业、人品都很满意，就同意订亲了。AZGL 不愿意订亲，也不想结婚，但父母最终还是说服女儿同意了这门亲事。订亲两个月后，AZGL 就和丈夫举行了婚礼。因为没有达到法定结婚年龄，跑运输的大哥在市里给他们买了个"假"结婚证。结婚证制作非常容易，就是在结婚证上涂去别人的名字，写上 AZGL 和丈夫的名字，并改写她的出生年月日。本村的宗教人士为他们念了"尼卡"，婚礼举办得很隆重。婚后，AZGL 一半时间待在县城的新家，一半时间住在农村的娘家。丈夫不想让她学手艺，也不打算让她以后工作。

二 "尼卡"与办证，何者为主，何者为辅

新疆维吾尔族近现代以来的婚姻家庭习俗，主要来自于"伊斯兰教教法的习惯法"与"萨满教古老禁忌风俗习惯"。10 多个世纪以来，在新疆各地宗教法规逐渐演变成为习俗。伊斯兰教法对维吾尔族聚居区的婚姻风俗产生极大的影响，例如请宗教人士诵经证婚的"尼卡"（Nikah）程序逐步形成，并渗入婚俗之中，具有成文习惯法的意义。[①]

"尼卡"（Nikah）最初源于阿拉伯语，大概可译为汉语中的"结婚"。尼卡仪式是维吾尔族婚姻习俗中最重要的组成部分，但就"尼卡"一词在"伊斯兰文化语境"中所表达的意义，以及其在"民间生活中的实用方式"来讲，在"结婚"这一词语之外，"尼卡"表达出更为多样和丰富的意义。这在于"在信仰伊斯兰教的人们的生活中，'尼卡'是指通过伊斯兰教的相关教法教规和宗教程序来证明并合法化双方的婚姻关系。"[②]

当下，维吾尔族乡村依然有提亲、相亲、议婚、下聘礼、举办婚礼的习俗。议婚后，举行婚礼前，男女双方及其亲友去集市购买首饰和衣服，其间男女双方去民政部门办理婚姻登记，领取结婚证。至于是先购置衣物，还是先办理结婚登记并无一致做法，但通例是购物在先，办证在后。需要说明的是，在维吾尔人的婚礼仪式中，的确存在着习俗与国法两种因素，但两者之间未必是冲突关系。

90 年代以前南疆的习惯做法是，青年男女可先举行婚礼念"尼卡"完婚，后补办结婚登记并领取结婚证。只要念过"尼卡"即使是没有举行婚礼，未领结婚证，也被认为是"合法"夫妻。办"结婚证"即共同

---

① 茹克亚·霍加：《信仰与习俗——新疆维吾尔族的婚姻观念行为》，《世界宗教研究》2011年第 6 期。

② 石奕龙、艾比不拉·卡地尔：《维族婚姻习俗中尼卡（Nikah）仪式的人类学解读》，《云南民族大学学报》（哲学社会科学版）2010 年第 3 期。

生活，此后再补念"尼卡"，既不合习俗，更不合教规。以"尼卡"为准（婚姻合法化的象征），以"办证"为辅（根据行政执法严格程度来决定是否办理这一道手续），作为国家权力和制度的象征，结婚证仅是婚姻合法化的"次要因素"。

这一情况在 20 世纪 90 年代后有所改变，尤其是近年来对结婚登记的重视程度不断加强。原因在于，第一，基层组织和普法部门加大对《婚姻法》的宣传，《婚姻法》的执行相对严格。第二，民族宗教事务管理部门加强了对宗教人士的法治宣传教育，此后逐渐形成了一种新的惯例，即未办理结婚登记和未领取结婚证不给念"尼卡"——举行婚礼时，宗教人士先检验双方是否有结婚证，只给领取结婚证者念"尼卡"。但宗教人士没有能力检验出证件的真假，否则就不会出现 AZGL 的案例。概言之，当下维吾尔族婚礼仪式中，办理结婚证作为遵守国家《婚姻法》的象征，已变成举行婚礼的前提和念"尼卡"的前提。"办证"和"尼卡"在维吾尔族婚礼中同时存在，缺一不可，婚礼仪式进一步融合了国家法所强调的婚姻"合法性"。①

在近二十年间，维吾尔人（尤其是妇女）已经普遍认同并深切体会到，婚姻登记对维护和保障婚姻稳定和婚姻权利的意义。而按照我国现行《婚姻法》和相关法规规章的规定，结婚程序分为申请、审查和登记三个环节。绝大部分申请可以当场获得审查和批准，办理结婚登记的费用是 9 元（结婚证的工本费每本 4.5 元，两本为 9 元），办理结婚登记的时间成本和经济成本非常低。无论是理智考虑，还是情感认同，办理结婚登记都是有利无害的事情。就当下通行的婚姻意识来说，与其说办理结婚登记与念"尼卡"之间相互冲突、矛盾，毋宁说两者相互复合、混合，并获得了当事人对此的双重承认。"既执行了现代国家的婚姻法，同时又照顾了民间的婚姻道德规范，保障了维族夫妻关系的合法性和合

---

① 吐尔地·卡尤木：《维村变迁》，中央民族大学 2011 年博士学位论文。

理性，……结婚证的功能是将生活里实践中的两性婚姻关系和国家的存在以制度的形式连接起来。国家也通过结婚证这一象征手段实现了将国家权力渗入民间甚或仪式性空间的这样一个目的。"①

　　维吾尔族青年男女通过办结婚证而使得婚姻获得合法化，同时也使得国家《婚姻法》获得实效；通过念"尼卡"来实现社会意义和宗教意义上的婚姻正当化，并获得社会认同。② 当然，这其中不乏违法的个案发生。仅念"尼卡"不办理结婚登记出现于如下三种情形：第一，未达到法定婚龄者，这种情况在农村虽已明显减少，但并未杜绝；第二，年过半百的老人认为，办理结婚登记无太大意义，这种情况在农村、城市均有发生③；第三，有配偶的重婚者或与他人同居者，这种情况主要发生在城市，而且有明显增多的趋势。第三种情形是借助"尼卡"仪式的变相"一夫多妻"。④

　　三种情形中，无论是哪一种，都是对法律的明显规避，这里习俗（念"尼卡"）和国法（办理结婚登记）不是非此即彼、互不相容的两种规范，而在于当事人（或其父母）在策略性地使用法律抑或习俗：若双方均已达到婚龄且单身时，倾向于先办理结婚登记，再举行婚礼并请宗教人士念"尼卡"；但不具备上述条件时，念"尼卡"的目的是使当事人获得内心接受，并成为最为便利的规避法律的手段和（当事人自认为

---

① 石奕龙、艾比不拉·卡地尔：《维族婚姻习俗中尼卡（Nikah）仪式的人类学解读》，《云南民族大学学报》（哲学社会科学版）2010 年第 3 期。

② 也有学者认为，1978 年改革开放以来，南疆婚姻风俗进一步变迁。但由伊斯兰教经典圣训、教法形成的习惯法，变化并不太大。变化仅仅限于表面形式，实质内涵仍旧。宗教习惯与原始禁忌风俗相比，后者变化较多。茹克亚·霍加：《信仰与习俗——新疆维吾尔族的婚姻观念行为》，《世界宗教研究》2011 年第 6 期。

③ 李晓霞：《伊干其乡维吾尔族的婚姻生活》，《西北民族研究》1993 年第 2 期。

④ 有研究者在个案访谈中提到，与已婚人士重婚者或与他人同居者，一般男性有较高的经济、社会地位，女方往往在经济上依赖男方。李慧娟：《维吾尔族妇女民间互助研究——以新疆喀什地区为例》，兰州大学 2012 年博士学位论文；努尔古丽·阿不都苏力：《维吾尔族城乡女性比较研究——以切克曼村与乌鲁木齐市为例》，中央民族大学 2009 年博士学位论文。

的）"合适"的借口①。

三 "塔拉克"是单方解除，还是离婚合意

维吾尔族有句民谚，男人是女人的第二个"胡达"（上帝），"塔拉克"（"talaq"，"休妻"的意思）即是男权专断的表现之一。"塔拉克"，指丈夫无条件的休妻，休妻的声明很简单，常用的表达是"你被休了"或"我休了你"等，既可以采用书面的形式，也可以采用口头宣布形式。传统习俗中，男方对婚姻具有决定权，当男方说出塔拉克后，无论女方同意与否，婚姻关系即视为终止。若双方想要复婚，须请来宗教人士念经并重新举行婚礼仪式。若女方不愿复婚，则需等待一百天（这被称为"待候期"或"待嫁期"）后才可改嫁，以便确定女方是否怀孕。若男子连续说出三个"塔拉克"，则意味着彻底断绝夫妻关系。

1949 年以前，塔拉克习俗是维吾尔族婚姻习惯的一个组成部分。在1949 年后，随着《婚姻法》的颁布，新疆本地制定变通执行规定，明确禁止宗教干涉婚姻家庭关系，现行法否认"尼卡"的证婚效力与"塔拉克"解除婚姻的效力，但至今"塔拉克"习俗仍有一定影响。尽管不了解"塔拉克"在阿拉伯语或伊斯兰信仰中的真正含义，但仍有群众相信，这是一个不吉利的咒语，是对婚姻的诅咒。丈夫说了"塔拉克"后，夫妻不分开，就会给家庭降下灾难。有研究者认为，"塔拉克"特权"神化了丈夫在家庭中对妻子的绝对权威，也剥夺了妻子的离婚自由"。②

换言之，尽管"塔拉克"不是一种合法的婚姻解除方式（但也不能直接认为其"违法"），却是一种在新疆维吾尔族聚居地区存在的社会现

---

① 冯雪红分析相关部门未能严格执法是导致部分维吾尔族群众规避法律的重要原因，例如登记入户时把女孩的年龄报大一两岁；或结婚时不到法定婚龄，通过"走后门"领取结婚证。冯雪红：《维吾尔族女性早婚现象的人类学分析》，《山东女子学院学报》2011年第 1 期。

② 张美涛：《析维语谚语中的性别歧视现象及成因》，《语文学刊》2010 年第 10 期。

象，也是众多学者所关注的维吾尔族婚姻习惯法的一个组成部分。短时期内，这一现象很难用行政、法律手段来强制改变。① 其原因不仅仅在于"塔拉克"对夫妻双方婚姻家庭生活的内部影响，还包括扩大家庭、社区情理对这一声明的认识和判断。因为家庭关系不仅包括夫妻关系，还涉及父母与子女关系、兄弟姐妹关系、婆媳关系、祖孙关系等，家庭关系也可以扩展到亲属关系和邻里关系。如果被休的妻子与丈夫继续维持夫妻关系，他们的婚姻关系会被认为是违反本民族风俗习惯的"不道德"行为，甚至是一种"无耻"的、"下流"的行为。信仰的虔诚、求吉避祸的心理需求不断增强了当事人的心理恐惧与精神压力。就此也可以解释，PZLT 及家人因何拒绝前夫复婚的请求。

在当下维吾尔族的婚姻家庭生活中，"塔拉克"首要意义不在于在法律上终止婚姻关系，而是夫妻双方对婚姻关系的整体判断：丈夫说了三次"塔拉克"意味着妻子应该回娘家，丈夫再也不能把妻子接回来，事实上他们的婚姻关系已经完全终止，但是还缺乏一份民政部门的离婚协议或是一个法院的离婚裁判文书。接下来，诉讼离婚或登记离婚就成为合理的、必然的结果。概言之，"塔拉克"与登记离婚或诉讼离婚不是完全对立的解除婚姻的方式，两者之间具有相关性，即宣布"塔拉克"对办理离婚登记或申请诉讼离婚产生连带的、后继的影响和作用。因三次"塔拉克"最终导致婚姻在事实和法律上的双重解体，其中的确存在草率离婚（无须举证，不需过错），以及权力上的不平等（仅为丈夫享有）的问题，这不仅是对女方婚姻自由的剥夺，而且也会对家庭和谐和社会稳定产生不良影响。但其中也不乏例外，例如对于未办理结婚登记仅举行了"尼卡"仪式者，宣布"塔拉克"自然就等于结束了同居关系或重婚关系，申请办理登记离婚或申请诉讼离婚成为可规避的对象。

婚姻家庭是社会文化的载体，具有独特的内在结构、文化特征和

---

① 艾力江·阿西木：《论维吾尔族"塔拉克"离婚习俗的法律效力问题》，《内蒙古民族大学学报》（社会科学版）2011 年第 6 期。

社会功能，婚姻习俗是前者的集中展现。维吾尔族婚姻家庭关系中的风俗习惯等非正式规范受制于其独特的地理环境、特殊的文化圈和民族主体，当然其中有伊斯兰教广泛而持久的影响。历史上，"尼卡"作为证婚规范，"塔拉克"作为解除婚姻关系的规范，是维吾尔族婚俗的典型。婚姻关系缔结和婚姻关系解除也是国家权力介入婚姻家庭问题的两个重要环节，集中体现出国家意志。当下，在维吾尔族婚姻缔结过程中，"尼卡"仪式和结婚登记混合，发生双重效力；而"塔拉克"不能依从传统习俗，简单地解释为具有解除婚姻关系的效力。宣布"塔拉克"代表男方的单方意思，一定程度上有终止婚姻关系的事实效果。

第二节 "哈楞玛勒"之于彩礼返还纠纷审判

以行为、关系、过程为关注的焦点，法律社会学对非正式制度影响力问题的研究取向应是，在细致、全面观察分析的基础上，对之予以审慎的判断和评价。本节中，作者本人选择此领域研究中公开发表文献较多、讨论较为集中，且已有司法机关作出"引俗入法"先例的彩礼返还问题①为论题；以新疆哈萨克族彩礼习俗的历史变迁及新疆维吾尔自治区高级法院伊犁州分院关于彩礼返还纠纷的司法意见为考察对象；同时，将之与江苏省姜堰市法院关于婚约彩礼返还纠纷裁判的规范意见做相应对比；分析习俗在现代专业化司法中可否存在被广泛运用的预期，以及司法人员在案件审理过程中运用习俗的可能、前提和限度。

---

① 彩礼返还纠纷的研究文献较多，报道也非常集中；而且江苏省姜堰市在该类纠纷中"引俗入法"的先行做法，已成为全国法院系统通过"引俗入法"有效化解社会矛盾的样板。但作者并不认为，该问题的理论研究和司法实践都已"成熟"。司法机关将习俗视为法律渊源，作为裁判的参考，"援习入审"要比"引俗入法"更为准确。

一 "哈楞玛勒"，"旧俗" 还是 "时风"

"哈楞玛勒"（khalingmal），翻译成汉语最基本的含义是 "高额聘礼"，其既指哈萨克族的彩礼习俗，也指与彩礼相关逐渐形成的婚姻制度。现在哈萨克人对 "哈楞玛勒" 有两种解释：一种解释是，"哈楞" 意思是 "众多"，"玛勒" 指的是 "牲畜"，"哈楞玛勒" 就是很多牲畜；另一种解释是，"哈楞" 指 "哈楞的克"，即 "未婚妻"，"玛勒" 指彩礼，"哈楞玛勒" 就是给未婚妻的彩礼。[①] 考究历史渊源，两种解释并无歧义，"哈楞玛勒" 就是给未婚妻家的众多牲畜。

中原地区自西周便有 "六礼" 婚俗（即纳彩、问名、纳吉、纳征、请期和亲迎）。经时代变迁，内地省区婚姻缔结形式已大为简化，但男方给付女方彩礼这一习俗却延续至今。历史上哈萨克人缔结婚姻也要经过一系列仪式，包括说亲、定亲、准备彩礼、送彩礼、出嫁和迎亲这六个主要环节。如今新疆哈萨克族的婚礼仪式也有所简化，但赠送彩礼无疑仍是极为重要的婚姻习俗。[②] 与全国各省区、各民族婚礼消费的趋向相一致，近年来哈萨克族婚礼消费（主要是彩礼支出）也不断攀升。[③]

（一）历史上的 "哈楞玛勒" 并非单一制度

哈萨克族一直是以部落单位为基本社会组织形式的民族。"逐水草

[①] 有学者认为，"哈楞" 可能源于古突厥语，意思是 "多"。苏北海：《哈萨克族文化史》，新疆大学出版社，1989，493 页。

[②] 据瞿明安统计，在我国近现代的 55 个少数民族中，缔结婚姻关系时男方要送聘礼的民族多达 54 个，占少数民族总数的 98%，唯一例外的是俄罗斯族不送聘礼。而在各少数民族聘礼习俗中，聘礼种类包括牲畜的民族多达 48 个，牲畜成了使用频率最高的一种聘礼。马在牧区有极为重要的使用价值，这使其成为游牧民族最重要的聘礼。瞿明安：《跨文化视野中的聘礼——关于中国少数民族婚姻聘礼的比较研究》，《民族研究》2003 年第 6 期。

[③] 近年来众多媒体报道或转载内地农村的最新彩礼标准—— "一动不动，万紫千红一片绿"："一动"，是一辆小轿车；"不动" 指房子；"万紫"，一万张 5 元的人民币；"千红"，指一千张 100 元人民币。丁亚菲：《农村娶亲彩礼："一动不动，万紫千红一片绿"》，《河南商报》2015 年 2 月 27 日；《农村剩男现象调查：有地方彩礼要 "万紫千红，一动不动"》，《中国青年报》2016 年 2 月 25 日。

而居"的游牧生活在一定程度上决定了哈萨克人的社会组织形态以及家庭结构和家庭关系。[1] 已有多份文献分析历史上哈萨克族的财产、家庭、婚姻、继承及家族惩罚等制度如何维护父系家长制，买卖性质的彩礼、收继婚制度以及女性改嫁不带产的习俗如何使得女性依附于氏族。[2] 作者本人仅解释如下几项历史制度（或传统习俗）及相互间的制约关系。

1. 父母包办，1949 年前哈萨克人缔结婚姻的主要方式是父母包办，换门亲、舅表婚和姨表婚、招赘婚也均听凭父母之命，自由恋爱极为少见。

2. 氏族外婚，即同一氏族内的青年男女不许通婚，如果同一氏族通婚，必须超过七代以上方可，同时联姻的家族必须有"七水之隔"。以往哈萨克人认为，七代之内是骨肉至亲。

3. 哈楞玛勒，也就是高额彩礼。哈萨克人有这样的俗语，"美丽的姑娘值八十匹骏马"，"一个人生下几个女儿就可以成为一个大巴依（富人）"，这说明未出嫁的姑娘可以作为换取牲畜的资本。男方家娶亲要交付给女方家若干彩礼（以骆驼、马、牛、羊四种牲畜为主），彩礼多少根据双方经济条件和社会地位而定，因此彩礼也成为婚姻等级的标志。

---

[1] 传统上，哈萨克族的社会组织形式是以血缘关系为起始，在此基础上组成大小不同的氏族和部落共同体——阿吾勒（游牧群）、阿塔（由七辈以下的数个阿吾勒组成）、乌鲁（氏族）、阿洛斯（部落）、兀鲁思（领地）。15 世纪中期是哈萨克汗国的建立期和哈萨克民族的形成期，当时汗国按地域分为大、中、小三个玉兹。玉兹（Jüz）是突厥语的音译。在哈萨克语中，该词的原意是"一百""部分""方面"，转义为地域性的部落联盟。安俭：《论哈萨克族封建制部落的形成与发展》，《历史教学问题》2010 年第 5 期；贾合甫·米尔扎汗：《论哈萨克汗国的社会结构和政治制度》，《西域研究》2000 年第 2 期。在哈萨克族社会组织内部，族权与政权相结合，由氏族、部落的头人实施族权统治，但其地域性因为游牧生计而明显有别于城市和农耕地区。哈萨克人以阿吾勒为最基层的社会组织，随着时序变化在四季牧场间迁徙住复，地域只是大片的四季草场，并由漫长的转场路线勾连起来。

[2] 罗致平、白翠琴：《哈萨克法初探》，《民族研究》1988 年第 6 期；周亚成、古丽夏：《谈哈萨克族妇女的现代意识》，《新疆大学学报》（哲学社会科学版）1996 年第 4 期；白京兰：《浅谈哈萨克族宗法文化的成因与变异》，《中南民族大学学报》（人文社会科学版）2004 年第 4 期；马幸荣：《新疆哈萨克族传统婚姻家庭制度的民族特点及制度变迁》，《东北师范大学学报》（哲学社会科学版）2011 年第 3 期；吐火加：《哈萨克族财产继承制度考察》，《比较法研究》2012 年第 1 期。

4. 收继婚制，或称为"转房制"，也就是哈萨克人所称的"安明格尔"（amenggerlik，意思是"兄终弟及"）婚姻习俗。即丈夫去世后，女性若要改嫁，要优先嫁给丈夫的兄弟；无亲兄弟，则优先嫁给丈夫的叔伯兄弟；无叔伯兄弟可嫁给丈夫氏族内其他族人。因此哈萨克族有"失去丈夫也不离氏族"的俗话。

5. 改嫁不带产，准确的说法是，女性改嫁到别的氏族不可带走家产。哈萨克人的传统习俗不允许离婚，尤其是女方，没有悔婚和离婚的权利。特殊情况下夫妻离婚，子女全部归男方；如果男方主动提出离婚，女方可以带走自己的嫁妆。丈夫去世后，妻子带着子女嫁给丈夫的兄弟或丈夫氏族的其他成员，则财产可全部带到第二个丈夫家中；如嫁到别的氏族，则子女和财产须留在亡夫氏族内。[①]

哈萨克族传统"哈楞玛勒"返还制度适用的时间条件，不仅限于婚约订立后婚礼举行之前，还适用于整个婚姻存续期间，并且，"哈楞玛勒"返还制度对于女方家庭苛以更为严格的责任，返还范围包括作为聘礼衣物、首饰、牲畜及幼畜，同时还要留下作为嫁妆的牲畜及幼畜。传统的"哈楞玛勒"习俗，只能在当时的社会制度体系中予以解释。在父权族权体制下，包办婚姻使得女性出父系家族则入夫系家族，成为"活财产"（牲畜）的制造者和人口再生产的承担者。在地域辽阔、人烟稀少的草原上，氏族外婚制使得哈萨克青年男女成家难度远远大于农耕地区和城市，这也为女方家庭索取高额聘礼提供了外在条件；而收继婚制度又可以保障娶进来的女性难以离开夫系家族和氏族；改嫁不带产制度至少能够保证夫系家族不至丧失重要财富（以牲畜为主）和人力资源（子女）（见图4-1）。

---

① 苏北海：《哈萨克族文化史》，新疆大学出版社，1989，第493~498页；贾合甫·米尔扎汗：《哈萨克族》，纳比坚·穆哈穆德汗译，民族出版社，1989，第71~74、77~78页；《哈萨克族简史》编写组：《哈萨克族简史》，民族出版社，1987，第264~266页；《中国少数民族社会历史调查资料丛刊》修订编辑委员会、新疆维吾尔自治区丛刊编辑组编《哈萨克族社会历史调查》，民族出版社，1987，第97~103页。

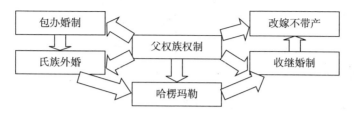

图 4－1　哈萨克族各项婚姻规则的关联

（二）高额聘礼的再度流行

1949 年以来，新疆哈萨克族聚居区的政治、经济、社会、文化环境均发生了极大改变：在政治制度上，由血缘与地域相结合的社会组织逐步向国家行政区划的层级结构转化（自治区—自治州—地区—县市—乡—行政村）；自 20 世纪 80 年代末期起，新疆各级政府大力推行牧民定居政策，哈萨克族的传统游牧生计方式已难以为继；游牧社会的父权族权体制彻底被瓦解，生产方式（从单一牧业转变为农、牧、工、商相结合的混合经济）、生活方式（从四季游牧转变为半定居半游牧或定居）均发生了极大改变。在此背景下，哈萨克族婚姻制度、观念和风俗发生了质的变化，"在婚姻制度方面，已由一夫多妻制变为一夫一妻制，由收继婚制、买卖婚姻、包办婚姻变为自由婚姻；在婚姻观念方面，由早婚向晚婚变迁，……婚姻自主程度大大增强；在婚姻习俗方面，结婚程序由繁变简，……送礼方面出现了互相攀比的风气。"[①]

自 1949 年至改革开放前 30 年间，受制于当时低水平的物质生活条件，哈萨克人的婚嫁过程和仪式较为简朴。"哈楞玛勒"习俗在 20 世纪 80 年代后再度复苏。同为信仰伊斯兰教的新疆世居民族，例如维吾尔族、回族、柯尔克孜族，其彩礼数额均明显低于哈萨克族。[②] 有人类学田野调查文献详细记录了当下哈萨克族农牧民的婚礼消费品目、金额及

---

① 阿依登、库娟娜：《新疆农牧区哈萨克族婚姻变迁调查研究——以新疆昌吉市阿什里乡胡阿根村哈萨克族个案调查为例》，《伊犁师范学院学报》（社会科学版）2007 年第 2 期。

② 艾尼瓦尔·聂机木：《新疆少数民族人口婚姻状况调查》，《中国人口科学》2002 年第 5 期。

其变化：婚礼支出包括送给女方的服装和金银首饰，送给女方的牛、马和骆驼等牲畜，送给女方父母及亲属的衣服和布料，提亲、订婚等各类仪式的花销，准备婚宴的费用（筵席所需的牛、羊等）。除了实物馈赠外，货币现金支付的数目越来越大，彩礼从牲畜逐渐转向货币。结婚花费一般在4万~7万元（不包括买房购车的费用），相对于当地哈萨克族农牧民的人均年收入而言，这一笔支出极为奢侈。普通家庭很难承受高额彩礼，筹备婚礼期间多需要向亲戚求借。①

高额彩礼给哈萨克族家庭及其聚居的村落、社区带来多方面的不良影响，譬如：导致家庭贫困，部分家庭为此倾其所有，负债累累；因无力给付高额彩礼，部分男子进入大龄仍不能结婚，给当事人的心理和生理造成一定伤害，例如借酒消愁、酗酒成瘾；高额彩礼导致个别男子情急之下为筹钱违法犯罪；无力筹齐彩礼或负债成婚而引发家庭矛盾，乃至婚姻解体；为回避彩礼支出，相恋男女"逃婚""私奔"现象增加。②

（三）"时风"有别于"旧俗"

"哈楞玛勒"在哈萨克族的传统社会与现代社会存在着明显差别：

1. 在传统社会，"哈楞玛勒"是哈萨克人结婚的必要条件，本身兼有人身意义和财产意义；而在当下，哈萨克人更看重婚姻的人身意义，包办、买卖婚姻在哈萨克族聚居区已几近消失。

2. 传统社会背景下，缔结婚约即表示婚姻成立，不得轻易解除，尤其是女方没有悔婚权和离婚权。"哈楞玛勒"作为被赠与的财物，婚姻存在则赠与有效，婚姻解除则需要返还赠与物，甚至包括自然孳息（幼畜）和罚金（女性要求离婚或改嫁到其他氏族时，不得带走嫁妆）。换

---

① 张见军、汪俊：《伊犁河流域哈萨克族婚嫁消费文化的人类学解析》，《塔里木大学学报》2011年第4期。

② 古力扎提：《建国以来新疆哈萨克族婚姻家庭的变迁》，陕西师范大学2006年硕士学位论文；阿依登：《新疆农牧区哈萨克族青年恋爱方式变化调查研究——以新疆昌吉市阿什里乡胡阿根村哈萨克族个案调查为例》，《伊犁师范学院学报》（社会科学版）2006年第2期；古力扎提：《哈萨克族婚姻习俗之高额聘礼问题分析》，《伊犁师范学院学报》（社会科学版）2009年第3期。

言之，在传统社会，婚姻解除时，返还聘礼是无条件的；而在当下，哈萨克人普遍认同办理结婚登记是确立婚姻关系的法律程序，"订婚不是结婚的法定程序，不受法律保护"①，女性有解除婚约的权利。"哈楞玛勒"作为被赠与的财物，支付方的返还请求权一般在办理婚姻登记后丧失。返还范围限于聘礼，不包括自然孳息，更不包括罚金。这些规范在哈萨克族聚居区被普遍自觉遵守。

3. 传统社会背景下，"哈楞玛勒"借助"收继婚"制度而可能发生人身、财产上的双重继承（亡夫的亲属继承亡夫的身份及其家庭财产）；而当下在哈萨克族聚居区，丈夫去世后，女性无论再嫁与否，都是家庭共同财产的所有权人、丈夫遗产的继承人和未成年子女的监护人。

4. 传统社会背景下，彩礼和嫁妆在两个家族乃至氏族间流动，"哈楞玛勒"是对女方家庭嫁出女儿的情感和经济补偿；而当下，因彩礼与嫁妆多流向新婚家庭，女方家庭争取彩礼的主要目的在于保障新婚家庭利益更大化，因而也增加了男方家庭付出婚姻成本（主要是彩礼）的可接受性。但不否认在过去和当下，"哈楞玛勒"都有表征婚约缔结、塑造社会地位和社会身份的意义。

5. 传统社会背景下，婚姻不是男女双方之间的身份关系，而是家族乃至氏族之间的身份和财产关系，资助男方家庭凑齐彩礼是氏族成员的自觉义务，而接受彩礼也是女方亲友的习惯权利；而当下在哈萨克族聚居区，重聘、重礼虽远在新疆其他少数民族之上，亲友之间的互助仍然重要，但合氏族之力筹备婚礼的事例较为少见。好面子的哈萨克人仍然看重赠送彩礼，但越来越多的女方亲友不把接受礼品赠与看成是确立姻亲关系的必备要件。因为对男女双方亲友而言，接受和赠送之间存在着一定程度上的互惠性和对价性，在这一点上古来如此。

---

① 《伊犁哈萨克自治州施行〈中华人民共和国婚姻法〉补充规定》（2005）第七条，国务院法制办网站，http://www.chinalaw.gov.cn/article/fgkd/xfg/dfxfg/200606/20060600022291.shtml，最后访问日期：2012 年 12 月 1 日。

二　司法机关如何处理彩礼返还纠纷

尽管我国的历部《婚姻法》均试图用结婚登记制度来确定婚姻这一身份关系，但通过婚约和彩礼证婚的习俗在我国众多地方仍普遍存在，加之近年来彩礼数额的不断攀升，由此导致各地人民法院受理的彩礼返还纠纷案件数量不断增多。

（一）最高人民法院关于彩礼返还纠纷案件的司法解释

我国《婚姻法》对于婚约没有规定，最高人民法院《关于适用〈中华人民共和国婚姻法〉若干问题的解释（二）》第十条规定：当事人请求返还按照习俗给付的彩礼的，如果查明属于以下情形，人民法院应当予以支持：（一）双方未办理结婚登记手续的；（二）双方办理结婚登记手续但确未共同生活的；（三）婚前给付导致给付人生活困难的，适用第（二）、（三）项的规定，应当以双方离婚为条件。

如果将裁判的权威依据作为国家法效力的表征，那么司法解释自然在国家法的外延之内。在最高人民法院的司法解释中，彩礼是指以缔结婚姻关系为指向且按照习俗给付的财物；而从不同地域的习俗角度看，彩礼则指在正式确立婚约关系的仪式上（或者按照仪式上的协议或承诺），男方给付女方特定数额的金钱或财物。就此来看，"国家法语境中彩礼的范畴是大于习俗语境中彩礼范畴的"。[①] "婚姻成本"（更为精确的经济学术语）的外延普遍大于彩礼（无论是习俗意义上的彩礼，还是国家法意义上的彩礼），除彩礼之外，婚姻成本还包括婚宴费用、亲友馈赠的礼金和礼品、婚姻失败的损失等。

在制定法层面上，可证实婚姻成立的唯有办理结婚登记，司法机关支持彩礼返还请求的前提是彩礼赠与丧失了其自身的婚姻目的。《关于适用〈中华人民共和国婚姻法〉若干问题的解释（二）》仍较为笼统，

---

① 贾焕银：《司法判决中习俗的考量和适用分析》，《民俗研究》2009 年第 2 期。

也就意味着最高人民法院将一定限度的自由裁量权交给了各地法院，但所谓"各地法院可以根据本地的习惯，制定婚约彩礼返还纠纷案件的裁判规范指导意见"①，系属于推断，不是司法解释的字面意义。因为该解释仅有这样一项假定和行为模式表述，即当事人按照习俗给付彩礼，又诉请法院判令接受方返还；并未明示授权各地人民法院可以"根据"各地习俗，来裁判是否返还以及如何返还彩礼。

婚约关系所体现出来的地方文化确实各具特色，婚约彩礼返还与否及返还多少，在《婚姻法》及其司法解释中尚无规定且很难有明确具体的规定。因此，各地法官在审理此类案件时，往往确实需要"考量"或"结合"（非"根据"）当地的社会经济状况与当下的婚约习俗（非"历史习俗"），以此决定婚约彩礼返还纠纷的裁判标准，从而平衡案件各方的利益冲突。②

（二）姜堰市法院关于婚约彩礼返还纠纷的规范意见

在我国各省份不仅广泛存在着缔结婚约并赠送彩礼的习俗，而且很多地区彩礼返还的传统习俗也大同小异，不仅是在江苏姜堰，在东北大部分地区、河北、江西、侗族北部方言区，以及广西苗族聚居地区都有这样一项习俗——男方提出解除婚约，女方无须返还彩礼；反之，女方提出解除婚约，女方应返还彩礼。③

针对彩礼返还纠纷不断增多，而法律依据可操作性不强，审判中出现同案不同判、当事人上诉上访等问题，为统一婚约彩礼返还案件的裁

---

① 张宽明：《57 件彩礼案零上诉——姜堰法院引入善良风俗处理彩礼返还纠纷调查》，《人民法院报》2007 年 4 月 15 日。

② 汤建国、高其才：《习惯在民事审判中的运用——江苏省姜堰市人民法院的实践》，人民法院出版社，2008，第 15～17 页。

③ 王丽娟：《婚约及其立法构想探讨》，《中华女子学院学报》2006 年第 1 期；胡乡荣、白利利：《农村返还彩礼纠纷的处理难度大》，《人民法院报》2009 年 9 月 9 日；谭元辉、石修华：《北部侗族婚姻和继承文化的司法保护调和探究》，《当代法学论坛》2010 年第 2 辑，第 285、288 页；吕德芳等：《少数民族婚姻案件审判规范化探析》，《人民法院报》2012 年 12 月 12 日。

判标准，2004 年 10 月 28 日姜堰市人民法院审判委员会通过了《姜堰市人民法院婚约返还彩礼纠纷案件裁判规范意见》（以下简称《意见》）。该《意见》将彩礼界定为，订立婚约的男女双方及各自父母以男女双方结婚为目的，在婚约期间与结婚时向对方赠送的贵重礼物及礼金。该《意见》确立了如下规则：第一，限制返还规则。2000 元以下不返还，20000 元以上全额返还；已用于购买妆奁、服装等的礼金酌情折价返还。第二，按比例返还规则。接受彩礼方提出解除婚约的，彩礼价值在 2000 元以上 10000 元以下的，按照 80% 返还；价值在 10000 元以上 20000 元以下的，按照 90% 返还；价值在 20000 元以上的则全额返还。给付彩礼方提出解除婚约的，彩礼价值在 2000 元以上 10000 元以下的，按照 60% 返还；价值在 10000 元以上 20000 元以下的，按照 70% 返还；价值在 20000 元以上的则全额返还。第三，返还方式规则。具有纪念意义的戒指、项链和手链等特定物，双方当事人能确定其性质、样式、规格、数量和价值且原物存在的，应当返还原物；原物确不存在的，按返还彩礼比例计算返还现金；双方当事人不能确定其性质、样式、规格、数量和价值的不予返还。[①]

　　该《意见》就婚约彩礼返还纠纷，仅是确定了明确、一致的裁判标准，实现了司法辖区内裁判依据的统一，继而有效避免了同案不同判的问题。[②] 但其合理性是需要讨论商榷的，例如为何彩礼价值超过 20000 元时，无论哪一方提出解除婚约，且不计过错，均需全额返还？彩礼价值在 2000 元以上 20000 元以下时，无论哪一方提出解除婚约，也不问过错，均不支持全额返还？而彩礼价值在 2000 元以下的，均裁判不予返还？也就是说，彩礼在 20000 元以下时，给付彩礼方为何都要承担一定损失。为何不考虑过错，仅依据何方提出解除婚约和彩礼价值高低，确

---

①　《姜堰市人民法院婚约返还彩礼纠纷案件裁判规范意见》，姜堰法院网，http://jysfy. china-court. org/public/detail. php? id =75，最后访问日期：2012 年 10 月 1 日。

②　汤建国、高其才：《习惯在民事审判中的运用——江苏省姜堰市人民法院的实践》，人民法院出版社，2008，第 18 页。

定返还标准？尽管婚约彩礼纠纷乃至离婚纠纷的过错远不如其他民事纠纷明显，但不等于说这一类纠纷均不涉及过错。

（三）伊犁州分院审理彩礼返还纠纷的指导意见

如果说，江苏省姜堰市法院对彩礼返还纠纷的司法处理，可看成是对习俗"极为有限"的吸纳，[①] 那么在新疆伊犁哈萨克自治州，司法部门又会如何处理彩礼返还纠纷？尽管民族自治地方的立法机构有立法变通权，[②] 国家立法强调对于少数民族风俗习惯的尊重和保护，[③] 司法机关亦应尊重少数民族的风俗习惯。换言之，理论意义上，习俗在民族自治地方的作用更大，民族自治地方司法机关在审判实践中引入习俗（"援习入审"）的必要性也更为充分。

2008 年 8 月 26 日，新疆维吾尔自治区高级人民法院伊犁州分院（以下简称伊犁州分院）审判委员会第 22 次会议通过了《关于审理涉及婚约彩礼返还纠纷案件的指导意见（试行）》（以下简称《意

---

① 《姜堰市人民法院婚约返还彩礼纠纷案件裁判规范意见》规定，彩礼价值在 2000 元以上 20000 元以下时，接受彩礼方提出解除婚约的，返还比例较高（80% 或 90%）；给付彩礼方提出解除婚约的，返还比例较低（60% 或 70%）。

② 有学者认为，我国的立法模式是"主从立法模式"，即以全国人大"集权式立法"为主，以港澳特区和民族自治地方"自治式立法"为辅。理论上可以说，这一立法模式为习惯进入港澳地区、民族地区的立法提供了制度上的可能空间。李可：《习惯如何进入国法——对当代中国习惯处置理念之追问》，《清华法学》2012 年第 2 期。正如苏力先生所言，制定法对于习惯的重视表现为，在立法过程中重视调查研究习惯，法律条文中出现"习惯"字眼，"完全有可能重视的是那些形成文字的过时习惯，而未必是当代的活生生的习惯"。苏力：《当代中国法律中的习惯——一个制定法的透视》，《法学评论》2001 年第 3 期。目前，民族自治地方的部分立法变通以民族习惯为参考，比较有代表性的是《婚姻法》的立法变通，但其对民俗的参考程度以及立法的变通幅度都是极为有限的。以新疆为例，主要表现在降低婚龄（少数民族男 20 周岁、女 18 周岁为法定婚龄）和放宽计划生育政策（城镇少数民族居民一对夫妻可生育两个了女，少数民族农牧民一对夫妻可生育三个子女）这两项变通上。

③ 少数民族的风俗习惯在我国的立法中一直被特别提及和保护。有学者统计，在我国现行法律、行政法规关于习惯的规定中（涉及风俗的共有 69 个法律条文），最多的是有关保护风俗习惯的规定（涉及保护风俗习惯的共有 38 个）。在涉及保护风俗习惯的 38 个条文中，有 15 个条文是明确针对少数民族的风俗习惯；此外，还有 8 个条文虽未明文规定，但明显侧重于少数民族习惯。张哲、张宏扬：《当代中国法律、行政法规中的习惯——基于"为生活立法"的思考》，《清华法学》2012 年第 2 期。

见》)，自 2008 年 9 月 1 日起试行。《意见》全文共二十条，作为本自治州的司法裁判指导，在彩礼返还纠纷的审理原则、返还范围、返还比例、诉讼主体、举证责任和诉讼时效等方面做出了较为详细的规定。①

1. 审理原则。该《意见》明确了本州内法院审理婚约彩礼返还纠纷案件时需要遵守的若干基本原则：(1) 贯彻落实婚姻自由、婚姻朴素化原则，依法处置父母包办婚姻、买卖婚姻、借婚姻索取财物等非法行为，以便禁止、逐步取消多收彩礼、奢侈、"重聘"等不良行为。(2) 彩礼返还与否的主要判断依据是当事人是否缔结婚姻关系。给付彩礼后未缔结婚姻关系的，原则上收受彩礼一方应当返还彩礼；男女双方办理过结婚登记并共同生活的，原则上不予返还；男女双方（均为未婚）未办理结婚登记，但按习俗举办过婚礼仪式并共同生活的，② 此种情形下的彩礼返还，与在结婚登记情况下（彩礼给付造成给付人生活困难）的彩礼返还相比照处理。(3) 彩礼返还以解除婚姻关系为前提。在婚姻关系存续期间，给付彩礼一方要求返还彩礼的，一般不予受理；原告要求离婚同时要求返还彩礼的，如法院允许离婚，应当考虑此类案件的具体情况，决定是否支持其返还彩礼的请求。如判决不准离婚，彩礼返还请求不予支持。(4) 彩礼返还纠纷审理需综合考量多种因素。男女双方未办理结婚登记但共同生活的，或者已办理结婚登记并共同生活但彩礼给付导致给付人生活困难的，需要根据男女双方共同生活年限、过错责任、收受的财产性质、彩礼来源、接受彩礼方的经济状况、子女抚养状况来决定是否返还及返还数额。③

---

① 下文中的分析依据是新疆维吾尔自治区高级人民法院伊犁州分院《关于审理涉及婚约彩礼返还纠纷案件的指导意见（试行）》，译者美克西，新疆大学马克思主义学院民族理论专业 2011 级硕士研究生，相关法律术语由肖建飞校正。
② 1949 年以前，哈萨克族聚居区有一夫多妻习俗，在上层社会中一夫多妻现象较为常见。当下有配偶与他人同居或者重婚的行为不仅违法，且也严重违背哈萨克人的道德观念。
③ 参见新疆维吾尔自治区高级人民法院伊犁州分院《关于审理涉及婚约彩礼返还纠纷案件的指导意见（试行）》第二条、第三条、第四条。

2. 返还范围。遵从主流的学术观点和最高人民法院的解释，[①] 该《意见》认为，彩礼属于"附解除条件的赠与"。订婚或结婚时，按照地方习俗，一方给付另一方的现金和贵重物品，在纠纷审理中可认定为彩礼。鉴于伊犁州的经济发展水平和生活水平，彩礼计算起点明显低于江苏省姜堰市（2000元），具体包括1000元以上的现金或价值500元以上的首饰、电器、通信工具、交通工具以及牲畜等贵重物品。以下物品不计入返还范围内：（1）男方以及其亲属为了表示心意，完全自愿向女方赠与的少额现金、布料、衣服等物品。（2）男女双方在自由恋爱期间，为了表达情感、心意，出于自愿而给付给对方的定情信物。（1）和（2）属于一般赠与行为。（3）双方及其近亲属在举行婚礼仪式或共同生活过程中花销的现金和消费的烟、酒、食品等日常用品。（4）双方及其近亲属在婚礼仪式中互相赠送的现金、物品。[②]

3. 返还比例。姜堰市法院的司法意见适用于解除婚约的情况，而是否适用于如下三种情况语焉不详，即办理结婚登记手续但实际上未共同生活，未办理结婚手续但举行婚礼且以夫妻名义共同生活，或登记结婚且共同生活但因彩礼给付导致给付人生活困难[③]。而伊犁州分院的《意见》适用于上述四种情形，且规定了不同的返还比例：（1）双方按照当地习俗订婚并互相赠送彩礼之后，未办结婚手续，并且未共同生活的，应全额返还彩礼。（2）双方办理结婚登记手续，但实际上未共同生活的，返还数额一般不应低于彩礼总额的80%。（3）未办理结婚手续但以夫妻名义共同生活的或登记结婚且共同生活但彩礼给付对给付人生活带来困难的情形，按照以下比例返还：①共同生活时间

---

① 彩礼的法律性质是"附解除条件的赠与"，最高人民法院对此有相应解释，且认为彩礼赠与是农村居民有目的的、无奈的现实之举。《最高人民法院婚姻法解释（二）的理解与适用》，人民法院出版社，2004，第101页。

② 参见新疆维吾尔自治区高级人民法院伊犁州分院《关于审理涉及婚约彩礼返还纠纷案件的指导意见（试行）》第六条。

③ 在伊犁州的民事审判实践中，彩礼返还纠纷主要发生在如下两种情况下，即办理结婚登记手续但实际上未共同生活，未办理结婚手续但举行婚礼且以夫妻名义共同生活。

不到 3 个月的，返还数额一般不超过彩礼总额的 70%；②共同生活时间超过 3 个月不到 1 年的，返还数额一般不超过彩礼总额的 50%；③共同生活时间超过 1 年不到 2 年的，返还数额一般不超过彩礼总额的 30%。

此外，《意见》还规定了折抵返还的情形：（1）以彩礼礼金购买的日常用品或其他生活用品，先确定这些用品的价值，即减去花费部分，剩下的金额按照前面所确定的比例返还。（2）以彩礼礼金购买的家电或牲畜，按照前面所确定的比例返还。（3）若女方在同居期间怀孕、流产或有需要抚养的孩子，彩礼给付人要求返还彩礼的，可在前面所确定的返还比例基础上再减少 20% ~30%。

综合考量过错情况、彩礼使用和生活年限等因素，未办理结婚手续但以夫妻名义共同生活的，或彩礼给付虽造成给付人生活困难的，凡出现以下情况之一的，返还彩礼请求不予支持：（1）彩礼给付人实施家庭暴力、重婚、有配偶者与他人同居、有虐待行为。（2）彩礼给付人离婚时隐藏、转移、变卖、毁损夫妻共同财产或意图伪造债务来侵占对方财产。（3）彩礼确已用于双方共同生活的。（4）接受彩礼方生活上有困难，没有能力返还。（5）共同生活已满两年。

何谓彩礼给付导致给付人"生活困难"？这属于彩礼返还的特殊情形，需要在司法实践中严格把握。《意见》认为，"生活困难"是指绝对的困难，即彩礼给付导致给付人依靠私人财产或依靠离婚时所得财产达不到当地最低生活保障水平，包括由于彩礼过重导致离婚后无力还债、无处居宿，给付人失去劳动能力、无固定生活来源或者依赖最低生活保障金。①

---

① 参见新疆维吾尔自治区高级人民法院伊犁州分院《关于审理涉及婚约彩礼返还纠纷案件的指导意见（试行）》第七至十一条。伊犁州分院关于"生活困难"的解释，部分参考最高人民法院《关于适用〈中华人民共和国婚姻法〉若干问题的解释（一）》对《婚姻法》第四十二条规定的解释，但又有所细化。该司法解释采用了绝对困难论，即必须是指离婚后依靠分得的共同财产和个人财产，无法维持当地基本生活水平。《婚姻法司法解释的理解与适用》，中国法制出版社，2002，第 95~96 页。

4. 诉讼主体。在最高人民法院《关于适用〈中华人民共和国婚姻法〉若干问题的解释（二）》第十条第一款规定中，有这样的表述"当事人请求返还按照习俗给付的彩礼的"，这里的"当事人"是指婚约关系的男女双方，还是彩礼给付方和接受方？在此解释中，诉讼主体规定不够明确，但可以推知。因婚约在我国不受法律保护，所以这里的当事人应是彩礼给付接受关系中的当事人。因为给付的彩礼一般出自于男方的家庭共同财产、父母财产或亲属财产；收受彩礼的无论是女方本人、女方父母，还是女方亲属，上述人员都是共同接受人。彩礼的给付和接受通常是发生在双方家庭之间的交往关系。在婚约彩礼返还纠纷中，婚约男女及其家庭成员（特别是父母）就都是适格的彩礼返还主体。①

姜堰市法院将彩礼返还之诉的当事人确定为给付彩礼方和接受彩礼方。而伊犁州分院不仅将婚约彩礼返还纠纷当事人明确界定为婚约男女双方及赠与彩礼、接受彩礼的一方近亲属，后者身份是"共同被告或无独立请求权的第三人"；而且在同居共同财产分割纠纷、子女抚养纠纷或离婚纠纷审理中，一并受理彩礼返还纠纷，赠与、接受彩礼的男方亲属或女方亲属可以作为无独立请求权的第三人。按照我国的司法惯例，离婚诉讼中一般不引入第三人，②伊犁州分院没有将彩礼返还纠纷与同居时共同财产分割纠纷、子女抚养纠纷或离婚纠纷分别审理，既是出于诉讼效率的考虑；更重要的是基于哈萨克族聚居区扩大家庭，乃至家族的影响力较大，男女双方的亲属对彩礼给付和接受的参与程度要明显高于内地和新疆其他民族。

5. 举证责任。彩礼返还纠纷审理中的一个难题是举证困难，原因在

---

① 陈群峰：《彩礼返还规则探析——质疑最高人民法院婚姻法司法解释（二）第十条第一款》，《云南大学学报》（法学版）2008 年第 3 期；贾焕银：《司法判决中习俗的考量和适用分析》，《民俗研究》2009 年第 2 期。

② 离婚诉讼发生在有特定人身关系的当事人之间，严格意义的离婚诉讼不存在引入第三人的条件和可能，例如单纯解除婚姻关系、夫妻共同财产分割、子女抚养关系确定等类型案件。杨成良：《离婚诉讼中的第三人制度研究》，《湖南社会科学》2012 年第 5 期。

于：第一，议定彩礼、准备彩礼与接受彩礼这几个环节间有较长的时间间隔，尤其是碍于家境贫困，男方分期给付彩礼的情况非常常见。第二，彩礼给付不是货款交付，赠与方不可能要求接受方出具收条等书面凭证，以表明其收到彩礼与否，以及收到的彩礼数额。第三，尽管大部分案件有证人，但证人多是男女双方的亲属，又常兼有赠与方或接受方的身份，故其证言的证明力不大，很难在审判中予以采信。

姜堰市法院没有做出关于举证责任分配的特别规定，遵循举证责任的一般规则（谁主张、谁举证），原告负有责任证明礼金数额，以及礼品的性质、样式、规格、数量和价值。伊犁州分院采取赠与方举证的规则，以及无证据时以收受方承认为准，并且为视听材料作为证据使用的可能性留有余地：（1）没有确定彩礼数额的证据时，要根据被告方承认的原则。（2）一方不承认另一方亲属、好友的证言的，需要进一步举证确认；被告方表示不承认并具有否认原告方的足够证据的，不予支持原告方的返还请求。（3）未经过同意所录下来的聊天、电话记录等视听资料，如果未侵他人合法权益或没有与相关法律的禁止性规定相抵触的，需经庭审辩论以确认其证据效力。①

6. 诉讼时效。由于伊犁州人口跨地州（市）流动性和跨省流动性远远低于内地，很少有婚约在身的男女长期在外打工；同时男方家庭最发愁的事情是筹备彩礼，一旦彩礼给付完毕，会急于举办婚礼。该《意见》规定，彩礼返还纠纷的诉讼时效期间是 2 年。未经结婚登记的，给付人要求返还彩礼时，如对方拒绝返还的，诉讼时效期间从被拒绝之日起算；如已结婚登记并请求解除婚姻关系的，诉讼时效期间从请求解除婚姻关系之日起算。②

---

① 参见新疆维吾尔自治区高级人民法院伊犁州分院《关于审理涉及婚约彩礼返还纠纷案件的指导意见（试行）》第十五至十七条。
② 参见新疆维吾尔自治区高级人民法院伊犁州分院《关于审理涉及婚约彩礼返还纠纷案件的指导意见（试行）》第十八条。

（四）三份裁判规范司法取向的比较分析

最高人民法院《关于适用〈中华人民共和国婚姻法〉若干问题的解释（二）》试图以单一标准（双方是否办理结婚登记手续为裁判彩礼返还与否的首要标准），辅以两项但书规定为补充（办理结婚登记手续但确未共同生活的，或婚前给付导致给付人生活困难的），作为各级法院裁判婚约彩礼纠纷的审判指导。《姜堰市人民法院婚约返还彩礼纠纷案件裁判规范意见》极为有限地参考习俗（依据接受方与给付方何方提出悔婚），对彩礼返还的比例和方式予以规范。两者的考量因素都极为有限，而且明显体现出对审判效率的关注——考量的因素越少，越便于适用单一标准（要么全部返还，要么不予返还）或几项固定的返还比例，从而有助于提高审判效率；同时，两者均忽略了公正问题——公正势必要考虑当事人的过错，譬如婚约解除的原因，是否发生性关系、同居时间或生育子女，彩礼使用等因素。①

相比之下，伊犁州分院有关彩礼返还纠纷审理指导意见的取向如下：

1. 更为依循现代婚姻司法原则。例如，以是否办理结婚登记作为彩礼返还与否的首要考虑因素，同时兼顾婚约和婚姻过错，倾向于保护女性权利、未成年子女权利；更有悖于旧俗，譬如包办买卖婚姻、女性无悔婚权利、无离婚权，"收继婚"习俗、改嫁不带产习俗。

2. 部分本地通行的社会规范。例如不依悔婚者为哪一方未登记且无共同生活的情况下，彩礼全部返还；扩大诉讼当事人范围，同居共同财产分割纠纷、子女抚养纠纷或离婚纠纷与彩礼返还纠纷一并审理等。

3. 道德化倾向。有必要解释的是，伊犁州分院对于一类特殊的非婚同居关系（未办理结婚以夫妻名义共同生活）彩礼返还纠纷的规定，的确有别于最高人民法院司法解释的简单化处理（未办理结婚登记的情况

---

① 有学者调查山东省民间彩礼习惯，问卷统计结果显示，大部分调研对象认同彩礼返还与否、返还比例应考虑当事人的过错因素。康娜：《婚约彩礼习惯与制定法的冲突与协调——以山东省为例》，《民俗研究》2013 年第 1 期。

下支持返还请求）和姜堰市法院的未予关注（该院仅对婚约彩礼返还纠纷制定了明确的裁判标准），而是依据共同生活时间的长短确定了最高限额的返还比例，同时明确规定了折抵返还和不予返还的情形。原因在于，同居时间较长或给付方有明显过错的情况下，法院若支持给付方的彩礼返还请求，明显有悖于当下哈萨克族聚居区的社会通例和社会评价。上述规定更为尊重本地的社情民意和社会通例（本地人对婚礼仪式和共同生活关系的重视），在"不明显"违背最高人民法院司法解释[①]的前提下，视案件情况，支持原告的返还请求，但有比例限制；[②] 更倾向于肯定当事人以夫妻名义共同生活这一事实的实质意义和象征意义——当事人有共同生活事实，并以婚礼仪式和共同生活事实来向社区邻里公示其"婚姻"关系，但的确缺乏法律认可；并保护这种非婚同居关系中的无过错方，即彩礼支付方有重大过错的不支持其返还请求。

在彩礼返还纠纷中，伊犁州分院通过明确"物"（婚约赠与物）的返还问题，来解决人际纠纷（彩礼赠与接受关系中的当事人或婚姻关系中的当事人）、平衡双方利益，最终结束了当事人法律意义上的身份关系，即不受法律保护的婚约关系、非婚同居关系和受法律保护的婚姻关系。与最高人民法院《关于适用〈中华人民共和国婚姻法〉若干问题的解释（二）》和《姜堰市人民法院婚约返还彩礼纠纷案件裁判规范意见》相比，伊犁州分院在司法裁量权范围内，对本地社会道德、情理、通例给予了更为充分的考虑。

三　法院"援习入审"的可能和限度

相对于当地传统习俗"男回女方，彩礼不退还"，将姜堰市法院有

---

① 最高人民法院《关于适用〈中华人民共和国婚姻法〉若干问题的解释（二）》第十条仅规定，双方未办理结婚登记手续情况下给付方要求返还彩礼的，人民法院应予以支持，但未明确返还比例及返还方式。

② 伊犁州分院对未办理结婚登记有共同生活事实的案件，确定了最高比例的限额返还（70%）；对办理结婚登记但无共同生活事实的案件，确定了最低比例的限额返还（80%）。

关彩礼返还的规范意见称为"引俗入法"，非常牵强。① 而伊犁州分院的指导意见将彩礼认定为"附解除条件赠与"，婚姻成就的法定形式要件是办理结婚登记，登记结婚后彩礼返还的诉讼请求原则上不予支持；登记后未共同生活、仅举办了婚礼仪式且共同生活、彩礼给付导致给付方生活困难的，可按不同比例地予以返还，但这一指导意见遵循的不是哈萨克族通过订婚仪式证婚以及与彩礼相关的多项传统习惯。无论是以姜堰市法院规范意见，还是以伊犁州分院指导意见为分析样本，都可以得出如下结论：我国法院尽管已经开始采取"程式化""规范化""标准化"地"援习入审"的司法行为，但在审判依据上习惯不是"首选"或"优选"，而仍处于"次选"，甚至"末选"的地位。②

（一） 援习入审的必要前提

由此可见，尽管既有官方的支持，也有学术的呼吁，但是"习惯入法"的空间是极为有限的：某一项具体的习俗极少被立法化，作为弹性条款和补充规定，法律法规中对习俗的抽象认可确实存在；相形之下，习俗"入法"更为可能的途径是司法。因为立法的弹性、疏漏，给予了法官创造性解释法律、续造法律的机会，但并不能因此得出司法为民俗习惯的应用提供了较多空间和可能。涉及习俗的诉讼多限于家事纠纷、

---

① 姜堰市法院的规范意见规定，在男方悔婚的前提下，女方不返还的，仅限于2000元以下的彩礼；彩礼价值在2000元以上10000元以下的，女方按照60%返还；彩礼价值在10000元以上20000元以下的，女方按照70%返还；彩礼价值在20000元以上的，则女方全额返还。

② 李可将司法与习俗的关系界定为五种模式，即"禁习入审""援习入调""以知参调"或"以知参审""援习入释"或"援习入造""援习入判"。李可：《习惯如何进入国法——对当代中国习惯处置理念之追问》，《清华法学》2012年第2期。最高人民法院可以通过司法解释，来实现"援习入释"或"援习入造"，就我国司法体制而言，其他审级法院无此权力；"援习入调"（最为常见）、"以知参调"或"以知参审"（较为少见）、"援习入判"（极为罕见），在本书作者看来这三种情况都是"援习入审"（习俗在个案司法审理过程中有所影响）的表现。

侵权纠纷、邻里纠纷等传统民事纠纷，[1] 法官很少主动在个案裁判中，将习俗作为裁判依据，即使面对法律适用的困境，法官也多会寄望本院或上级法院出台审判指导意见，来明确习俗的使用规范。无论是经济发达、流动性大、现代化程度高的东部地区司法机关（例如姜堰市法院），还是经济发展滞后、流动性低、文化多元、现代化程度低的西部地区司法机关（例如伊犁州分院），在"援习入审"上都是极为审慎的。司法机关在思考某一项习俗可否引入司法时，除了参考一般意义上的学理论证，分析习俗本身特征（习俗的明确性、对习俗的一般理解、习俗是否违背法律原则及法律强制性规定）之外，至少要做如下几个方面的考察：

1. 以法律许可为前提，也就是考察成文法条款是否给习俗留以适用空间。最高人民法院司法解释的某些条款可以为各级人民法院赋权，即在司法解释之下的自由裁量权，各级法院可以依据本地实际情况来明确裁判标准。具体到婚约彩礼返还纠纷中，最高人民法院《关于适用〈中华人民共和国婚姻法〉若干问题的解释（二）》第十条第一款规定的概括性，以及最高人民法院对各地法院制定审判指导意见的认可，是姜堰市法院和伊犁州分院尝试规范彩礼返还纠纷案件审理的前提。

2. 以迫切需要解决某一类纠纷为现实背景。某一类涉及民俗的案件数量增加使得法院难以裁决，而又无法通过诉前调解或诉讼调解予以妥善解决，这是援习入审最重要的现实背景。司法权相对于诉权是被动的，法官相对于争讼当事人是中立的裁决者。回应型司法不是未雨绸缪，而是当下的实践智慧。在法律规则解释适用方面，司法机关分析、借鉴、

---

[1] 多份研究文献，包括司法调研文献，都认为传统民事审判领域是运用习俗的首要领域，且多以彩礼返还纠纷为例。江苏省高级人民法院课题组：《民俗习惯司法运用的价值与可能性》，《法律适用》2008 年第 5 期；董淳锷、陈胜蓝：《放宽法律的视野：民俗习惯在我国审判中运用的现状研究》，《西部法学评论》2008 年第 6 期；西安市中级人民法院课题组：《审判中运用民俗习惯的价值》，《中国审判》2009 年第 7 期；沈明磊、蒋飞：《实践中的民俗习惯研究——以司法视野中民俗习惯的具体形态为视角》，《金陵法律评论》2008 年秋季卷。

参考的主要不是历史上的传统民俗，而是当下的社会习惯、社会通例，参考后者的目的在于保障纠纷处理结果（更大限度地）为当事人和公众所认同和接受。

3. 以司法权力对于习俗的重塑为援引途径。即便是在裁判文书制作过程中参考了习俗，也很少有法官以写入个案裁判文书的方式，对某一习俗先行先试。某一类涉及民俗案件数量较大意味着该类案件的审判有待规范化，各级法院的司法指导意见是援习入审最重要的途径。当然，入审之俗，已不是想象中的"本然"或"原生态"的习惯（"原生态"一词本身就有歧义，相对而言，"历史习俗"或曰"传统习俗"更恰当一些，尽管传统本身也是具有较强时间性的概念），而是保有部分传统"遗风"的、当下的社会习惯、社会通例（"时风"），而且要经过司法权力规范化、标准化的重塑。

（二）司法行为的"审慎"与"务实"

司法机关通过以制定审判指导意见的方式，明确彩礼返还纠纷的裁判标准，意见本身的确对这一类案件的审理结果产生"重大影响"，其作用是遵从制定法，有限吸纳本地的社会通例，进而明确司法操作，并提高当事人和公众对裁判的认可程度。就司法实践效果而言，确实在一定程度上"置换"或"改写"制定法。[1] 换言之，司法实践中，法官在正式适用习俗问题上（例如将习俗写入裁判文书），更为明显的司法态度是"审慎"有余；而在整个案件审理过程中，尤其是调解阶段，却较为"务实"[2]。

究其原因在于，现代立法和专业化司法越来越远离传统习惯，"严

---

[1] 作者认同苏力教授的观点，即习惯不是"实体化"的词，"现实中的习惯从来都是在各种制约因素下作用形成的"。苏力：《送法下乡：中国基层司法制度研究》，中国政法大学出版社，2001，第238~253页。

[2] 公丕祥院长认为，民俗习惯发挥着重要的规范作用，在司法实践领域，应以积极、务实、审慎的态度研究、运用民俗习惯。《民俗习惯连结乡土中国与法治中国——就民俗引入司法审判访大法官公丕祥》，《法制日报》2008年10月12日。

格意义上的习惯法已几乎不复存在"。现存的习惯及其他社会规范主要是通过两种方式与法律发生关联，即所谓"活法"及其作用方式：第一，在无法律规则时，司法机关在个案审理时将习惯作为一种衡平规则或判断事实的经验法则，习俗不是裁判依据，甚至也不是法律解释的依据；第二，在纠纷解决过程中，在不违背强制性法律规范的前提下，司法机关允许当事人通过协商、调解等方式自行选择解纷规则，从而为应用习俗留有余地。习俗等民间社会规范在基层司法实践中，尤其是在调解或简易程序审理过程中，始终相当重要。法官多会在法庭调解期间，通过当事人的处分权规避法律的严格适用（例如彩礼返还、与婚龄相关的婚姻效力、同居关系财产分割与子女抚养等类纠纷），避免法律与民俗等社会规范发生正面冲突。[1] 婚姻家庭纠纷在哈萨克族聚居区的调解率较高（尤其是调解和好率）。[2] 彩礼返还纠纷审理实践中，法庭参考社会情理和通行习惯来释法说理，对促成当事人间达成调解协议有极大帮助，但这不等于说调解协议在哈萨克聚居区没有行为引导和示范效应。登记结婚两年以上或者非婚同居两年以上，支付彩礼方鲜有到法院起诉的，因为当事人知道诉讼请求不会得到法院支持。

从事审判实务的法官对习俗多持以"审慎"和"务实"的司法态度，相比之下，部分习惯法研究者却过于"积极"，并且以寻找国家法与习惯法的"良性互动"作为学术研究动力。正如张文显教授所言，"当前习惯法研究最大的问题并非在于急切的去寻找理论上可行的有关国家法与习惯法互动的途径，因为我们依然不了解习惯法……冷静（地）去了解和认识

---

① 范愉：《民间社会规范在基层司法中的应用》，《山东大学学报》（哲学社会科学版）2008年第1期。

② 作者本人于2012年暑期查阅了哈萨克族聚居区阿勒泰市的哈萨克文离婚诉讼卷宗，按照收案顺序调取2011年第1－40号卷宗、2012年第1－60号卷宗。在100份诉讼卷宗中，庭前撤诉和好（均有法官介入庭前调解）的案件16件，当庭调解和好的案件34件，判决案件（判决离婚）仅1件。尽管样本数量有限，但哈萨克族离婚纠纷调解率（尤其是调解和好率）高、判决率低也为阿勒泰市法院法官所肯定。在我国离婚案件调解率（尤其是调解和好率）明显下降的整体趋势下，阿勒泰市更像是我国离婚案件审理的"飞地"。其中原因自然深受地域婚姻家庭文化的影响，也和法官的司法目标、办案方式不无关系。

习惯法以达致对习惯法的理解应该是当前习惯法研究的主要任务……习惯法研究主要关注习惯法对民族和社区秩序建构的具体作用"。[①]

第三节　非正式制度研究：深度描述与审慎评价

研究微观权力关系，婚姻家庭领域自然是非常合适的分析场域。"家庭的权力关系并不仅仅发生在夫妻之间，家庭的其他成员（无论是否住在一起）都会有影响，并且其他家庭成员的存在会影响到夫妻双方的权力格局。"[②] 资源（因为拥有不同的资源而拥有不同的权力）和文化（传统性别角色、性别分工、性别社会教育等方面因素）均对于家庭内的权力关系产生影响，权力关系也会对家庭成员行为和观念有所"规约"，而家庭权力关系模式往往与本地婚姻家庭习俗直接相关。换言之，婚姻家庭生活中的规约属于社会中非正式"规范"的作用领域，而婚姻家庭"规约""社会规范"与法律制度之间也会存在某些不一致。PZLT的离异和抚养责任、ANMTH的失学和待嫁压力、AZGL的早婚和早育，均是婚姻家庭"规约""社会规范"与法律制度之间错位的表现。

一　非正式社会规范的作用空间

非正式社会规范并不设定明确的权利义务关系，而是设置了一种（社区情理判断下的）"常态"——规范（norm）的形容词形式是正常的（normal），而反义词即是异常的、反常的、变态的（abnormal）。这种正常和反常的相反关系类似于在宗教中正统与异端的关系。"规范可能是也可能不是直接的，而当它们作为社会实践的标准化法则起作用时，它们通常是含蓄的、难以理解的、难以解读的，只有在它们制造的结果中

[①]　张文显：《我们需要怎样的习惯法研究？——评高其才著〈瑶族习惯法〉》，《法制与社会发展》2011 年第 3 期。

[②]　沈奕斐：《"后父权制时代"的中国——城市家庭内部权力关系变迁与社会》，《广西民族大学学报》（哲学社会科学版）2009 年第 6 期。

才能被最清晰地、生动地体现出来。"①

就维吾尔族婚俗这一非正式社会规范而言，有学者认为，维吾尔族有较强的排他性和封闭性、"重礼轻爱"，婚礼仪式表达出"求吉求福、希望得到神灵保护的社会心理"。② 新疆（尤其是南疆）的自然人文环境，导致维吾尔族聚居区经济社会发展"缓慢"、文化"内聚且封闭"，为避免"民族隔绝"和"被边缘化"，全面改善和提高维吾尔人的生产方式、生活方式、价值观念、文化素质是极为必要的。③ 就维吾尔族婚姻习俗的作用与影响，有学者认为，一个民族的婚俗是"这个民族的历史、经济、文化的发展，地理环境等等人文的、自然的因素交错而生的结果，每个民族也因此以自己独特的文化展示于世界，无所谓绝对地好与坏，先进与落后。维吾尔族社会的离婚习俗也是如此"。④ 有学者认为，在经济欠发达、较为闭塞的乡村，许多维吾尔族女子不得不依附于丈夫，甚至女人害怕与男人平等（怕男人因这种平等大权旁落、地位丧失，而不再爱女人，不给她们生活费用，致使其丧失生活来源），故依然维持原有的不平等关系并甘居下位，但随着社会经济的发展，女性的观念已发生重大改变。"总之男女自主地位和观念的强化，总会使爱情、婚姻、家庭观念完全脱轨，形成一种非传统的超现代的关系存在，也即家庭更多地破裂，离婚率更是与日俱增，将成为时代的趋向。"高

---

① "性别规范"概念是朱迪斯·巴特勒《消解性别》一书的关键词。其区分过规约（regulations）、规范（norm）、法律（law）这三个近似的概念：1. 规约不同于规范，规约是在具体层面，是直接让人遵守的；2 规范是决定这些规则的更高层级；3. 规范与法律也有不同，规范并不像法律一样清晰明确或有章可循。〔美〕朱迪斯·巴特勒：《消解性别》，郭劼译，上海三联书店 2009 年版，第 41～42 页。

② 刘益梅、王君玲：《维吾尔传统婚俗探析》，《新疆社会科学》2008 年第 1 期。

③ 阿地力江·阿布都力：《从经济视角看伊斯兰文化对维吾尔族生活的影响》，《新疆社会科学》2010 年第 5 期。

④ 李晓霞研究员认为，维吾尔族婚姻习俗正处在自传统向现代家庭婚姻观念转变的过程之中，其间或多或少地保留了对其早期发展轨迹的记忆。部分维吾尔族人（尤其是干部和知识分子）对离婚行为逐渐采取否定态度，不愿轻易离婚；相反更为追求"家庭的稳定和谐，夫妻的安宁和美，子女的心灵完整和生活幸福"。整体看，维吾尔族的离婚率也呈现下降趋势。李晓霞：《试析维吾尔族离婚现象形成的原因》，《西北民族研究》1996 年第 2 期。

离婚率并非是维吾尔族的特有现象，乃是"时代的趋向"和"自然的规律"。①

近年来学者们热议的"习惯法"或"民间法"多是围绕非正式社会规范与法律制度之间的关系展开的，但是限制其讨论得以展开的最重要的现实前提是中国的法律制度（包括正式的司法行为）②并没有为非正式的社会规范留下多少空间。仅以新疆婚姻习俗为例，《新疆维吾尔自治区执行〈中华人民共和国婚姻法〉的补充规定》（1980）第六条规定，结婚、离婚必须履行法律手续。禁止一方用口头或文字通知对方的方法离婚；第七条规定，禁止宗教干涉婚姻家庭。禁止以宗教仪式代替法定；第八条明确禁止未达结婚年龄的男女预先订婚。此后1983年的第一次修正案增加了关于计划生育的规定。1988年的第二次修正案明确了结婚年龄，即男不得早于二十周岁，女不得早于十八周岁。变通规定强调禁止宗教干涉婚姻家庭，主要是针对"尼卡"证婚、"塔拉克"离婚、早婚等问题，以保障在婚姻缔结和解除过程中妇女儿童的合法权益。

在南疆仍然可以轻易地找到不领结婚证书而同居的法律规避者，但的确很难找到不举行伊斯兰教"尼卡"仪式的夫妻。办理结婚登记属于法律的"许可"，举办"尼卡"仪式的象征意义是神灵的"批准"。"尼卡"确实是众多维吾尔族婚姻关系缔结的"准婚姻法"，但仅此来比较登记和念经在人们的心中何轻何重，并认为如下结论可以自然获知，即证实信仰的力量、民间习惯法的力量之大，其具有"不

① 巴吾东研究员认为，"没有哪一个民族群体中所被承认的结婚事项是为了使好不容易结合在一个家庭中的男女日后的离婚做准备，他们的结合目的是为了最终的离异，或者，该群体在自己的规则中有意要保留二者离异的可能性，亦或要求结婚者要有意识地保留散摊的隐患"；并且绝对否定，把"离婚做为结婚这种传统美德中的一个事项来对待"。巴赫提亚·巴吾东：《就当今维吾尔社会的离婚现象与袁志广先生商榷》，《西北民族研究》2001年第1期。

② 在司法实践中，即使是基层司法也同样关注成文法规范，无论是不是在民族自治地方，这和大陆法系的传统有关。基层政权、基层司法机关代表国家到达社会，体现成文法意志。

是"法律却"胜似"法律的威力与功能，① "宗教仪式往往比结婚登记更有权威"②，这一结论是应予推敲的。

"塔拉克"的确武断、专横，但是其与登记离婚或诉讼离婚之间的关系不是遵循简单线性历史进步论的替代关系，③ 而是传统习俗（"塔拉克"休妻习俗）成为拟解除的婚姻关系中的关键性事实，成为夫妻双方决定婚姻关系是否维系的关节点，实质性地影响到夫妻双方对婚姻关系的整体评价。在诉至法院之后，法官认定双方当事人感情是否破裂，很大程度上要根据双方当事人对其婚姻生活和感情状况的整体评价。更何况，在南疆通过诉讼离婚来解除婚姻关系者是少数，登记离婚才是当事人的常规选择；后者缺乏司法干预，离婚协议基本是当事人意愿的体现。

民主、平等、互爱的婚姻家庭关系应是未来家庭关系的发展方向。作为生活中能动的主体，男女双方接受社会生活中的非正式规范，也超越和重塑社会规范，原因在于"为了要生活，要好好生活，为了能够知晓朝哪个方向前进才会改变我们的社会世界，我们需要规范；但是，我

---

① 艾力江·阿西木：《论维吾尔族"塔拉克"离婚习俗的法律效力问题》，《内蒙古民族大学学报》（社会科学版）2011 年第 6 期；袁志广：《新疆墨玉县维吾尔婚俗及其文化蕴涵述论》，《西北民族研究》1997 年第 2 期。

② 在维吾尔族的婚姻生活中，离婚的确是普遍的现象。但是否是"婚姻的缔结无论在宗教还是世俗观念中都不被看成是神圣不可改变的？"部分研究者认为，婚姻缔结有其"神圣性"，但面对婚姻解体时，当事人会认为是"天意"所致，是不得已的、应接受的事实。李晓霞：《伊干其乡维吾尔族的婚姻生活》，《西北民族研究》1993 年第 2 期；徐安琪：《新疆维吾尔族的婚姻制度与妇女福利》，《妇女研究论丛》2000 年第 5 期。有研究者（石奕龙、艾比不拉·卡地尔）认为，"尼卡"仪式意味着"婚姻是真主的命令，穆罕默德的圣行以及两世幸福的起点"，婚姻因此是神圣、庄严和郑重的。石奕龙、艾比不拉·卡地尔：《维族婚姻习俗中尼卡（Nikah）仪式的人类学解读》，《云南民族大学学报》（哲学社会科学版）2010 年第 3 期。还有研究者（艾克拜尔·卡德尔）认为，"尼卡"仪式既有神圣性，也具有"新闻发布会"的性质。艾克拜尔·卡德尔：《论维吾尔族婚礼中的传统习俗》，《内蒙古民族大学学报》（社会科学版）2005 年第 1 期。

③ 有研究者将"塔拉克"与登记离婚或诉讼离婚，视为对立的解除婚姻的方式："塔拉克"是非法的、落后的、愚昧的离婚形式，尽管仍部分存在于维吾尔人的生活中，但现在人们越来越倾向于选择合法的婚姻解除方式（登记离婚或诉讼离婚），以保障自己的权益。肖艳丽：《维吾尔族婚姻习惯法研究》，中央民族大学 2010 年硕士学位论文。

们也会受困于规范，有时规范对我们施加暴力，而为了社会公正，我们必须反对它们"。①

二 司法力在社会地理空间运行

不同于社会学、人类学的细致观察和深度描述，以完整充分地呈现某一种文化形态作为学术使命，法学却不能回避行为评价和价值判断，作为交叉学科的法律社会学亦然。究竟该如何看待习俗，既需要研究者时刻提醒自己全面、深入、细致地研究习俗的现实影响和实际作用；又不致陷于极端"文化多元"主义窠臼之内，疏于、回避，乃至拒绝评价与判断。

习俗传统、宗教规范等非正式规范未必有资格被提升进入成文法或法典，但非正式规范却大量保留在节日庆典、人生礼仪、社区情理中，仍保有其程度不一、宽窄有别、难以量化的地位和功能。非正式制度的存在及其影响力使之成为新疆地域文化多元的重要方面。即使关注多元、多元文化，但地域文化对于女性自主择业、家庭重大事务的共同决定、夫妻相互代理、反暴力等主流观念和行为实践的负面影响不能被漠视乃至忽视，反而需要司法机构承担其改革和重塑的职能，这一过程或可借助从"负面多元主义"（negative pluralism）到"社会协和主义"（consociationalism）的理念。戴维·E. 阿普特使用"负面多元主义"（negative pluralism）这一概念，用以解释民主政治过程未能调停分歧、反而加剧冲突的状况；"社会协和主义"（consociationalism）可作为弥合"负面多元主义"的分歧与冲突，凝聚基本制度和公共文化共识的一种补救之道。② 司法的作用则在于超越"负面多元主义"，通过纠纷解决，确立平等规则，以实现"社会协和主义"，而不是加剧"负面多元主义"。

法律和习俗的重要区别不仅在于是否具有明确性和强制力，还在于

---

① 〔美〕朱迪斯·巴特勒：《消解性别》，郭劼译，上海三联书店 2009 年版，第 211 页。
② 〔美〕戴维·E. 阿普特：《通往学科际研究之路》，《国际社会科学杂志》2010 年第 3 期。

两者不同的适用范围，以及对地域文化的承载力。"本地"是社会地理文化空间概念，习俗是构成本地人文社会环境的重要因素之一。在冲突与纠纷的终局裁决（包括婚姻缔结与解除的效力认定、彩礼返还纠纷等传统民事案件审理）中，司法机关（包括民族自治地方司法机关）在适用统一法律制度的同时，也在进行着对传统习俗（包括少数民族习俗）的改造，司法权力在本地社会（包括少数民族聚居区）秩序再造中发挥重要作用。同时，司法权力在本地社会文化环境中运行，不得不对本地当下的习俗保有必要的敏感，这表现为审慎地行使裁判权力和审判指导权，继而保障自由裁量权的行使更为合理、合宜。无论是个案的审理，还是就某一类案件"规范化""标准化"的审判业务指导，司法体制在本地运行，也把统一的法律制度引入本地，并弥补其疏漏（乃至缺陷），使之融入本地，在本地生根，终极目标是推进国家的法治建设。

┃附文一┃

未就业与半就业

——维吾尔族流动女性低就业状态个案调查①

在既有研究文献中，维吾尔族流动人口有如下集体形象：迁徙路线清晰，即多是从南疆四地州（喀什地区、和田地区、克孜勒苏克尔克孜自治州、阿克苏地区）迁往乌鲁木齐市；个人特征是受教育程度不高，劳动技能偏低，汉语能力较差，有稳定雇佣关系者较少，就业机会有限；家庭状况是以租房居住为主，多子女家庭常见，经济来源单一，家庭收入较低。② 整体上看，既有研究文献多关注维吾尔族流动人口的经济社

---

① 本书作者于 2013 年 6～8 月、11 月上旬在乌鲁木齐市天山区和沙依巴克区维吾尔族流动人口聚居的四个社区做调研。本文的数据来自于对社区居民登记资料的调查核实、整理分析，个案均来自于访谈记录。

② 马戎：《新疆乌鲁木齐市流动人口的结构特征与就业状况》，《西北民族研究》2005 年第 3 期；阿布都外力·依米提、胡宏伟：《维吾尔族流动人口特点、存在问题及对策——基于乌鲁木齐市和西安市的调查》，《中南民族大学学报》（人文社会科学版）2010 年第 1 期；韩芳：《乌鲁木齐少数民族流动人口的居留特征及政策启示——以乌鲁木齐市二道桥社区为例》，《新疆社科论坛》2010 年第 5 期；王凤丽：《对乌鲁木齐市少数民族流动人口经济收入状况的问题研究——以乌鲁木齐市天山区四个重点片区流动人口为例》，《中共乌鲁木齐市委党校学报》2011 年第 4 期；徐平：《乌鲁木齐市维吾尔族流动人口的社会排斥和融入》，《中南民族大学学报》（人文社会科学版）2011 年第 6 期；王平：《乌鲁木齐维吾尔族流动人口生存和发展调查研究》，《北方民族大学学报》（哲学社会科学版）2012 年第 2 期。

会地位、族际交往、城市适应以及迁入地的服务管理等问题，而极少关注维吾尔族流动女性。作者本人仅查阅到一篇关于维吾尔族流动女性城市适应的学位论文，该文部分内容有限地涉及维吾尔族流动女性的就业状况①。目前尚无公开发表文献以维吾尔族流动女性的就业状况及就业障碍为研究主题，更没有相关主题下细致的个案分析。

夫妻二人从事全职工作是流动家庭在城市立足，继而谋求更好发展机会的必要保障，但这一类家庭在维吾尔族流动家庭中较为少见。本文通过数据分析，附以典型个案，考察乌鲁木齐市维吾尔族流动女性②的就业状态，以及妇女就业对流动家庭收入、居住环境、社会交往、子女教育、福利保障等方面的影响；目的在于剖析影响维吾尔族流动女性就业的因素，并探讨如何构建促进其就业创业的社会支持措施。

一 流动女性未就业与半就业的低就业状态

未就业即完全不从事有报酬的工作，本文中指维吾尔族流动女性居家从事家务、养育子女、服侍老人的日常生活状态，包括各种家务在内的总工作量不能换来工作报酬。半就业即不完全就业，包括非长期性失业、部分时间就业以及工资所得不能维持基本生活的全日就业。半就业意味着从业者的职业层次偏低，工资报酬较少，社会保障处于低水平或者没有。本文中，半就业指维吾尔族流动女性所从事的干果分等、采棉、家政服务等临时性、不稳定工作。

（一）统计样本中流动女性的就业情况

在各调研地点，作者选择四条巷道（一侧）的所有流动家庭为调

---

① 朴善镜：《当代维吾尔女性流动人口城市适应研究——乌鲁木齐市七个社区调查》，新疆师范大学 2010 年硕士学位论文。

② 本文的研究对象是来自农村、迁入乌鲁木齐的已婚维吾尔族女性，不包括在乌鲁木齐求学的在读学生群体、待业或就业的大中专毕业生、未婚的流动女性，以及维吾尔族流动人口中的单身母亲。维吾尔族流动女性单亲家庭极为特殊，作者对其生存状况另行撰文《从附随迁入到独自谋生——维吾尔族流动女性及其单亲家庭》，予以详细分析（见附文二）。

查对象，其中一条巷道靠近市场、一条巷道靠近主街，商居结合相对繁华；另外两条巷道则缺乏商业活动，是典型的居民区。此后，排除调查对象中的非维吾尔族家庭（145 户），以及维吾尔族单人户（48户）、单亲家庭户（16 户）、非亲属合租户（11 户）、亲属合租户（5户），最终将 154 户双亲家庭作为统计样本。整体看来，在维吾尔族流动家庭中，男性的经营所得和工资收入是家庭主要的经济来源；尽管有部分女性从事全职工作，即充分就业（45 人，占统计样本的29.22%），但多数女性处于未就业或半就业状态，即非充分就业（109人，占统计样本的 70.78%）（见附表 1 - 1)[1]。需要解释的是，在从事个体经营的 30 位女性中，辅助丈夫经营的有 27 人，独立经营的仅 3人。无固定职业的流动女性通常从事的工作限于到南疆拾棉花，为他人打扫卫生，在干果店从事果品分等分类等工作，工种极为有限；除了上述工作之外，无固定职业的流动男性从事的工作则有在建筑工地打零工、搬运货物、无照承运、回收废品和家具、流动经营、装修、维修、翻译等十余种。

附表 1 - 1　维吾尔族流动家庭夫妻双方就业情况

就业情况		丈夫		妻子	
		数量（人）	比例（%）	数量（人）	比例（%）
充分就业	个体	74	48.05	30	19.48
	受雇	38	24.68	15	9.74
	小计	112	72.73	45	29.22

---

[1]　朴善镜对 170 位维吾尔族流动女性进行问卷调查，其中不工作的女性有 89 人，占被调查人数的 52.35%。朴善镜：《当代维吾尔女性流动人口城市适应研究——乌鲁木齐市七个社区调查》，新疆师范大学 2010 年硕士学位论文。需要说明的是，朴文的调查对象既包括已婚者，也包括未婚者，而部分维吾尔族流动女性婚后或生育后会辞去工作做家庭主妇，而非职业妇女；而且朴文没有说明调查问卷中"是否有工作"这一问题，"工作"指的是什么，是否包括半就业状态所从事的工作。

续表

就业情况		丈夫		妻子	
		数量（人）	比例（%）	数量（人）	比例（%）
非充分就业	无固定职业	41	26.62	18	11.69
	无业	1	0.65	91	59.09
	小计	42	27.27	109	70.78
总计		154 对夫妻，308 人			

注：受雇指流动人口受雇于某企事业单位，连续工作超过半年。

维吾尔族流动女性难以就业不仅受制于社会原因，也受到家庭因素和个人因素的影响：第一，宗教习俗和民族传统认为，穆斯林妇女不宜抛头露面，操持家务、抚养孩子、照顾老人是女人的本分。在维吾尔族流动家庭中，部分女性长期囿于家庭小圈子，埋头于琐细的家务，视野狭小、依赖性较强、性情也较为怯懦。第二，维吾尔族流动家庭中有两三个子女的情况较为常见。就统计数据看，多子女（有2个或2个以上子女）家庭有70个，占统计样本的45.46%，高于无子女家庭（39个，占统计样本的25.32%）和1个子女家庭（45个，占统计样本的29.22%）所占的比例（见附表1-2）。哺乳期的婴儿需要母亲照顾，儿童到了入托年龄后，众多家庭无力承担托幼费用，也使得女性无法从家庭脱身外出工作。第三，维吾尔族流动女性个人文化水平较低。统计样本中，没有完成义务教育的女性有92人，占统计样本的59.74%；加之，受过初中教育的女性（57人，占统计样本的37.01%），受教育经历未超出义务教育阶段的女性共有149人，占统计样本的96.75%（见附表1-3）。受教育经历有限或缺失，使得多数女性缺乏汉语交流能力、劳动技能和从业经历，且女性也不适合从事繁重（重、脏、险、累）的体力劳动，上述个人技能和体力方面的障碍直接影响到维吾尔族流动女性顺利就业。

附表 1-2　维吾尔族流动家庭子女数量情况

子女数量		户数	百分比（%）
无子女		39	25.32
1 个子女		45	29.22
多子女	2 个子女	39	25.32
	3 个子女	28	18.19
	4 个子女	2	1.30
	6 个子女	1	0.65
	小计	70	45.46
合计		154 户，221 个子女	

注．1. 本表的子女数量指共同生活的随迁子女，不包括留在迁出地或在其他城市工作的子女。

2. 统计样本中有非婚同居居民 3 户，仅有夫妻两人的家庭 36 户，上述家庭均无子女共同生活，共计 39 户。

附表 1-3　维吾尔族流动家庭女性受教育情况

受教育程度		数量（人）	比例（%）
未完成义务教育	文盲	4	2.60
	小学	88	57.14
	小计	92	59.74
初中		57	37.01
超出义务教育	中专	2	1.30
	高中	1	0.65
	大专	2	1.30
	小计	5	3.25
合计		154 人	

注：受教育经历超出义务教育阶段的女性都有过相对稳定的工作经历，其中社区公益性岗位工作人员 1 人，营业员 2 人（其中 1 人因产后哺乳辞职），辅助丈夫从事个体经营的 2 人。

（二）流动女性低就业状态的有限转变

目前在维吾尔族流动女性中，家庭妇女多于职业妇女。但是这一情况也有所改变，外出工作的女性，尤其是半就业的女性，呈不断增加趋势。此外，很大一部分女性有就业需求和就业愿望。就调查情况看，维吾尔族流动女性无法就业与无法稳定就业的主要障碍是缺乏劳动技能与无力承担托幼费用；与前者相比，文化观念的障碍已经相对减弱（但不等于完全消失）。

在 A（女，30 岁，家庭主妇，五个孩子的母亲）的家中，丈夫一个人工作，供养妻子和五个孩子。生计压力使得 A 也动了外出工作的念头。"丈夫一个人干活儿，他现在在延安路刷油漆，他自己找的活儿，每个月能挣上 2000 块钱左右。我一直没工作，在家带孩子……我们院子里没有妇女干挑果子（干果分等分类）的活，有扫大街和拾棉花的。我很少出去，不太了解别人家的情况。我想等孩子再大一些，出去找活儿干。"

长期以来 B（男，44 岁，在建筑工地打零工，三个孩子的父亲）的劳动收入是家中仅有的经济来源，但自 2012 年起家庭收入来源有所变化。"2008 年以后，我开始打零工。今年工地的活儿少，没几个人来雇工，我 6 月份（访谈时间是 2013 年 6 月 24 日）就干了三次活儿，挣了 450 块钱，现在 8 天没干活儿了……我妻子一直没工作，她和儿子去年（2012 年）到阿克苏拾棉花，拾了 4 个月，（两人）挣了 8000 块钱……现在赛马场、六大市场①这一片儿，丈夫打零工的人家，孩子大了，妻子差不多都去南疆拾棉花。"

因为靠近东环市场，为开设流动摊位提供便利，C 一家的生活来源是卖水果。"我们来乌鲁木齐后，丈夫一直推车卖水果，没干过别的。两个儿子不上学一直帮丈夫忙。原来我们只有一个推车，后来一个亲戚又给了一辆旧推车，现在大儿子和丈夫都有一辆推车，都是卖水果……我有时碰到挑干果的活，或者打扫卫生的活，也都干，这个赚不了多

---

① 1996 年，乌鲁木齐市最大的牛羊屠宰市场搬迁到南郊原赛马场所在地，随着该市场的兴起和繁荣，逐渐带动了附近的肉类批发市场、皮毛市场、活畜交易市场、旧车交易市场和干果市场。这一带被乌鲁木齐市民统称为"赛马场""六大市场"。2004 年，屠宰市场搬迁到乌鲁木齐市西山，之后其他市场也陆陆续续地迁走，目前仅保留干果市场。

少钱，每年能挣三四千块……卖水果每天要交给城管 10 块钱管理收费，城管不允许到大街上卖水果，经常被抓到，有时秤被没收了，我们就不要了，花个三五十块买个新秤，或者到旧货市场买一杆旧秤对付用。有时车被没收了，我们就交一百块罚款，城管就把车子还给我们了。"卖水果的收入比不上采棉收入，2013 年 9 月，C 和丈夫带着三个孩子前往库尔勒拾棉花。①

在作者访谈过的女性中，也有婚前在乌鲁木齐工作生活多年，婚后放弃工作，做全职主妇的，D 就是其中之一。② 第一次见到 D 是在餐厅里，D 包着头巾，穿着长裙，能说一些简单的汉语。她的神情和举止更像是作者本人在南疆见过的女孩，家境中等、教养良好、安静温柔。D 指着餐厅外攀爬护栏的孩子说，"这是我丫头"，又指着身边童车里的孩子说，"这是我儿子"。两天后本人入户访谈再次看见 D，她正坐在床上和孩子们一块儿玩耍。尽管在乌鲁木齐生活多年，会记账算账，能用汉语简单交流，但 D 不参与丈夫餐厅的经营管理，餐厅里工作的五个人都是年轻男性。D 对生活没有很明确的规划，她把养家糊口的事情交给丈夫。"我和丈夫很好，家里和饭馆的事情都是丈夫张罗，他做主。我主要是在家带孩子，周五做礼拜时，我到店里帮忙，平时也有时会过去，周五一定得去，男人们都要去清真寺……以前我丈夫给开饭馆的叔叔打

---

① 作者 2013 年 11 月初再次到社区调研时，社区工作人员介绍，C 一家五口都去了库尔勒，一家人拾棉花一天收入是五百元，卖水果一天收入约一百元。临走时，C 的丈夫没有退租，这家人打算 11 月中旬回来。

② D 23 岁，丈夫 28 岁，两人结婚 4 年，有两个孩子。D 介绍说，"我和丈夫都是喀什地区伽师县农村的。我 2004 年来的乌鲁木齐，当时母亲有病没钱治，姨妈给拿了 1 万 6 千块钱。姨妈在延安路新华书店旁边开了一个超市，缺一个帮忙的，我就留下了……在姨妈那儿帮忙，一直到 2009 年我结婚。我丈夫 2000 年就出来，在山西巷他叔叔的饭馆里打工。我们是大人介绍认识的，我们老家房子离得近，父母相互认识，我们不认识。两家父母觉得合适，就把亲事订下了，我俩当时就见了一次。我父母把我从乌鲁木齐带回家，教我做家务活儿，教了一个月，我们就结婚了……我和丈夫结婚前接触不多，面对面就见了一次。大人同意了，我们也就同意了。办完婚事，我们从喀什来乌鲁木齐，带了 2000 块钱。丈夫在他叔叔饭馆打工，我在家没工作"。

工。叔叔60岁了，觉得自己老了，干不动了，今年（2013年）2月1号，把饭馆给我们开了，叔叔现在待在家里养老。餐具、厨具、桌椅都留给我们用了，说好了我们给叔叔3万块钱。我们饭馆加我丈夫一共5个人：我丈夫会厨师，但是他腿不好，现在主要负责采购和收银；丈夫的弟弟拉面；丈夫的表弟端盘子、上菜上饭；丈夫的朋友是厨师，他炒菜；还雇了一个洗碗的。"

　　流动人口家庭中也不乏有一些夫妻经过认真考察，理智地做出了举家搬迁的决定，E和丈夫就如此。E脸色白净、体态匀称丰满，回答时总会稍加思考，语气和眼神温和、自信。来乌鲁木齐六年，E一直都在工作（只在生女儿时，回母亲家住了2个月）。"我丈夫是裁缝，我也会一些。开始开裁缝铺，我就和丈夫一起干活。两年前，我们不加工衣服了，专门卖服装，我们两个一起看店……我们服装都是从广州、（乌鲁木齐市）小西门上的，我丈夫自己去挑，汉语我丈夫不知道。我上了七年学，我丈夫上到小学三年级。我们都没好好学过汉语。不会汉语做生意很不方便。我丈夫有时和别人（会汉语的朋友）搭伴去上货，有时上货时请旁边的人帮着翻译一下。他出去上货，店里的活儿就我一个人干。"2013年4月，E和丈夫又在离原来服装店不远的地方（隔两道巷子）开了另一家店，"我们现在开了两个门店，都卖服装，一个大些的，我丈夫照看，雇了一个人，工资是每月1500元；一个小的，刚刚开业2个月（访谈时间是2013年6月5日），我照看。大的租金1600块，小的800块，水电费、暖气费单另算。这个巷子里的服装店很少有雇人的，都是自己干……在这儿只有我一个女人单独看管一个店，多数女人在家里看孩子，有时也帮着丈夫做生意。我自己管店不担心，习惯了。"

　　这些个案也表明，城市家庭的夫妻在家务之外获得一个有薪水的工作，"早已不再是排他性的甚至男性占主导地位的领域，这虽属自由选择，但同样也是为生计所迫……待在家中并做好家中事务而伴侣在外工作的情况，对丈夫而不是妻子而言，是一种不那么可喜的景象，甚至不如说是一种难以忍受的困境"。当然，当家庭和职业发生碰撞时，优先权通常属于丈夫，尤其是在子女出生时。"这种默认的'家庭生活逻辑（logic of family life）'会与'经济的逻辑'（logic of the economy）发生冲突，除了面临强大的压力，也会遭遇巨大的挑战，因为它需要被改进，重新协商与彻底检查。"① 这种家庭成员对工作安排、家庭关系的协调、改进，也同样发生在乌鲁木齐的少数民族流动人口家庭。

二　流动家庭的低经济地位及后继影响

由于缺乏专业技能与汉语交际能力，以及社会支持不足；尤其是依靠单一劳动力使得家庭增收渠道狭窄，收入增长空间受限，这导致众多维吾尔族流动家庭经济收入一直停留在较低水平，家庭缺乏自立、发展和向上攀升的能力。

（一）流动家庭基本生活保障的匮乏

收入来源单一的维吾尔族流动家庭，其经济社会地位也普遍偏低，具体表现在住房、福利保障与子女教育等方面均停留在较低层次，即长期租房居住，没有稳定收入和积蓄，难以变成有房产的产权人；② 缺乏劳动技能的打零工者，难以变成技术工人；缺乏资本、眼界、沟通能力、经商经验的流动摊贩，难以转变为成功商人；没有完整受教育经历的父母，无法为子女提供必要的受教育条件。

---

① 社会学家鲍曼认为，近年来的经济危机导致男性就业率下降，夫妻双方社会分工也发生了相应调整。〔英〕齐格蒙·鲍曼：《来自液态现代世界的 44 封信》，鲍磊译，刘渝东校，漓江出版社，2013，第 160～161 页。

② 近年来，乌鲁木齐市流动人口聚居的老城区、棚户区大面积改造，导致房源减少，加之流动人口数量持续增长，房租不断上涨。流动家庭居住条件普遍不佳，部分家庭居住条件恶劣：为节省开支，多数流动家庭仅租一间房，面积一般在 10～20 平方米不等，依房屋面积、位置、设施情况，单间房的租金在 300～500 元；流动家庭成员通常包括父母以及两个或两个以上的子女，休息、做饭、待客都在一个房间里；这些房屋普遍存在着上下水设备不完善，卫生、取暖设施较差的情况。

A 介绍自己的家庭情况，"我们在乌鲁木齐一直租房子，在陶瓷厂住了 7 年，在赛马场住了 5 年，刚来时房租是每月 100 块钱，不包括水电费，冬天自己生炉子；现在房租是 300 块钱，包括水电费，冬天还要自己生炉子。房租一直在涨①……我有 5 个孩子：最大的是女儿，10 岁，在七十四小（乌鲁木齐市第七十四小学）上三年级；老二是男孩，7 岁了，在七十四小上一年级；一对双胞胎女儿 4 岁；最小的女儿 1 岁。两个上学的孩子，还有双胞胎都没上过幼儿园，也没上过学前班……我也听说过，这儿有个幼儿园（天山区惠民双语幼儿园），每个月收两百块钱，管三顿饭。我不打算让孩子去，没有经济条件"。

B 来乌鲁木齐 13 年，家庭人口从三人变成五人，但一直租住一间房子。尽管妻子和儿子能为家里增加一些收入，但 B 并没有感觉到生活条件有所改善。"我们刚来时房租是 140 块钱，现在是 370 块钱。以前物价低，现在家里每个月得花出 2000 多块钱（包括房租、生活费、子女上学费用），吃不上肉了，我觉得家里生活不如以前了。这么多年，我们才攒下了 3000 块钱……我有三个孩子：大儿子 20 岁，没上过学，没有户口，② 学校不接收。他也在打零工，没学技术；老二是女儿，10 岁，上小学四年级，在双语班，学习好，女儿没上过幼儿园和学前班；小儿子，6 岁，也没上幼儿园。惠民幼儿园每个月交两百多块钱，我家承受不起。"

C 一家来乌鲁木齐的方式在维吾尔族流动家庭中较为典型，即丈夫

---

① 乌鲁木齐市天山区赛马场管委会负责人介绍，2009 年以前管委会辖区内的单间房租一般在 50 元左右。当时物价低，一个人一天收入 5 元钱就能维持一家三口的生存。除去房租，剩下的钱买 3 个馕，能保障一家人顿顿有饭吃。当时为了节省 5 元房租，流动家庭就可能搬家。现在房租普遍涨到 300～500 元，物价也增长迅速，流动人口生活成本不断提高，留下来的人职业趋于稳定，有固定收入的家庭明显增加。因为管委会辖区内有七十四小学、六十五小学和六十五中学，还有惠民幼儿园，很多流动人口在此居住的目的是方便子女上学。

② 目前乌鲁木齐市流动人口随迁子女入学手续已大为简化，但也需要提交户口簿、家长的居住证、儿童预防接种证和居住证明。

先行考察，之后妻子随夫迁居，再把子女接来。① C 两个辍学的儿子都帮助父亲买水果，小女儿闲在家中无事可干。C 说，"当时我们住在农村，大儿子（16 岁）在喀什市上学，是民考汉②，学习好，上到初二，不念了。家里生活困难，大儿子每个月车费、吃饭钱最少得 500 块。二儿子（14 岁）上到小学五年级。当时把他留在老家，学校离家有 12 公里，儿子病了没人管，我们就把他接到乌鲁木齐，他来这儿也没再上学。女儿（13 岁）在四十四小（乌鲁木齐市第四十四小学）上到四年级生病了，学校给了一个月假，一个半月后我丈夫才把女儿送到学校。老师说，'当时给了你们一个月假，没有按时来，她学习跟不上别的同学了。'……我丈夫当时很生气，就带着女儿回来了"。C 对自家生活状况没有抱怨，在老家建了新房子③让她感到欣慰，最让 C 心酸的事情就是三个孩子都辍学了。

尽管丈夫开了餐厅，但 D 并不确信一家人能够在乌鲁木齐扎根，能否长期生活在这里主要是看餐厅的生意。"家里现在每个月最大的开支是房租，一个月 300 块，水电费单独交，冬天取暖费是 450 块。家里不买米面、不买菜，饭菜都是从饭馆带回来的……饭馆房租每年 6 万块，兑饭馆时借了 3 万块债。开业四个月了（2013 年 2～6 月），我们就存下 1 万块钱，还债了。厨师工资是一个月 2650 块，洗碗的是 1500 块，这两个人的工资都按月给。弟弟和表弟四个月没给工资……我丈夫说，先把

---

① C 介绍说，"在老家我们和公公婆婆一起生活，有三亩地……前几年老家都没水，地种不了了。我丈夫就说到乌鲁木齐看看。当时有老乡住在这儿（东环市场附近），我丈夫就直接到的这儿。待了几天房子也看好了，交了租金，就打算到这儿做买卖……丈夫没想那么多，我比较担心，一家人到乌鲁木齐吃住怎么办、生活问题怎么解决、能不能生活下去。我丈夫说，'胡大保佑，咱们到乌鲁木齐就是碰碰运气，运气好了，我们生活就能有出路，说不定能发财'。我们凑了 5000 块钱，卖了一头牛，卖了 2500 块，亲戚们（夫妻两人的兄弟姐妹）给凑了 2500 块。亲戚们说，'你们带上钱去讨生活吧！不用还了'。就这样，2010 年 11 月我们来的乌鲁木齐"。

② "民考汉"指少数民族学生在汉语授课的班级接受教育。子女在双语班，特别是在汉语班接受教育，在农村维吾尔族父母看来是件骄傲的事情。

③ 建房的砖瓦等材料是地方政府发给困难户的，C 的丈夫和他的兄弟自己设计施工。房子从 2009 年开始动工，2013 年秋天铺好房顶，历时四年才盖完。

欠债收回来,① 把饭馆干好。实在经营不下去，我们就回老家伽师开个小饭馆。"②

城乡之间的迁徙往返本身是一种筛选机制，可以让富有决心和生存能力的人留下，而部分人口将返回农村。六年的经商经历把 E 锻炼成了一个成熟的女人，也让一家人有了在城市立足的经济资本。"在老家服装生意做得好的人，一年能剩下 2 万~3 万块。我们当时生意一般，能挣上 1 万块钱。在乌鲁木齐生意更好做，每年能挣 5 万块，扣除生活费能剩 3 万块……我们没打算回老家。在老家县城我们有一亩地，打算今年或者明年回去盖房子。我们在去年买了一套房子，就在马路对面，7 楼，60 平方，花了 30 万，现在装修着呢！……买房子基本是自己挣的钱，姐姐们也帮了一些。"在 E 生活的社区，有钱买房又计划建房的维吾尔族流动家庭非常少。E 将家庭生活状况不断改善的原因归结为，他们夫妇两人都懂服装、会选货、有信誉，还吃苦耐劳、勤俭持家。E 最大的希望不是买房盖房，而是让两个孩子有机会在乌鲁木齐接受教育，她正准备送儿子上小学，送女儿上幼儿园。

(二) 收入不足导致的贫困累积及贫困传递

家庭有最基本的收入是保障子女完成教育、成功就业、摆脱父辈不稳定的低薪收入状态的成功跳板，而这也是家庭走出贫困陷阱的主要途径。收入严重不足不仅使流动家庭缺乏基本的生活保障，由此也导致贫困累积（经济贫困、知识贫困、机会不足和权利丧失），以及贫困的代际传递。

以流动家庭子女受教育情况为例，在统计样本中，接受学前教育的儿童仅有 3 人，占 3~6 岁儿童总数（54 人）的 5.56%；16 岁以上子女

---

① 为了拢住顾客，D 的丈夫允许顾客欠账消费。
② 2013 年 8 月初作者再到 D 的丈夫经营的餐厅时，发现该餐厅正在装修。11 月初作者到该餐厅就餐，接待作者的是一位中年男性，他介绍说，自己从 D 丈夫手中兑下了这家店，刚开业一个月，生意不错。

未完成义务教育的有 15 人，占 16 岁以上子女（41 人）的 36.59%[①]；16 岁以上子女初中毕业后继续接受教育的仅 8 人，占 16 岁以上子女（41 人）的 19.51%；随迁子女接受义务教育的比例（80 人，占 7~16 岁子女的 90.91%）高于接受学前教育和后义务教育的比例，但仍有部分随迁子女辍学（8 人，占 7~16 岁子女的 9.09%）（见附表 1-4）。

附表 1-4 维吾尔族流动家庭子女受教育情况

子女受教育程度		数量（人）	百分比（%）
3 岁以下		38	17.19
3~6 岁	家庭看护	51	23.08
	接受学前教育	3	1.36
	小计	54	24.44
7~16 岁	在读	80	36.20
	辍学	8	3.62
	小计	88	39.82
16 岁以上	未完成义务教育	15	6.79
	完成义务教育	18	8.14
	接受过高中教育	7	3.17
	接受过中专（或中职）教育	1	0.45
	小计	41	18.55
合计		221 人	

注：初中毕业后继续接受教育的子女，既包括高中、中专（或中职）的在读生，也包括毕业生。研究样本中，流动家庭子女无大学在读生或毕业生。

更为严重的问题是，长期的贫困生活状态很容易产生孤立、不满乃至抱怨、愤怒的社会边缘群体。流动家庭中的年轻人，尤其是流动人口

---

① 在统计样本中，未完成义务教育的随迁子女（15 人）占 16 岁以上随迁子女（41 人）的 36.59%，高于全国比例。有学者根据 2005 年全国 1% 人口抽样调查数据，统计在我国 15~17 岁大龄流动儿童中，未完成义务教育者（包括从未上过学、辍学、只完成小学教育）所占比例为 8.67%。段成荣、黄颖：《就学与就业——我国大龄流动儿童状况研究》，《中国青年研究》2012 年第 1 期。

第二代，在文化上属于城市，和乡村无太多联系，他们的生活要求和自我期许高于父母，有强烈的改善自身环境的意愿。但流动家庭缺乏让子女接受系统教育的条件，流动人口第二代自身缺乏劳动技能和创业途径，茫然无措，无法将生活理想付诸实践。[①] 在统计样本中，16 岁以上随迁子女（41 人）目前在校就读的仅 4 人。在 16 岁以上非就读随迁子女（37 人）中，有稳定职业的仅有 6 人，占 16 岁以上非就读随迁子女的 16.22%，其中 4 人辅助父母从事个体经营，受雇于企事业的仅 2 人；无固定职业（均为打零工）的 12 人，无业的 18 人，两者占 16 岁以上非就读随迁子女的 81.08%（见附表 1-5）。

附表 1-5　16 岁以上非就读随迁子女工作情况

就业情况		数量（人）	比例（%）
充分就业	辅助经营	4	10.81
	受雇	2	5.41
	小计	6	16.22
非充分就业	无固定职业	12	32.43
	学徒	1	2.7

---

① 十余年前，已有学者分析内地省份"大龄流动儿童"（15～17 岁处于义务教育阶段以后的儿童）的"出路问题"。这些儿童在城市生活、学习多年，无论是父母，还是这些儿童本人都希望自己有更好发展，但受我国学籍管理体制限制，流动儿童很难有在城市上高中的机会，更不能在城市参加高考，由此导致其接受更高层次教育及在城市实现平等就业的机会也较少。但"大龄流动儿童"和其父母辈之间在社会认知和行动上存在巨大差异，"父辈流动人口已经习惯了各种不平等待遇，并随时准备接受各种不公平的对待。而这些流动儿童中的很多人已经将自己当成城里人了，而且他们更多地具备了拒绝不公平待遇的精神和能力。在不公平面前，这些流动儿童的'对抗'将大大超过他们的父母"。段成荣：《农民工的子女：流动儿童和留守儿童问题》，《人口研究》2005 年第 4 期。新生代农民工问题很大程度上体现为"上一代农民工子女的遗留问题"，这一群体"遭遇就业瓶颈、对社会歧视敏感、社会认同矛盾、行为失范甚至犯罪"。采取有效措施（比如发展中职教育），解决大龄流动儿童在后义务教育阶段的教育接续问题，符合流动人口对社会公平的追求，同时也关系到我国开放、现代、合理的社会流动机制的形成。段成荣、黄颖：《就学与就业——我国大龄流动儿童状况研究》，《中国青年研究》2012 年第 1 期。

续表

就业情况		数量（人）	比例（%）
非充分就业	无业	18	48.65
	小计	31	83.78
总计		37 人	

注：统计样本中，流动双亲家庭中 16 岁以上子女共有 41 人，其中高中在读学生 3 人，中专在读学生 1 人，非就读子女为 37 人。

经济上的绝对贫困与低自信、低自尊，乃至彻底的不自由有着最紧密的联系。一位社区工作人员这样总结流动家庭年轻人的状况，"通过社区提供的工作就是（男性）当联防员和（女性）扫大街。我们社区有二十多个联防员，一多半是流动人口，他们都年纪轻轻的，顶多上到初中毕业……联防员和公益性岗位工资太低（访谈时公益性岗位月工资约为 1200 元，目前约为 1500 元），干这两种工作的人都娶不上老婆。男的嘛！就是因为没钱；女的嘛！就是不想嫁给没钱的人……社区其他人就是打零工、卖水果，在大街上摆个摊位，打零工的主要是建房子、拆房子。干这些活儿什么年龄的都有，从 16 岁到 60 岁"。

结论　构建促进维吾尔族流动女性就业的社会支持体系

在城市中，维吾尔族流动人口依靠个人资本（体力、资金、劳动技能和知识）和社会资本（能够给予流动家庭更多支持的社会关系网络），获得更多经济、社会资源（住房和储蓄等），打拼出一片天地，这一过程无疑是漫长而艰辛的。顺利、成功地融入城市不仅仅依靠个人的自立自强或聪明才智，也是公共政策（户籍、就业、教育、医疗、社保等）改革并逐步完善的结果。

当下，在思考构建针对维吾尔族流动人口的社会支持体系时，首要问题在于如何为流动女性及其家庭提供就业和创业机会。同男性一样，维吾尔族流动女性就业受到户籍制度等宏观层面原因的限制，以及语言能力、教育水平和劳动技能（人力资本）等微观层面原因的制约；① 除此之外，还有家庭因素（照顾孩子）和民族宗教传统（部分家庭不支持乃至反对女性就业）的不利影响。户籍制度改革涉及面广、投入高，改革难度大，改革进程极为迟缓。各地政府均不愿意为流动人口提供大量的公共服务，并承担更高的福利支出，更何况是在乌鲁木齐这样一个非本地城镇户籍人口约占总人口一半、本地政府财政能力极为有限的西部边远城市。② 作者本人在此建议，从微观层面着手构建支持政策，即通过提高维吾尔族流动女性的劳动技能，减少其就业的家庭和文化障碍，继而增加其就业、创业机会。换言之，就是通过提高维吾尔族流动女性的人力资本和社会资本，以期提高其个人及家庭的经济能力和城市融入能力。致力于提高族流动女性的人力资本和社会资本，从经济角度看，是一种"经济赋权"；从社会角度看，是一种"社会赋权"。③ 为此需要从如下四个方面进行制度创新与政策完善。

（一）提供适合流动家庭的托幼服务

家庭经济与妇女就业、儿童学前教育相互影响，所以有助于增加流动女性经济参与的就业政策与设立适合流动家庭的托育机构这一教育政策应同时配套实施。其目的在于，通过提供托幼服务使得维吾尔族流动女性解放自身劳动力，用幼儿园教育替代个人看护孩子。以托幼服务为起点，继而建立起一套充分利用城市文化教育资源的、健全的教育体系，对于促进流动女性参与城市经济活动是极为必要的。尽管近年来乌鲁木齐市（以天山区为代表）增设了公办幼儿园和托幼点，一定程度上缓解了学前教育资源供给不足的问题，但仍有很大一部分流动家庭无力支付

---

① 谢桂华：《中国流动人口的人力资本回报与社会融合》，《中国社会科学》2012 年第 4 期。
② 半城镇化率指非本地城镇户籍人口占城乡总人口的百分比。2010 年，乌鲁木齐半城镇化率为 49.61%，在全国 31 个省会以上城市中，乌鲁木齐半城镇化率仅低于上海（51.16%）和广州（51.10%）。李爱民：《中国半城镇化研究》，《人口研究》2013 年第 4 期。
③ 李建民：《中国人口与社会发展关系：现状、趋势与问题》，《人口研究》2007 年第 1 期。

托幼费用；另外，维吾尔族流动家庭随迁子女因语言能力、学习态度、家庭教育等因素影响，适应城市的汉语教学或双语教学有一定困难。这不仅要求教育主管部门针对流动家庭的经济状况确定受教育成本（尤其是学前教育的收费标准），还要为随迁子女设计特殊课程，并选任认真教学且熟悉教育对象需要的教师。[1]

（二）逐步完善女性就业、创业的支持政策

就业创业政策涉及职业引介、劳动技能培训、创业援助等一系列措施。2010 年后，乌鲁木齐市对"零就业家庭"加大了"清零"措施的实施力度。部分流动女性获得了工作机会，主要是从事保洁和环卫工作，月平均收入较低（在 1200~1500 元）。2011 年起，乌鲁木齐市启动免费就业技能专项培训，新疆籍流动人口被纳入受惠范围。但在维吾尔族流动人口聚居的社区，仍鲜有已婚女性参加技能培训。小额担保贷款的贷款金额较大，但仅在 2012 年后才取消户籍限制，社区就业援助金一直无户籍限制，但数额较少。[2] 总的说来，现行的促进流动女性就业的各项措施刚刚起步，促进就业创业的革新项目均未有效开展。目前极有必要对夫妻共同创业的流动家庭和个人创业的流动女性加大支持，例如通过政府赞助和社会募捐成立"新疆籍少数民族流动人口创业与发展基金"，

---

[1] 2013 年暑期调研期间，天山区惠民双语幼儿园负责人介绍，本园设立于 2009 年，2013 年完成扩建，新教学楼面积为 8640 平方米，招生扩大至 960 名。搬入新园区后，按照每月 150 元标准收管理费；对流动儿童执行原收费标准，即每月收取管理费 75 元，对生活困难的流动儿童每月仅收取管理费 38 元。但这位负责人担心流动家庭的经济能力，因为以往每月均有拖欠托幼费用（甚至欠费退园）的情况。另外，园里现有 12 位教师，其中 8 位维吾尔族、2 位回族、2 位汉族，因工作需要，汉族、回族教师都学会了维吾尔生活用语。扩大招生后，新教师招聘也是重要问题。2015 年初，作者再次走访这一幼儿园所在的管委会，得知搬入新园后，没有改变对贫困家庭的收费标准，这所幼儿园是全市收费最低的。

[2] 2012 年 10 月份以前，申请小额担保贷款要求借方有乌鲁木齐市户口。目前，小额担保贷款的额度在 2 万~10 万元。社区就业援助金数额固定（3000 元），三年内不得重复申请。申请社区就业援助金需要申请人提交就业失业登记证、就业困难认证以及营业执照；申请小额担保贷款除了提供上述资料外，还需要提供房产作抵押或者提供三个有固定职业者（公务员或事业单位工作人员）为担保人。很多流动人口（包括女性）想申请贷款，但不具备贷款条件，尤其是担保条件。

增加就业援助金金额，降低小额担保贷款的条件限制，将筹备开店经营的家庭纳入到就业援助金和小额担保贷款申请范围内；给部分流动家庭申请经济适用房和廉租房的机会，增加公租房数量，① 将流动家庭夫妻共同创业或女性独立创业作为申请经济适用房、廉租房、公租房的优先条件，以及暂缓廉租房、公租房租金鼓励创业等。

（三）扶持民族产业发展，吸纳流动女性就业

乌鲁木齐市天山区东环市场、二道桥至边疆宾馆、赛马场这一带是民贸（民族贸易）、边贸（边境贸易）的集中地，也是维吾尔族流动人口高度聚居的片区，目前居住在这一带的流动女性从事的工作过于单一。干果行业吸纳了一部分女性从业。赛马场是新疆最大的红枣批发市场，在这里红枣分等分类②是流动女性从事的最主要的工作。东环市场有新疆最大的核桃批发市场，有部分流动女性在这里此事核桃破壳取仁③的工作。这一带少数民族企业亟待开展干果精包装与深加工、清真食品生产、民族特色餐饮、服装与手工艺品制售等行业的产业升级。目前这些行业发展尚处于起步的初级阶段，拥有很大的发展潜力。结合地缘人文条件，相关部门应研究促进这些行业发展的经济政策，积极扶持民族企业开拓国内外市场，从中推出龙头企业，支持其吸纳维吾尔族流动女性

---

① 购买经济适用房或申请廉租房，需要购买人或申请人具有本市城镇户籍，流动家庭不具备户籍条件。乌鲁木齐市公租房政策实施不足5年，能够提供给流动家庭的房源有限。公租房的保障对象包括在本市连续居住三年以上的外来务工人员，并且至少有一位家庭成员与本市用人单位连续签订三年以上劳动合同或在本市连续缴纳社保三年以上。无固定职业的维吾尔族流动人口都不具备这一项条件。

② 据赛马场两个干果店老板介绍，南疆各地的红枣晒干后，直接装箱汽运到赛马场，进行分类筛选。常来这里工作的妇女大约有500人，她们居住在天山区维吾尔族流动人口聚居的各个社区（赛马场、大湾北路和南路、二道桥一带、和田街等）。从早上九点半一直工作到下午七点，中午两点到三点休息，一天工资是60~70元，最冷的时候工资是80元。

③ 核桃破壳取仁工作就是先把核桃分出壳破的、壳薄的，这样的核桃两个一碰即开；完整的、坚硬的核桃，用锤子、石头、夹子破壳。东环市场里一位干果商人介绍，核桃破壳取仁工作的工资计算有两种方法：一种是按带壳的核桃，每公斤核桃破壳工资是1元钱；一种是按核桃仁，取出1公斤核桃仁工资2~3元不等。一般30公斤核桃能出12~13公斤核桃仁。一麻袋核桃50~60公斤，一个妇女从早到晚能给一麻袋核桃破壳，一天工资在50~60元。

就业；同时鼓励这四大行业成立行业协会，协助行业协会建立维吾尔族传统饮食、手工业和工艺品的研究所和培训班，支持其面向维吾尔族流动女性提供就业技能培训服务。这既有助于流动人口人际交流、守望互助；更重要的是，能为更多流动家庭就业、创业提供可能，从而对提升流动家庭的经济社会地位产生积极影响。

（四）流动人口就业观念的引导和教育

维吾尔族流动家庭面临的最大问题是如何融入现代城市社会生活和城市社区结构，就业是融入城市的第一步。赛马场西社区劳动服务站的工作人员介绍说，"赛马场一带找活儿干的妇女（维吾尔族流动女性）越来越多了，为了生活吗！丈夫的观念也有了一些变化，跟社区的宣传有一些关系，最重要的是生活成本越来越高，生活压力大。主要是干挑果子和打扫卫生的活儿，都在大街上，非常辛苦，挑果子的也一样，冬天也在干果店外，也有妇女给工厂、托运部做饭。但是维吾尔族妇女不太愿意干别人房子里的活儿，比如去别人家看孩子、照顾老人、做饭什么的……不到别人家里去，这是民族习惯"。内地流动女性就业领域集中在家政、护理、餐饮、旅游及娱乐场所等行业，尤其家政、护理行业吸纳流动女性就业的潜力是巨大的。但在部分男权观念较重的维吾尔族家庭中，丈夫反对妻子从事上述行业。劳动部门与流动人口聚居社区的就业辅导机构不仅要把上述行业的技能培训作为培训的重点项目，而且应加强对受训学员及其配偶的就业态度、观念的引导和教育。劳动（包括家政、护理等）无贵贱，为社会所需要的工作就是有价值的、应被尊重的工作。

工作权是公民最基本的权利，保障流动人口工作权也是政府相关部门的职责。实际上，多数流动家庭的生活要求并不高，只求能过上体面的生活：食宿无忧、工作稳定、家庭和乐。让离土离乡、有能力工作的维吾尔族流动妇女在城市就业，这既有助于流动家庭走出经济拮据困境，也可以缓解南疆地区人地矛盾，加速新疆全区城市化进程，是一举多得的好事。流动人口聚居的社区孕育着城市的未来，但这里生活的人身份未定（亦农亦工）、饱含期待（融入城市），他们之中寻找到机会的人将成为城市未来的主人。在考察了各国由迁徙人口构成的社区（即"落脚城市"）后，道格·桑德斯（Saunders, D. ）在《落脚城市》（*Arrival City*）一书中得出这样的结论，即政府投资协助落脚城市实现社会流动，以及支持流动人口完成城市化并实现身份转变，是极为必要和异常重要的。"都市发现了落脚城市之后，就必须加以面对，在幸运的情况下则可学会加以接纳。昨天那些陌生的乡村人口和外来移民，不但会成为今天的都市商人，更将成为明天的专业人士和政治领袖。没有这样的变化，都市就会停止而死亡……三百年来的都市历史已然证明这样的投资非常值得，不但可带来庞大的收益，也可避免可怕的风险。"① 这一结论，同样也适应于乌鲁木齐这样的边疆多民族城市。

---

① 〔加拿大〕道格·桑德斯：《落脚城市：最后的人类大迁徙与我们的未来》，陈信宏译，上海译文出版社，2012，第 328 ~ 329 页。

｜附文二｜

从附随迁入到独自谋生

——维吾尔族流动女性及其单亲家庭

作者本人于 2013 年 6~8 月及 11 月初在乌鲁木齐市维吾尔族流动人口聚居的四个社区做调研。在各调研地点，作者选择四条巷道（一侧）的所有流动家庭为调查对象，其中有维吾尔族流动双亲家庭 154 个，单亲家庭 16 个，① 所有单亲家庭的户主均为女性。② 尽管维吾尔族流动家庭经济社会地位普遍偏低，但单亲家庭的生计压力问题无疑更为突出。本文意在通过记录和描述五位维吾尔族流动女性迁入城市、婚姻变故、子女养育与家庭生计四个方面的情况，分析维吾尔族流动女性单亲家庭融入城市的困难及其所需要的社会支持。

---

① 本文中"单亲家庭"指因父母一方去世或离婚，子女与未再婚的父母一方生活，即家庭社会学研究者所说的"真实"单亲家庭；而非"形式"单亲家庭，后者指父母一方因工作、出国留学等原因不在户内生活。单亲家庭类型参见王跃生《当代中国农村单亲家庭变动分析》，《开放时代》2008 年第 5 期。

② 调查样本中，单亲家庭占家庭户数的 9.41%。这一比例远高于新疆维吾尔自治区妇联的调研数据，即在新疆的 640 万个家庭中，女性单亲家庭约有 10 万个，占新疆家庭的 1.56%。秦金俐：《新疆 64 个家庭中就有一个单亲母亲家庭》，亚新网，http://news. ts. cn/content/2013 – 05/09/content_ 8143224. htm，最后访问日期：2013 年 5 月 10 日。由于样本数量有限，作者不能以此来推断维吾尔族流动家庭中的单亲比例。但就调研情况看，流动人口高婚次现象较为多见，中青年流动女性再婚的主要原因是迫于生计压力；且在经济萧条、缺乏活力的社区，流动女性单亲家庭的数量也相对更多。

作者在与维吾尔族流动女性交流的过程中，发现这些女性在迁入城市后婚姻解体，不得不承担养家糊口的责任，这一类家庭在城市适应过程中遭遇到比其他流动家庭更大的阻力。既缺乏社会支持又面对生计压力，但这些维吾尔族单身母亲的社会经济角色更为积极。这一类家庭的女性户主需要更多的社会救助、社区帮助和更切实的权益保护。

一 进城

多数维吾尔族流动家庭不是一次性地举家向城市搬迁，而是要经历一个或长或短的过程。通常是男性独自到乌鲁木齐谋生，此后其认为具备了携家人随迁的基本条件（有谋生途径、租到住房等）后，再将家人接来（以分批迁居为主，一次性迁居为辅）；也有部分男性在乌鲁木齐工作生活过一段时间后，回到原籍定亲结婚，再偕妻子返回。众多随迁女性遵从丈夫意愿，到城市的生活计划不明确，当然也有独自来乌投亲靠友的个案（比如本文中 B 和 D）。另需说明的是，流动人口到乌鲁木齐后，姑且只能称为"落脚"，而不是"定居"。流动人口高度聚居的社区主要分布在乌鲁木齐市区南部及城乡接合部，这些片区的原居民（现为房主和出租人）自 20 世纪 80 年代以来逐渐加盖起 2~4 层的自建房。出租房屋是这些片区原居民的主要收入来源，部分房主将地下室也改造出租。流动人口的居住情况是以租房居住为主，多是租住单个房间。为节省房租，寻找便宜房源、换房搬迁是经常发生的情况。[1]

A 1971 年出生，42 岁，在现在居住的社区生活了 25 年。A 这样讲述自己来乌鲁木齐的经过，"1988 年我和丈夫（前夫）结婚后，就一起来的乌鲁木齐，想来这儿找活儿干（干什么没仔细想过）。25 年了，一直住在这儿。原来住五组，现在住六组。以前我们家在五组有房子。来乌鲁木齐第三年，亲戚朋友帮忙盖的，离婚时房子归了丈夫……现在租

---

[1] 与内地流动家庭一样，众多维吾尔族流动家庭无力在城市购买住房，即"有定居意愿"，却"无定居能力"。盛亦男：《中国流动人口家庭化迁居》，《人口研究》2013 年第 4 期。

的房子（一个房间）有 20 平方米，做饭在外面。这些年（6 年）没搬过家，每个月交 200 块房租，一直这个价儿。"在这个社区里，A 租住的房子离铁路最近，距铁轨不足十米，一堵两米左右高的墙将社区与铁路隔开，噪声污染非常严重。

B 1970 年出生，43 岁，在现在居住的社区生活了 24 年。"我十九岁来的乌鲁木齐。当时表舅就住在这儿，姨妈带我来看他……我在这儿找了对象，结了婚，一住就是 24 年。在现在的房子（一个房间）住了 3 年，租金是每月 200 块。"

C 32 岁，2003 年与丈夫离开老家来乌鲁木齐打工。作者访谈时，两人已分居两个月，C 正面临一次离婚诉讼。"我和丈夫结婚后就来了乌鲁木齐，已经在这儿待了 10 年。我来之前，丈夫在餐馆里打工，结完婚丈夫就把我也带来了，路费是餐馆老板寄过去的……我没想过到乌鲁木齐干什么。当时我不担心，有我丈夫呢！他有打工的地方，生活能有保障。"和其他流动家庭一样，为节省开支，搬家是经常的，但出于求职、生活、子女入学等方面考虑，搬迁一般是在社区内及周边地带。C 先后搬了 4 次家，房租从 100 元、180 元、200 元，涨到了 350 元。C 说，"喜欢在二道桥、山西巷子附近住，这儿离儿子学校近，儿子在上学前班"。

D 31 岁，是作者访谈过的唯一一个离婚后自己决定来乌鲁木齐的女性。"2011 年我带着孩子来的乌鲁木齐。刚来时，住在表舅家，他们老两口从公安局退休，身体不太好，我照顾了他们 4 个月……房子是表舅帮着租的，租金每个月 600 块，水电费单算，再加上暖气费，每个月得八九百块。"D 租了两个房间，一间用来做缝纫活儿，一间居住，再加上一个阳台，是作者看到的居住条件最好的流动家庭。

E 38 岁。在老家经历了两次失败的婚姻后，E 1992 年再婚，当年和丈夫来到乌鲁木齐。结婚前，丈夫在乌鲁木齐打工，做屠宰、卖肉、送货等工作。E 至今在乌鲁木齐已经生活了 21 年，其间一直在赛马场、六大市场①附近租房。同其他流动家庭一样，家里最大的固定支出是房租。E 说，"刚来时房租是 50 块钱，现在涨到 250 块"。

二　婚变

随夫进城的维吾尔族流动女性日常生活模式更倾向于居家操持家务，丈夫由"农"转"工"，妻子则多由"农耕兼家务"转为"家务"。如果流动家庭有着比较稳定的婚姻家庭生活和经济来源，流动女性渴望在城市安家；但若出现婚姻变故，她们也较少选择返回户籍地。婚姻变故的主要原因是离婚，当然也有配偶死亡的情况，在作者调查过的单身母亲中离异的 14 人，配偶死亡的 2 人。在迁出地，维吾尔族流动女性既没有土地，也没有住房，维持生计是巨大难题；在迁入地，婚姻破裂使得流动女性不但要独自谋生，还不得不承担抚养子女的责任。无论是在迁出地，还是在迁入地，她们都缺乏谋生手段和生活保障。

A 的婚姻维持了 19 年，她不愿提及离婚原因，"2007 年我离的婚，在老家民政局办的手续。我跟丈夫（前夫）一块儿生活 19 年了，也不想说他的坏话，离婚原因不说了。两个孩子都归我抚养。孩子们说，喜欢妈妈，要跟我生活。丈夫没给过抚养费，我现在还要给他钱呢！……丈夫又结婚了，有三个孩子，一个 5 岁，一个 3 岁，一个 2 岁，他也养不活。我心好嘛，人好咋办！"A 说，离婚后没有想过回老家，原因是，"在那儿我没地、没房，回去咋办呢?! 老家我有两个哥哥、两个弟弟，他们都帮不了我"。

B 于 1994 年结婚，婚姻维系了 11 年。"我 2005 年离婚，离婚 8 年了。离婚时我 35 岁，最小的孩子才 6 岁……沙区法院（沙依巴克区法院）判的是，孩子（每月）15 天我抚养，15 天他们爸爸抚养（没有确定哪个孩子固定由谁抚养）。可离婚后，孩子一直由我抚养。丈夫前几

---

① "赛马场""六大市场"位于乌鲁木齐市南郊，地处新疆大学与水上乐园之间，临近南郊长途客运站。这里是乌鲁木齐市维吾尔族流动人口的主要聚居地之一。

年有时一个月给 100 块、200 块钱的抚养费，有钱的时候给，不是每个月都给。最近两年，两三个月送来一袋子米面、一桶油什么的，不给生活费了。我丈夫又结婚了，有一个孩子，4 岁，现在生活也不好，抚养责任也重……丈夫二婚娶的人也是这个社区的，那人也离过婚，但没有孩子。"作者本人问 B，孩子们与父亲的关系怎样？离婚后孩子们的父亲不能照顾他们，对他们的帮助也有限，但如果父母不离婚，父亲当搬运工，母亲当保洁员，有稳定的家庭生活，家里经济情况会更好；一旦离婚，父亲要照顾另外一个家，对三个孩子的生活照顾和经济支持都减少了，孩子们会把自己家和别人家作比较，为何三个孩子不抱怨父亲？B 的回答很简单，"孩子和丈夫的关系好，丈夫特别喜欢三个孩子。孩子是他的，他当然喜欢"。

C 经历过一次婚姻解体，现在又面临婚姻危机。"我第一次结婚时 16 岁（1997 年结婚），第一个丈夫是我表兄，父母给订的。结婚后和婆婆住到一起，我和丈夫、婆婆的性格都合不来，2001 年就离婚了。孩子（女儿）归我抚养，因为孩子还小，只有两岁，又是女孩，我妈妈也想自己抚养这个孩子。孩子的爸爸没有给过抚养费，也不看望孩子，什么都没管过。就是孩子 7 岁时他来看过一次，给过孩子 50 块钱。他在孩子 9 岁时，出车祸去世了。2003 年，我再婚，我丈夫是第一次结婚。丈夫从小（16 岁）就离家到乌鲁木齐打工。我和丈夫是自己认识的，他回老家。我们碰上的，刚好父母也认识。以前我和丈夫的关系挺好的，但现在我丈夫不管我和孩子了，把我们'扔掉'了，他两个月不回家，找了别的女人了……，那个女儿是干什么的、多大，我不知道。我不想离婚，我找丈夫谈过，跟他说，'别离婚，我们和好吧！离婚了，孩子成什么样了？变成孤儿了。'他说，'我妈妈让我和你离婚，咋办呢？我得听妈妈的话。'……其实我心里知道，这是借口，是谎话。那个女人和他来往两个月了，愿意和他生活，她知道我丈夫有家有孩子，但还是愿意和我丈夫在一起。"

D 离婚后，前夫按月支付抚养费，这是她和儿子在乌鲁木齐生活的重要保障。"我 20 岁结婚，婆媳关系一直不好，2 年前离的婚。我自己要求抚养孩子，孩子爸爸每个月给 200 块钱抚养费，孩子的学费、医药费也由他出，他在养路段上班，工资挺高的。"相比之下，D 的侄子、侄女却经历着抚养、教育的双重缺失。"我哥哥、嫂子原来在石河子打工，他们离婚一年多了。法院判的是，侄子归哥哥，侄女归嫂子。一年前嫂子想再婚，打电话意思是不想再养侄女了，哥哥就把她接来了。哥哥在乌鲁木齐打零工，带不了两个孩子，就把他们放在我这儿了。"

单身多年的 E 经历了三次婚姻变故。"第一次结婚时我 13 岁，没有孩子；第二次结婚 15 岁，生了一个女儿；第三次结婚 17 岁，生了一个女儿、一个儿子。现在离婚 9 年了。前两次结婚都是父母做主的，和第三个丈夫结婚是我自己决定的。第三个丈夫喝酒、赌钱，把家里东西都卖光了。我离婚时就带走了孩子……去年二女儿结婚，婚事都是我张罗的，孩子爸爸什么忙也不帮。"

三　养育

抚养和教育子女是家庭最为重要的职能，女性在这一方面承担的责任通常会更多一些。维吾尔族流动家庭一般收入偏低，又普遍存在着多子女现象，子女教育投入相对较少。但普通家庭至少有双亲支撑着的稳定家庭结构，而单亲女性家庭则不具备。在作者调查过的单亲家庭中，有一个子女的家庭 8 个（其中 1 个子女已成年），两个子女的家庭 5 个（其中 3 个子女已成年），三个子女的家庭 3 个（其中 4 个子女已成年）。家庭贫困以及抚养、监护、教育功能缺失给子女的成长带来多种不利影响，例如无法获得医疗保健服务，接受完整教育，提高社会适应能力和就业能力等；而难以承负的抚养责任也使得部分维吾尔族单身母亲缺乏对未来感情和婚姻生活的选择。在这 16 位单身母亲中，年龄最小的 27 岁，最大的 50 岁，平均年龄为 40.33 岁。年龄超过 40 岁的有 9 人，这 9 位母亲均认为自己再婚的可能性极小。

A 现在与两个子女一起生活，儿子 23 岁，女儿 20 岁。A 的两个子女都在乌鲁木齐出生。儿子小学未毕业即退学，女儿读到初中毕业。A说："大的学习不行，小的学习好。没继续上学是因为没钱，经济困难嘛！我们一家是流动户，没有乌鲁木齐户口，当时孩子上学要交借读费。每个孩子大约每年交 200 块。"

B 现在与三个子女一起生活，长子 19 岁，长女 16 岁，幼女 14 岁。长子和长女的学业止于初中毕业，目前只有 14 岁的幼女在上初中。B说，"怕我不养孩子，这些年丈夫一直不让我再婚。不过，就算是丈夫不干涉，我自己带三个孩子，再嫁人也不容易，负担太重了……两个大的孩子成绩都可以，现在都不上学了。上高中 个孩子要交一千多块钱，家里没有钱。大儿子没工作，现在也不在家，出去一个多月了，没跟家里联系过，我也不知道他去哪儿了。儿子离家前，没有和家里人发生矛盾，社区里也没人知道他去哪里了，他和外面的年轻人一起玩，和社区里的人交往不多。大女儿替我干打扫卫生的活儿。小女儿学习挺好的，家里也会支持她继续上学，读大学"。长子、长女初中毕业后，B 自己没有到社区申请开具生活困难的证明去学校申请减免学费，也没有通过社区联系学校申请减免学费。B 现在最为担心的事情是，没钱让小女儿上大学，B 说，"不知道大学有没有资助和学费减免。希望大学对困难家庭不收钱"。

C 有两个孩子，女儿在老家，儿子和她一起生活。"我女儿 14 岁，在老家上小学 6 年级，我妈妈照看着，我没给过生活费。我父母有一亩地葡萄园，每年能收入一万五千块，够生活了……女儿大了，乌鲁木齐房子太小，住在一起不方便，在这里上学费用也高。"儿子能在乌鲁木齐上双语学前班，在 C 看来是难得的学习机会。"儿子 7 岁，他没待过幼儿园，汉语一点儿也不知道。上幼儿园一个月最少要交三四百块。他上幼儿园了，我干什么？我闲着，可以自己带。"C 和丈夫都没上过学，不能教孩子汉语，也不能辅导孩子学习，C 这样教育厌学的儿子，"我就对他说，'不上学不行，像我和你爸爸一样，都是文盲，出门连话都说不了，买菜都买不成，生意也没法儿做，什么技术都不能学。一定要学汉语！'就给他讲这些道理。孩子听话呢！"

D 的儿子上过幼儿园，这在维吾尔族流动家庭中极为少见，但 D 的侄子、侄女却早早辍学、复学无期。"我儿子 7 岁，上小学二年级。他在老家上过私人托儿所，没好好学过汉语。现在他学维吾尔语文比较容易，也愿意学；学汉语和数学困难，不愿意学。我给他找了数学老师补课，花了 400 块钱，成绩没提高。还找了一个大学生，教了几次，那个大学生就不教了，看我们家庭困难，也没要家教费……侄子 11 岁，侄女 10 岁，原来在石河子上汉语学校，侄子上到三年级，侄女上到二年级，现在不上学有一年了。他们户口都在石河子，我哥哥还没过去办（迁出手续）。"

子女辍学、早婚、早育是维吾尔族流动家庭第二代的常见现象，在单亲女性家庭中更为普遍。E 说："大女儿没上过学，她从出生就一直跟我父母一起生活，我父母给女儿订的婚，大女儿结婚 7 年了（结婚时 15 岁），现在有两个孩子。二女儿在乌鲁木齐小学毕业后待了两年，去年结的婚（结婚时 17 岁），对象是她自己认识的。儿子（15 岁）在乌鲁木齐上到小学毕业，现在在学屠宰。"

四　生计

维吾尔族流动家庭经济来源相对单一，主要依靠男性劳动力获得收入，女性通常不从事全职工作，在开店经营或流动经商（在街道边、露天市场设置流动摊位）的家庭中，女性也会做辅助性的经营活动。但发生婚姻变故后，为生计所迫，女性不得不进入就业市场，寻找生存机会。窘迫的物质环境（客观条件）与必须自寻出路的观念转变（主观条件）相结合，不仅确定了单身母亲的角色和地位，同时也造就了她们对社会生活及自身状况的独特体验。这些妇女通过抵制不利环境，寻求有利于维持家庭生计的策略，"回应社会经济以及家庭安排出现的变化"。这一过程也是单身女性"为实现个人的生活福利和共同利益而自我赋权"过程。① 就调查样本整体情况看，在双亲家庭中，全职工作的女性为 45 人，占双亲家庭女性的 29.22%，无业或无固定职业的女性 109 人，占双亲家庭女性的 70.78%。在 16 个单亲家庭中，全职工作的女性为 9 人，无固定职业的女性 4 人，无业的 3 人；而且，即便都是无固定职业（打零工）的流动女性，单亲母亲的工作时间、劳动强度、劳动收入均明显高于双亲家庭的流动女性。

鉴于"性别的劳动分工和以社会性别为基础的资源分配方式"②，相对于普通家庭，中国女性单亲家庭经济资源受损、社会资本弱化是普遍现象；③ 贫困也是新疆女性单亲家庭面临的最亟待解决的难题。④ 比较而言，维吾尔族流动女性普遍缺乏汉语交流能力、劳动技能和就业机会，夫妻离异意味着原本就收入不足的家庭经济状况又雪上加霜，贫困代际传递的可能也大为增加。即便是单身母亲们竭尽所能，甚至严重透支体力和健康，家庭生计也仅能维持在温饱水平。

5 年来，A 靠开小商店维持一家三口人的生计，还时不时要资助前夫和他的再婚家庭。"离婚前我丈夫做生意，卖和田的石头⑤。离婚后我开了个商店，卖些吃的（食品、饮料）、用的（家庭用品），开了五年了。开商店的本钱是我攒的，当时就有五百块钱本钱……商店去掉全部费用，水费、电费、房租、生活费，一个月能剩三四百块钱。家里收入来源就是靠这个小商店。如果离婚后，没这个商店，我和孩子就没办法

---

① 〔美〕周颜玲、〔美〕凯瑟琳·W. 伯海德：《全球视野：妇女、家庭与公共政策》，李金铃等译，社会科学文献出版社，2004，第 332 页。
② 孙艳艳：《社会性别的视角：中国单亲特困母亲生活状况研究——以山东济南某区为例》，《中华女子学院学报》2010 年第 1 期。
③ 王爱丽：《女性单亲家庭经济资源的受损与社会补偿》，《黑龙江社会科学》2009 年第 5 期；王爱丽：《中国女性单亲家庭：社会资本的弱化与发展》，《学习与探索》2010 年第 1 期。
④ 秦金俐：《新疆多项问题考验着单亲母亲》，天山网，http://news. ts. cn/content/2013 - 05/09/content_8142153. htm，最后访问日期：2013 年 5 月 10 日；秦金俐：《新疆妇联主席：改善单亲母亲生存状况需要爱》，天山网，http://news. ts. cn/content/2013 - 05/09/content_8142127. htm，最后访问日期：2013 年 5 月 10 日。
⑤ 新疆和田地区 7 县 1 市都出产玉石，其中和田县、墨玉县产量最高，羊脂玉、墨玉也最为知名。近年来和田玉石的价格迅速上涨，从事玉石经营的维吾尔族商人也不断增多。

生活下去。现在也一样，没这个商店就没经济来源了……和周围离婚的人比，我算好一点儿，她们没钱开商店。"尽管 A 的两个孩子都已成年，但都没有稳定职业和固定收入。"两个孩子暂时都没啥事干，女儿有时帮我忙。两个孩子都准备做生意。儿子认识一个朋友在和田卖玉石，打算和他一起做买卖。女儿汉语挺好的，也想做生意。"

对于单身母亲而言，最发愁的事情莫过于找工作和看病就医。B 是一个矮小憔悴的中年女性，久病之痛和生活的操劳，慢慢耗尽了她的健康和活力。她租住的房间是一间地下室，室内阴暗无光。即时在初夏（当天室外温度高达摄氏三十二度），进到这间房子不到五分钟就能感到丝丝寒气。一个不生火的土炕连着一张离地面不足 10 厘米的低矮床铺，占去房间三分之二的面积。非常健康的人在这个房间里生活上三年也会生病。B 说，"去年我病了几个月，没钱看病打针吃药。后来在社区医务室（免费）打了两个吊针就好了。原来没生病前我在大街上打扫卫生（环卫工人），生病后大女儿替我干呢！每个月工资是 1300 元，这是家里所有的经济来源。打扫卫生的活儿是 2009 年 9 月开始干的，原来就是干给别人家打扫卫生、收拾房子、在饭店洗碗的活儿，有时在工地拣些砖回来卖。以前这儿（社区里和周边）有好几个小饭店，现在没有了。当时洗碗每个月能挣上六七百块钱，再加上丈夫给的钱（二三百元），一个月收入不超过 1000 块，扣除房租，每个月一家四口人生活费不到 800 块。这钱不够基本生活，月末没钱买米买面，就向邻居借点米面，下月再还上，就这么过日子。我们没有乌鲁木齐户口，不能申请低保。离婚时，我和孩子没有想过回墨玉老家，孩子们都在乌鲁木齐出生，他们回去不习惯……老家的亲戚有时候来，前些天我爸爸来看我和孩子了，住了一段时间，爸爸 70 岁了，上年纪了。离婚时父母说过让我们回老家去，回去的话，我那边没有地，也没有房子，啥都没有，也没办法生活"。

C 有过三年的打工经历，儿子出生后就一直在家照顾孩子，家里的收入来源是丈夫一个人的工资。"刚来乌鲁木齐时，我和丈夫都在餐馆打工。丈夫是厨师，他当时工资是 500 块，以后 100 块、200 块一点儿一点儿地涨，涨到 3000 块，拿这个工资两年了。我在餐馆打了三年工，当服务员，每个月工资四五百块。有孩子以后，我一直没工作，在家带孩子……孩子上学后，我本来打算出去打工，可我后背上长了一个瘤子，坐不住，现在正攒钱打算去医院治病。"C 对自己以后的生活没有乐观预期，尽管不愿意离婚，但 C 知道不得不面对可能的结局。由于身体不好，又是文盲，C 已做了回老家的准备，她的顾虑在于是否要求抚养儿子。C 说："儿子一直是我带的，我和儿子有感情，没想好谁抚养儿子。"

不仅是因为有亲戚的部分支持，前夫按时支付抚养费，D 能在乌鲁木齐落脚的首要条件是有一技之长。"我会裁剪，四个月前我和别人（两位维吾尔族流动女性）合伙开了这家裁缝铺，主要是接服装店的订单，也（少量）接这一片儿居民的活儿……我们接过一个做 60 条裙子的订单，裙子裁坏了，赔了 2000 多块钱（D 一人承担了赔偿责任）；再加上，她们干活儿不认真，顾客不满意，合伙干不下去了。"尽管做裁缝活儿收入微薄，但 D 对未来生活有计划，也有信心把裁缝活儿干好。"我接订单，做一件罩裙① 15 块钱，半身裙子 12 块，衬衫 15~20 块，大衣 40 块钱左右……做罩裙，一天从早做到晚什么家务也不干，我最多能做 10 条……生活压力大，哥哥和妈妈会给我一些生活费，哥哥在打工，妈妈是低保户，每月有不到三百块的补贴……我没打算回老家，这里的裁缝活儿多，学校教学质量也好。我想继续努力好好干，碰到合适的人就一起合伙。"

经历过几次婚姻变故的女性更不愿意回到迁出地，不仅是出于生计的考虑，还有社会负面评价的压力。E 说，"我第一次、第二次离婚都是在老家……第三次离婚后，我没想回老家，在老家挣不到钱，我也不好意思见家里人和亲戚。2004~2008 年，我一直在卖羊头和羊蹄子。有买

---

① 中老年维吾尔族女性常穿的一种宽松连衣裙，式样简单，仅仅在领子、袖口处有简单的装饰。

主要买 100 个羊头和 400 只羊蹄子的话，我就挨个店铺收，收够了交给买主，他给我 10 块钱。刚开始一天能挣上 10 块、15 块，后来能挣上 40 块、50 块……2008 年以后，我一直在干挑果子（干果分等分类）的活儿。刚开始挑一天红枣能挣 35 块钱，后来涨到 40 块、45 块、50 块，现在是夏天一天工资是 60 块，入冬可以挣上 70 块，最冷的时候可以涨到 80 块钱……挑果子的活儿时有，时没有。一年最多能干上四五个月"。

结论　建立维吾尔族流动女性单亲家庭的社会支持体系

从上述单身母亲的经历中可以看出，维吾尔族流动女性单亲家庭是城市中最为贫困、最缺乏人脉和社会支持的家庭。但与理想化的自我想象和刻板化的前见承袭形成反差——乌鲁木齐市本地居民一般认为，维吾尔族流动女性不能（文化水平低、无工作经验）或不愿（丈夫不支持、本人不愿意）外出工作；婚姻变故和生计压力使得一度从事家务、照看孩子的维吾尔族妇女不得不走出家庭，寻找务工机会，维持一家人的生计。比较而言，单身母亲的生活态度更开放、积极、务实。正如一位社区联系人①所介绍的那样，"离婚的女人不会回老家，她们自己出去找活儿干，到工地上搬砖、在别人房子里面干活儿（照顾老人、孩子、产妇，做家务），打扫卫生（环卫工人、保洁员）的最多了。在工地上干活儿的也有，每天能挣上八十、一百、一百多……离婚的女人最能吃苦"。

就维吾尔族流动女性的附随迁入、婚姻变故（导致家庭结构不完整）、收入不足、家庭贫困化等方面而言，以其为户主的单亲家庭无疑应被纳入"缺乏视角"；但就这些女性户主的抗逆力、生存意志和实际

---

① 近年来乌鲁木齐市各社区实行网格化管理，社区联系人是从社区居民中选出的，职责是协助社区工作人员开展管理与服务工作。

承担的家庭责任而言，其独立谋生的经历也应被纳入"优势视角"来加以研究分析，并制定相应政策。① 对于决定留在城市继续艰难谋生的单身母亲，相关部门需要考虑的问题是如何改善、健全社会支持体系，包括社区家庭服务、司法保护、就业扶助政策等，以便帮助单亲女性家庭摆脱贫困，重建生活。对此，作者有如下建议。

（一）积极开展社区家庭服务

近年来，新疆各城市社区全面推广"单位化管理、网格化覆盖、社会化服务"的管理模式，要求社区工作人员上门入户为居民服务，社区与居民之间的关系日益密切，逐渐搭建起基层社会服务平台；同时各社区均成立了人民调解委员会，家事纠纷、邻里纠纷的解决机制前移。在此前提下，针对婚姻家庭纠纷日益增加这一现象，引入家庭社会工作机制是极为必要的。第一，社区家庭服务重在开展婚姻家庭教育，引导流动家庭树立和谐婚姻价值观念，协助夫妻掌握化解家庭纠纷的方法，特别是在婚姻生活中如何学会自我调节、减少冲突、消除矛盾。第二，在夫妻发生矛盾时，人民调解委员会开展调解工作需兼顾"调和"与"教育"两个目的，促成夫妻和好，着力维护婚姻稳定。第三，对于无法调解和好最终离异的家庭，社区应针对流动女性单亲家庭采取特殊服务措施，包括工作引介、劳动技能培训、托幼服务等。在这些事项上，距离流动家庭最近的社区有很大的作用发挥空间。

（二）加强流动女性权益的司法保护

发生婚姻家庭矛盾，乃至夫妻离异，通常女性本人对此也负有一定责任，但其中也不乏 B、C、E 这样的女性，权利意识模糊，不了解法律规定，对救济途径所知甚少，这些流动女性在遇到困难时表现得更为无

---

① 借用社会工作的术语，缺乏视角（lack perspective）取向，是指看问题总是关注不足和缺陷时，难免有将服务对象"标签"化的刻板印象；优势视角取向，则意味着社会工作者需立足于发现和寻求、探索和利用案主（服务对象）的优势和资源，协助他们达到目标，在创伤中寻找希望和转变的可能性。周兆安：《优势视角运用于单亲家庭：亲子关系中的经验分析》，《中国青年研究》2009 年第 9 期。

助。鉴于人口流动频繁、城市化进程加快、夫妇价值多元化等原因影响，婚姻家庭不稳定因素明显增加，越来越多的婚姻家庭纠纷（包括离婚纠纷）将经由司法机关来处理。① 所以建议，第一，无论是一审还是二审案件，承办法官都要把调解工作贯穿于审理工作的全程，尤其是对维吾尔族流动人口婚姻家庭纠纷，更需要针对当事人经济基础薄弱、城市适应能力差和融入程度较低、城市适应期性格变化大且包容忍耐性不足等特点，合理地把握审限，耐心细致地做调解和好工作。第二，对无法调解和好的案件，应稳妥裁判子女抚养和财产分割问题，并告知当事人各项权利，包括婚姻自由（主要涉及女方再婚自由）、子女抚养费支付请求权和变更权（必要时子女可申请增加抚养费）。

（三）构建建设性的社会扶助政策体系

不同于内地女性流动人口的生存状况（就业比例较高、无语言交流障碍），乌鲁木齐市维吾尔族女性流动人口的就业率较低。部分原因在于城乡二分的户籍制度，但更重要的是源于维吾尔族流动女性的受教育程度和工作能力，以及民族风俗习惯的影响。故而寄望于仅仅通过加快户籍改革的步伐，使维吾尔族流动女性尽快融入城市生活不现实。如何改善维吾尔族流动女性的经济社会地位，为她们提供必要的社会保障和社会援助，需要有关部门认真考量。这其中最为重要的是加强对流动女性家庭的生活保障，积极解决流动女性就业问题及子女学前教育问题：第一，很多维吾尔族流动女性单亲家庭的人均收入低于乌鲁木齐本地最低生活保障线，尽管有的家庭已在乌鲁木齐生活超过了 20 年（例如 A、B、E），因不具有本市户口而无法获得迁入地的最低生活保障金，也无法享受迁出地的最低生活保障金和农村合作医疗等社会福利和救济。相关部门应考虑将部分家庭纳入到城市低保政策受惠范围内，例如优先保

---

① 办理离婚登记须到夫妻一方常住户口所在地的婚姻登记机关办理。流动人口通常不愿意返回迁出地办理离婚登记，而倾向于选择到迁入地法院诉讼离婚，这导致乌鲁木齐市少数民族聚居城区基层法院民语系（使用少数民族语言审理）离婚案件数量逐年增长。

障月人均收入低于乌鲁木齐市当年城市居民最低生活保障标准、连续居住 10 年以上、子女均在本市就读的单亲女性家庭。第二,目前劳动与社会保障部门提供的劳动技能培训项目主要针对男性,例如汽车驾驶与维修、钢筋、电焊、烹饪、水暖等,当然也有针对女性的美甲美发、面点、刺绣、服装、文秘、计算机等培训,但这些项目或适合年轻女性,或要求受训人具备一定文化基础。而就已婚流动女性(尤其是中年女性)来说,就业的主要行业是不需要较高文化水平和专业技术能力的家政、护理、餐饮服务、商品零售批发等。着力开展这些行业的短期培训,会对提高女性就业率有很大促动。第三,就业援助金与小额贷款政策有一系列条件限制,① 决策部门应考虑降低对单身母亲的担保等条件要求,使得更多单身母亲有创业资本。第四,乌鲁木齐市学前教育成本高,高收费的私立幼儿园让普通市民望而却步,更不要说是维吾尔族单身母亲。公办幼儿园人满为患,姑且不谈幼儿园员额有限,即便是可以接收,以单身母亲的经济条件也无力送子女入园②。在流动人口聚居社区开设更多低收费或免费的公办幼儿园(托幼部)是值得投入的公益之举。

对于选择承受城市生活压力、不愿返乡的维吾尔族流动女性及其单亲家庭,对之逐步健全完善社会支持体系,看似增加了国家和社会的负担,短期看也确实如此,但也正因为短期的政策支持和投入,长远看会实质性地增强单身母本人和其家庭的多种能力,包括经济实力、城市适应能力、受教育水平、对社会的贡献等,最终减轻社会和国家的负担。

---

① 在乌鲁木齐,申请就业援助金需要提交就业失业登记证、就业困难认证以及营业执照;申请小额担保贷款除了提供上述资料外,还需要提供房产作抵押或者提供三个有固定职业者(公务员或事业单位工作人员)为担保人。

② 乌鲁木齐公办幼儿园的管理费在 150～250 元,餐费约 15 元/天,不计入特长班以及其他附加费用,每个儿童每月入园费用为 450～550 元。这笔费用为维吾尔族单身母亲月收入的 1/4～1/3。

| 附文三 |

维吾尔族婚姻家庭研究视角：
原因、统计与制度分析

　　婚姻家庭研究在社会学和人口学中占有举足轻重的位置，而对少数民族婚姻的研究又是人类学和民族学研究的重要组成部分。新疆是我国离婚现象高发地区，且高离婚率由来已久，并非晚近出现的变化①，故而引起了较高的学术关注。相对于新疆其他民族，维吾尔族高婚次现象更为明显，维吾尔族婚姻家庭问题也因此成为多个学科的研究焦点。

　　目前维吾尔族婚姻家庭领域研究文献的分析视角大体有三种：社会学和人类学的原因分析、人口学的统计分析、法学围绕国家法与习惯法"互动"主题的制度分析。整体看，维吾尔族婚姻家庭研究仍存在着单一取向，这既表现在研究对象选择上，关于维吾尔族高离婚率的现状描述与原因分析的文献较多；也表现在研究角度上，人类学和社会学文献数量较多，人口学也有部分成果，法学文献较为稀少。

　　此前已有数篇文献对维吾尔族婚姻家庭领域的研究成果进行梳理、

---

①　2010 年我国的粗离婚率为 2‰，同年新疆离婚对数为 142282 对，新疆常住人口为 21813334 人（第六次人口普查数据），同年新疆粗离婚率为 4.51‰，是全国离婚率的 2.25 倍，但较之中华人民共和国成立初期已明显下降。新疆 2010 年度离婚率数据来源于《中国统计年鉴》（2011 年），表 21 ~ 33 "婚姻服务情况"，国家统计局网站，http://www.stats.gov.cn/tjsj/ndsj/2011/indexch.htm，最后访问日期：2016 年 1 月 1 日。

分析。例如王海霞对维吾尔族妇女研究进展情况的综述，王文将此主题下的文献归为人口、婚姻家庭、生育，以及教育、就业、人才培养、劳动分工等子类。① 该文虽将"婚育状况"作为一子类，但其所查阅的文献均是关于生育现状和计划生育政策执行情况，对婚姻家庭类文献没有做更为全面的分析。杨霞、刘云曾对 1985～2005 年新疆妇女/社会性别（主要针对少数民族妇女，尤其是维吾尔族妇女）研究情况做过统计分析，该文涉及项目资助、已发表学术著作、获奖成果、科研机构和著者情况等内容，为文献查询提供了帮助，但该文系属于科研情况的统计分析，基本不涉及研究视角、研究推进以及学术发展方向等问题。② 冯雪红总结维吾尔族婚姻、喀什地区维吾尔族婚姻、维吾尔族妇女婚姻三个方面的研究现状，该文依据主题，而非依研究方法和分析视角，进行文献分类。③ 成珊娜等总结"近代南疆维吾尔族社会生活"研究的进展，对婚姻家庭领域研究文献做了有限的整理和概述，但其关注限于婚姻习俗方面文献。④ 故而，结合研究方法和分析视角，回顾、评述维吾尔族婚姻家庭领域相关研究，对于改进研究方法，增强跨学科合作，建立起更具解释力的分析体系，确定更具有实践取向的研究方向，是极为必要的。

一　社会学、人类学的原因分析

20 世纪 80 年代起，开始有学者从人类学与社会学角度入手，研究

---

① 王海霞：《我们走了多远：维吾尔族妇女研究综述》，《市场与人口分析》2002 年第 4 期。

② 杨霞、刘云：《新疆妇女/社会性别研究与回顾》，《新疆大学学报》（哲学·人文社会科学版）2007 年第 6 期。

③ 冯雪红：《维吾尔族婚姻研究综述》，《贵州大学学报》（社会科学版）2009 年第 5 期。上述综述文献中，冯文对掌握维吾尔族婚姻家庭领域研究现状最有帮助。但该份文献不是从研究方法上对既有文献进行分类评述，而是依主题，但婚姻习俗与婚姻观念、婚姻行为之间具有密切的相关性，依主题进行文献分析解决不了同一文献可能有多个主题和文献主题不同却内容交叉的问题。

④ 成珊娜、张玲玲、万海玲：《近三十年国内近代南疆维吾尔族社会生活研究综述》，《西域研究》2010 年第 2 期。

维吾尔族的婚姻家庭习俗和传统对婚姻关系影响①、女性教育和社会性别等问题。其间，关于维吾尔族高离婚率成因分析这一主题的文献最多。学者们相对一致的研究趋向是，在地域社会文化背景中探讨原因，高度关注情境化因素。因该方面文献较多，作者本人在本部分主要分析形成系列研究且引证率较高的文献。

1994 年李晓霞在一篇论文中将维吾尔族高离婚率归因于传统文化、风俗习惯和社会环境，例如离婚方式简单，社会对离婚者及其儿女不加歧视，离婚妇女可以在父母那里求得依靠，再婚市场广大，继而导致众多离婚、再婚行为。② 两年后，李晓霞在另一篇文章中，分析另外两项影响维吾尔族婚姻稳定的因素：1. 维吾尔族女性有财产权、子女抚养权和继承权，一定程度上侵蚀了家庭的凝聚力；2. 娘家与已婚女儿联系密切，使得娘家成为女儿的最佳避难所，但也会使部分丈夫把妻子、儿女推给娘家，解除婚姻的同时也推卸掉了应当承担的责任。③

袁志广视民俗为多维的"堆积层"，是良俗与陋俗或恶俗的杂处。维吾尔族高离婚率是其婚俗中多种因素混融的综合表现，包括早婚、买卖婚、多偶为荣的婚姻观、"一夫多妻"的"尼卡"婚姻制④和"塔拉

---

① 需要说明的是，部分历史文献也涉及维吾尔族婚姻家庭文化。例如《维吾尔族简史》一书用了不到一节的篇幅（第十六章"维吾尔族的风俗习惯与宗教信仰"第一节"家庭、婚姻和丧葬"）简要介绍对中华人民共和国成立前后维吾尔族的家庭情况（结构和关系），婚姻制度和习俗（涉及婚姻性质、通婚范围、婚配过程、结婚、离婚、再婚等），有一定史料价值。该书研究时间节点是中华人民共和国成立前，对中华人民共和国成立后的婚姻制度只是简单一笔带过，如"维吾尔族青年男女婚姻自由的权利得到了保障。现在，结婚、离婚、复婚都按法律规定进行"。《维吾尔族简史》编写组：《维吾尔族简史》，新疆人民出版社，1991，第 356~359 页。
② 李晓霞：《新疆少数民族人口婚姻状况浅析》，《西北人口》1994 年第 4 期。
③ 李晓霞：《试析维吾尔族离婚现象形成的原因》，《西北民族研究》1996 年第 2 期。
④ "尼卡"（Nikah）仪式是维吾尔族婚姻习俗中最重要的部分，一般由清真寺里的宗教人士主持，表示婚礼获得宗教认可。近年来，维吾尔族婚礼仪式除了念"尼卡"外，还增加了读结婚证书的内容。

克"休妻制①、竞争家庭优势，以及性生活不和谐等。② 该文是有关维吾尔族离婚原因研究文献中唯一一份引起学术争论的文章，此前早有学者围绕宗教和习俗原因展开分析，③ 但都没有如袁文一样关注习俗的负面影响，表述上直白，不加隐讳，且附有例证。④

巴赫提亚·巴吾东对袁文提出质疑，用于反驳的是现代社会关系的发展及影响。巴文认为，女性从属地位的变化和爱情婚姻家庭观的转变才是高离婚率的真正原因，更多家庭破裂，离婚率与日俱增，将成为时代的趋向。基于上述原因，"离婚现象增多正说明该民族是超传统、超现代的、是发展的趋向，而绝不是个恶习、非改良不可……不能用一种道德观念来评判另外一种道德的存在"。⑤ 阅读袁文和巴文并对比时，明显能够看到二位作者在婚姻家庭价值观上的差异——着眼于稳定，还是自由；且前者侧重于传统习俗的负面影响，后者侧重于当下因素的作用。

更为关注农村维吾尔族婚姻家庭生活的学者（胡欣霞）认为，农村维吾尔人婚姻变化的总趋势是逐步摆脱传统婚姻行为模式束缚，但变化

---

① "塔拉克"（Talaq），离弃之意。1949 年前，维吾尔族妇女没有离婚自由，而丈夫有"塔拉克"特权。丈夫对妻子说了"玉其塔拉克"（三个离弃之意），即断绝了夫妻关系。目前，对于缔结合法婚姻的夫妻，丈夫对妻子说三次"塔拉克"，尽管没有离婚的法律效力，却意味着双方感情破裂。

② 袁志广：《维吾尔婚俗中的离婚现象及其成因探析——来自"田野"的报告与思考》，《西北民族研究》1999 年第 1 期。

③ 早在 1985 年，苗剑新撰文分析喀什棉纺织厂职工的婚育情况，并认为维吾尔族离婚率明显高于汉族的原因是受宗教规范和传统道德的影响，但是维吾尔族再婚家庭和睦的比率也明显高于汉族。苗剑新：《喀什棉纺织厂婚姻家庭问题调查》，《新疆大学学报》（哲学社会科学版）1985 年第 2 期。

④ 袁文写到，男方以"塔拉克"方式休妻后，继续保持夫妻关系，被视为"不洁""不义"，复婚条件过于苛刻、十分不人道，复婚者要承受经济、身体、心理、精神上的折磨；讨价还价式的"议婚"是把女性不当人、当"货物"买卖的典型陋习；多偶为荣的婚姻价值观中包含着享乐主义的思想意识。

⑤ 巴赫提亚·巴吾东：《就当今维吾尔社会的离婚现象与袁志广先生商榷》，《西北民族研究》2001 年第 1 期。

尚处在量变阶段，而非全面质变。① 也有研究者（茹克亚·霍加）认为，乡村习惯的变化仅限于表面形式，实质内涵仍旧。② 此外有学者（曹红、努尔古丽·阿不都苏力）注意到传统和现代、乡村和城市的维吾尔家庭中长幼地位、夫妻关系的变化。③

徐安琪于 1999 年、2001 年发表了两篇文章，分析维吾尔族聚居区高离婚率的特征及原因。徐文是标准的社会学研究文献，其调研地区和调研主题都较为明确，研究资料收集和分析的效度和信度也较高。尽管徐文从伊斯兰教文化、民族风俗及传统婚姻制度延续来分析维吾尔族高离婚率的原因，包括父母订婚制、内婚制、从夫居制与母系庇护所、低成本的婚姻经营制和自由离婚制等，④ 上述原因被置于从婚姻缔结到解体的过程中。徐文的可取之处在于，就现实有限地向历史、习俗溯源，而不是简单地将现实视为习俗的当下沿袭。

自 2000 年起，有学者（徐安琪、茆永福、艾尼瓦尔·聂吉木）注意到维吾尔族离婚率呈下降的现象，对此王海霞做出了原因分析。王文认为，维吾尔族高离婚时期集中于初婚生育前，高离婚率的主要原因是，结婚前后女性角色地位骤变，从而引发心理落差。王文分析维吾尔族离婚率下降的原因，即家庭规模缩小且核心化、义务教育推迟了女性婚龄、

① 传统婚姻模例的保留、延续表现为：在结识途径上，不能完全摆脱中间干预，按照自己意愿择偶；在择偶标准上，经济因素及传统习俗仍占据重要地位；在择偶范围上，同地域、同民族、同宗教仍然是首要选择因素。胡欣霞：《影响新疆喀什地区农村维吾尔族婚姻家庭形态的因素分析》，《新疆社科论坛》2006 年第 5 期；胡欣霞：《新疆喀什地区农村维吾尔族婚姻现状的分析》，《喀什师范学院学报》2006 年第 1 期。

② 茹克亚·霍加认为，1978 年来，由伊斯兰教经典圣训、教法形成的南疆婚姻习惯变化不大。茹克亚·霍加：《信仰与习俗——新疆维吾尔族的婚姻观念行为》，《世界宗教研究》2011 年第 6 期。

③ 曹红：《维吾尔族传统家庭及家庭功能的变迁》，《新疆师范大学学报》（哲学社会科学版）1999 年第 1 期；努尔古丽·阿不都苏力：《维吾尔族城乡女性比较研究——以切克曼村与乌鲁木齐市为例》，中央民族大学 2009 年博士学位论文。

④ 徐安琪：《新疆维吾尔族的婚姻制度与妇女福利》，《妇女研究论丛》2000 年第 5 期；徐安琪、茆永福：《新疆维吾尔族聚居区高离婚率的特征及其原因分析》，《中国人口科学》2001 年第 2 期。

婚姻管理日趋规范、再婚成本提高、社区对离婚事件有所参与和关注度提高。[1]

近年来，冯雪红以喀什地区 S 县阿村为田野点，做了一系列关于维吾尔女性的人类学研究，研究主题涉及恋爱观[2]、择偶观[3]、婚居模式和夫妻关系[4]、再婚问题[5]。冯文在田野调查基础上，从婚育过程的具体问题入手，分析维吾尔族妇女的婚姻家庭观念和行为特征，借此更为深入地了解维吾尔族婚姻文化的个性。上述田野民族志研究关注传统婚姻家庭文化的持续影响，尤其是在南疆边远乡村中的实际影响和作用。

二 人口学的统计分析

自 20 世纪 80 年代以来，有学者开始对维吾尔族婚姻状况的相关数据进行分析：例如苗剑新发现，在喀什地区 30 岁以下的女性提出离婚的较多；[6] 刘小治、李亚丽在和田地区墨玉县的统计结果显示，维吾尔族妇女未婚比例低、离婚和再婚人数多、初婚年龄低；[7] 刘平榆也发现，阿克苏地区维吾尔族的离婚峰值在 15 ~ 29 岁[8]。但上述文献都不是典型的人口统计研究，既不是将某一地区人口婚育情况的各项信息统计作为

① 王海霞：《农村维吾尔族女性的行为特征研究——以库车县牙哈镇克日希两村为例》，中央民族大学 2006 年博士学位论文；王海霞：《农村维吾尔族离婚率变动成因——以库车县牙哈镇为例》，《人口与经济》2009 年第 1 期。
② 冯雪红：《维吾尔族妇女婚姻镜像——基于新疆喀什地区 S 县阿村的调查》，《兰州大学学报》（社会科学版）2010 年第 5 期。
③ 冯雪红：《维吾尔族妇女婚姻镜像——基于新疆喀什地区 S 县 A 村为例》，《北方民族大学学报》（哲学社会科学版）2010 年第 1 期。
④ 冯雪红：《维吾尔族妇女婚居模式及婚姻家庭关系——基于新疆喀什地区 S 县 A 村的调查研究》，《吉首大学学报》（社会科学版）2010 年第 5 期。
⑤ 冯雪红：《维吾尔族妇女再婚若干问题研究——一项来自新疆喀什地区 S 县 A 村的田野考察》，《北方民族大学学报》（哲学社会科学版）2011 年第 4 期。
⑥ 苗剑新：《新疆农牧区少数民族婚姻家庭的一般状况及其对儿童发展的影响》，《喀什师范学院学报》1988 年第 1 期。
⑦ 刘小治、李亚丽：《新疆墨玉县维吾尔族妇女婚姻生育调查分析》，《中国人口科学》1987 年第 1 期。
⑧ 刘平榆：《新疆阿克苏地区育龄妇女特征及生育率分析》，《西北人口》1993 年第 2 期。

研究主题，分析数据也不是以族别（维吾尔族）为单位，更不涉及通过相关数据比较不同民族的婚姻家庭状况。

90 年代初，众多文献考察维吾尔族的人口问题，涉及人口数、出生率、家庭规模、生育愿望等，重点关注人口控制问题。[①] 只有极少数文献在小范围内对维吾尔族婚姻情况进行了细致深入的统计分析。例如李晓霞对阿克苏市伊干其乡维吾尔族婚姻情况的定量研究，得出的如下结论非常有意义：1. 婚姻缔结时，男性基于社会条件（职业、财力），女性基于自然条件（年龄、相貌），可能形成交换关系，且择偶时对对方职业的重视超过对文化程度的重视；2. 婚次与夫妇年龄差具有相关性，初婚男女年龄相差很小，夫妇年龄差与男方再婚时的年龄呈正相关；3. 提出离婚申请者中年轻人居多，离婚诉讼中女性原告占绝对多数，离婚母亲的抚养责任较重，婚姻财产关系简单；4. 从离婚到再婚的时间长短与前次婚姻的持续时间，不存在明显的相关性。[②]

近 10 年来，新疆人口学界开始利用人口普查资料做婚姻家庭状况的相关统计分析，以及地区和族际间的婚姻情况比较研究。艾尼瓦尔·聂吉木的《新疆维吾尔族人口离婚问题研究》一书是研究维吾尔族离婚问题的人口统计学著作。该书利用各类统计数据、人口普查资料及其他文献资料，对新疆维吾尔族人口的婚姻习俗及其婚姻状况、离婚率变动及

---

① 李建新：《新疆人口控制措施》，《西北人口》1992 年第 3 期；毛文中：《现阶段新疆少数民族人口增长的政策动因》，《中国人口科学》1993 年第 2 期；李建新、杨力民：《新疆两次人口普查间人口出生率变动成因及人口控制效果评价》，《西北人口》1994 年第 1 期；原新：《维吾尔族人口问题综合研究》，《新疆大学学报》（哲学社会科学版）1994 年第 4 期；巴哈尔古丽：《新疆少数民族妇女的文化素质和职业构成与妇女生育水平的关系》，《新疆社会经济》1996 年第 1 期；江敏莉：《新疆少数民族婚育意愿的调查与分析》，《中国人口报》1996 年 5 月 3 日；侯菊凤：《新疆少数民族妇女婚姻家庭生育状况研究》，《新疆大学学报》（哲学社会科学版）1996 年第 3 期；陆西发：《新疆计划生育工作刍议》，《新疆社会经济》1996 年第 6 期。

② 该文数据来源是伊干其乡 1989～1991 年部分维吾尔族结婚申请（302 件）、离婚申请（121 件）及离婚证（87 份）。尽管研究样本的提取不符合抽样调查规范要求、数据完整性不足，但较之此前研究是非常可贵的改进。李晓霞：《伊干其乡维吾尔族的婚姻生活》，《西北民族研究》1993 年第 2 期。

其地区差异、再婚问题及平均初婚年龄、离婚原因等问题进行了非常细致的研究。尤为可贵的是作者采取实证研究方法，以 1 万份入户实地调查资料为主，并以各地法院和民政部门离婚案件档案资料为补充，对学界及公众颇为关注的维吾尔族离婚原因及其相关问题进行了全面的综合分析。[①] 艾尼瓦尔·聂吉木将维吾尔族人口离婚率变动趋势同新疆其他主要少数民族人口作比较，并对不同地理区域间（南疆、东疆、北疆）离婚情况进行比较分析。[①] 艾尼瓦尔·聂吉木总结新疆各少数民族婚姻发展趋势：1. 各少数民族婚姻观念已发生变化，违法婚姻现象明显减少，但并未杜绝；2. 除了哈萨克族以外，回族、蒙古族离婚率都高于全国平均水平，但维吾尔族、柯尔克孜族离婚率更高，同时两族的再婚率也高；2. 维、柯两族未婚人口比重呈上升趋势，其余三族则下降。[②] 不同地域维吾尔族离婚人口的变动规律表现为：1. 按三大区域来看，南疆维吾尔族离婚人口比重最高，北疆最低，东疆介于两者之间；2. 改革开放以来南疆维吾尔族人口离婚率呈下降趋势，而东疆和北疆则呈上升态势；3. 除南疆三地州（喀什、和田、阿克苏）以外，其余地区维吾尔族离婚率均呈逐年上升的趋势。其中，经济发展较快的城市离婚率上升最迅速。[③]

三　民间法与国家法"互动"主题研究

自 20 世纪 90 年代起，习惯法研究在我国法学研究中勃兴，少数民族习惯法是这一领域研究的主角之一，而少数民族习惯法研究最为重要的研究对象就是少数民族婚姻家庭习惯。同其他地区的研究取向大体一

---

① 艾尼瓦尔·聂吉木：《新疆维吾尔族人口离婚问题研究》，中央民族大学出版社，2009，第 41~76 页。

② 艾尼瓦尔·聂吉木：《新疆少数民族人口婚姻状况调查》，《中国人口科学》2002 年第 5 期；艾尼瓦尔·聂吉木：《新疆少数民族人口婚姻状况及其变动趋势分析》，《西北人口》1994 年第 1 期。

③ 艾尼瓦尔·聂吉木：《新疆维吾尔族人口离婚率变动趋势浅析》，《新疆社会科学》2005 年第 4 期；艾尼瓦尔·聂吉木：《新疆维吾尔族人口离婚问题比较分析》，《石河子大学学报》（哲学社会科学版）2006 年第 4 期。

致，新疆习惯法研究主题集中于国家法（正式制度）与习惯法（非正式规则）的"互动"关系，"冲突""调试""融合"是该类研究文献的关键词。

部分习惯法研究文献停留在宏观的概念解释和定性论证上，较少有量化的实证分析，同时也没有适当的对比研究，尤其缺乏细致的个案分析。主要问题表现为：1. 一些文献对何谓"冲突"，如何"融合"的解释过于模糊。例如重婚、有配偶与他人同居、早婚、"民族内婚制""教内婚"①、近亲结婚、事实婚姻、简易"离婚"及家庭暴力等，均被视为习俗与国家法"冲突"的表现。将"教内婚""民族内婚制"视为"冲突"表现的解释力不足，最多只能认为，两类情形下存在着外在干预影响当事人的婚姻选择，具有违法的可能，且认定违法并追责的难度非常大。② 2. 焦点不集中，冲突的原因极为宽泛且缺乏分析层次，例如地理环境、人文环境、宗教习俗、执法和司法力量的薄弱等，都被视为冲突的原因。3. 建议大而不当、无的放矢，融合措施可归纳为完善立法、严格执法、加强教育、扩大宣传，也包括发展经济。4. 除此以外，部分文献研究方法欠缺科学性。例如有文献的调研对象是在校少数民族大学生，调查方法是发放问卷，通过正在接受良好教育的未婚大学生来了解少数民族的择偶标准、离婚、婚姻财产、家庭事务管理等问题，显然不适合。

---

① "教内婚"即同一宗教信仰者之间方可以缔结婚姻关系，排斥与不同信仰者互相通婚。"民族内婚制"即婚姻的缔结只能在本民族内部成员间进行，排斥与别的民族互相通婚。

② 当然族际通婚有着丰富的社会文化意义。群体的内聚与排外，或可认为是文化冲突，但未必有法律意义。如果父母及其他近亲属以同一宗教、同一民族作为缔结婚约的前提，反对跨族婚姻、不同信仰者间缔结婚姻自然是违法的，暴力干涉可能构成犯罪；但如果这一群体的主流观念是坚持族内通婚、教内通婚，不支持甚至反对上述婚姻，婚龄男女也不愿选择其他民族、其他信仰者为配偶，这本身是一种择偶标准上的民族心理和倾向，很难认为是冲突。尽管有外在干涉，被干涉者或不经父母同意自行办理婚姻登记，或忍痛割爱尊重父母的决定，少有子女起诉父母的，而多是作为家庭内部纠纷来自行处理。关于跨族通婚、不同信仰者通婚的社会阻力和文化障碍，李晓霞在其著作《新疆混合家庭研究》第五章"混合家庭的建立：缔结族际婚姻"、第六章"混合家庭的维系：文化冲突与调试"中做出了非常出色的分析。李晓霞：《新疆混合家庭研究》，社会科学文献出版社，2011，第128～192、193～251页。

有的文献没有实地调研资料作为支撑，所用的数据和实例多引自前期发表的文献。①

上述情况不仅出现在维吾尔族婚姻习惯法研究中，哈萨克族习惯法研究也存在类似问题。如果说，姑且可以把借婚姻索取高额彩礼的现象视为哈萨克族历史上买卖婚的"沿袭"，将重婚现象视为《古兰经》中男子可以娶四个妻子规定的"遗迹"；而将传统婚姻习俗中的父母包办、不允许女方离婚（这些情况在哈萨克族聚居区极为少见）与婚姻自由作比较，主题不是婚姻习俗、制度的历史变迁，而是"冲突"，② 是明显有违事实的。有文献将民族习惯法的独特价值和合理性、国家法的权威性、习惯法对国家法的弥补作用，作为实现国家法与习惯法相互调试、相互融合的前提；相应融入途径是以改变民俗习惯法推进法制统一为主，辅助措施是民族自治地方立法机关通过制定变通规定肯定部分习惯法。③这些原则性提议缺乏可操作性。

也有一些文献富有启发意义。例如石奕龙、艾比不拉·卡地尔对维吾尔族婚礼仪式现代性的分析，即婚约双方先办理结婚登记，后再请宗教人士主持"尼卡"仪式。这意味着"国家权力体系对民间日常生活的越来越渗入以及国家和民间关系的进一步调节"④。艾力江·阿西木对三声"塔拉克"的休妻惯例在维吾尔族聚居区实际影响的分析，即男方三次宣布"塔拉克"以后还继续保持夫妻关系，会被周围的穆斯林视为"无耻""下流"，即使是男方后悔、女方强烈反对，碍于教义教规和社

---

① 薛全忠、张淑芝：《新疆少数民族婚姻习俗的法律思考》，《西北民族大学学报》（哲学社会科学版）2009 年第 1 期；阿依古丽·穆罕默德艾力：《新疆少数民族婚姻家庭的法律问题探析》，《西北民族研究》2011 年第 4 期；肖艳丽：《维吾尔族婚姻习惯法研究》，中央民族大学 2010 年硕士学位论文。

② 张旭、黄晶晶：《略谈哈萨克族婚姻习惯法和国家法的冲突》，《丝绸之路》2011 年第 8 期。

③ 牛克林：《新疆哈萨克族习惯法研究》，新疆大学 2010 年硕士学位论文；马莉莉、吴兴红：《对哈萨克族传统婚俗的法律分析与思考》，《法制与社会》2011 年第 3 期（上）；张旭：《哈萨克族婚姻习惯法和国家制定法的冲突与调适》，石河子大学 2011 年硕士学位论文。

④ 石奕龙、艾比不拉·卡地尔：《维族婚姻习俗中尼卡（Nikah）仪式的人类学解读》，《云南民族大学学报》（哲学社会科学版）2010 年第 3 期。

区情理，婚姻也难以复合。① 库尔班·依布拉依木卡德认为，新中国成立后，除了"尼卡"（念"尼卡"与办理结婚登记并行）和"塔拉克"制度（男方说了"塔拉克"后，婚姻关系在道德和教义上不再被认可）在维吾尔族中依然有较大影响以外，其余的宗教婚姻规范逐渐趋于消失。在硕士论文的最后一章，库尔班·依布拉依木卡德分析维吾尔族婚姻习惯可能的发展趋势之一是近年来出现的伊斯兰化，即坚决主张遵循《古兰经》和《圣训》中所有戒律的原教旨主义的极端表现，包括不承认国家颁发的结婚证，提倡女人蒙盖头，鼓吹一夫多妻是合法的，声称要完全遵守"塔拉克"制度等。②

余论　如何弥补关注缺失并增强研究解释力

相对而言，社会学和人口学研究较为成熟，前期研究成果反映出的很多问题目前仍然存在；众多文献对维吾尔族高离婚率原因、离婚人口特征的分析，仍有很强的解释力。习惯法研究是近年来出现研究取向，尚处于起步阶段，观点和看法也有待完善。上述前期研究均存在着解释力不足或关注缺失问题，具体表现为：

（一）缺乏理论建构与实证检验

维吾尔族婚姻家庭研究多使用简单的描述性方法，缺少理论建构并经实证检验，尤其缺乏纳入社会、文化、经济、人口等各项相关变量在内的相对完善的分析模型，比如既有研究成果难以解释维吾尔族人口的知识化和社会分层加剧、人口流动和城市化（北疆较为明显）、抑制人口流动（例如南疆乡村）、流动人口在核心城市形成新聚居地（例如在

---

① 艾力江·阿西木：《论维吾尔族"塔拉克"离婚习俗的法律效力问题》，《内蒙古民族大学学报》（社会科学版）2011 年第 6 期。

② 该文认为，维吾尔族习惯法与国家法的关系以"一致性和补充性为主，而不是冲突性"。该文系法制史论文，所以当下维吾尔族婚姻家庭习惯的表现和影响不是论文的写作重点。库尔班·依布拉依木卡德：《维吾尔族婚姻习惯法》，新疆大学 2010 年硕士学位论文。

乌鲁木齐天山区）等重要变量，对婚姻状况的影响。

（二）缺乏全面的分析框架

前期研究着眼于对单一民族（维吾尔族）进行调查和分析，尽管也有文献以其他省份和本区其他族别为参照，但在参照系选择上仍存在明显的考虑不周，即缺乏对地域、城乡、民族婚姻状况的全面分析框架，也缺乏对同一地域内维、汉、哈、回等各族婚姻状况的细致对比研究。

（三）不关注纠纷的处理过程

社会学、人类学、人口学文献分析维吾尔族的结婚年龄、生育情况、婚姻维系期、离婚原因、离婚率、婚次等问题，均不涉及离婚纠纷的处理过程。上述问题，在法学研究中可以被视为"拟解除的婚姻情况"。尽管徐安琪的研究涉及诉讼信息的统计（徐安琪曾统计了和田市法院1998年审理的百起离婚案件），但是信息统计项目较少，样本选择方法、使用目的都不够明晰。艾尼瓦尔·聂吉木的研究涉及民政登记离婚和诉讼离婚的信息统计，统计项目包括离婚者的年龄、文化水平、职业、婚姻存续期和离婚次数、子女抚养情况、离婚原因，但其研究侧重于离婚者的特征，而不关注国家权力（民政部门的调解、审核职能和法院的调解、裁判职能）的实际作用①。但离婚毕竟不是婚姻家庭生活中的正常状态，即使是离婚率较高的维吾尔族也如此；并且，离婚的后果（在法律意义上解除婚姻关系）也不是自然发生的，即便是司法机关介入和干预离婚纠纷的程度有限。

---

① 需说明的是，艾尼瓦尔统计了离婚诉讼卷宗461件，时间为1987～2004年，案件发生地是吐鲁番地区、伊犁哈萨克自治州、喀什市和阿图什市；统计的民政登记离婚样本是喀什市发生的765起维吾尔族登记离婚案件，时间是1980～2003年，各个年度案件在25～42份，比重在3.27%～5.49%。碍于难以争取到相关部门配合的实际困难，样本收集、提取的连续性和代表性受到了极大影响。艾尼瓦尔·聂吉木：《新疆维吾尔族人口离婚问题研究》第六章"新疆维吾尔族人口离婚问题研究原因实证研究——以461宗离婚诉讼为例"、第七章"新疆维吾尔族人口离婚问题研究原因调查研究——对765宗协议离婚案的实证分析"，中央民族大学出版社，2009，第213～257页。

（四）不关注公权力对婚姻家庭的影响

社会学、人类学文献将婚姻问题的研究"场域"定位于家庭（包括核心家庭和大家族）和小社区（且以南疆绿洲农村为主），人口学将婚姻问题的统计单位确定为民族或地区，上述研究都不关注公权力对婚姻家庭的影响。专业所限，离婚诉讼不能"理所当然"地进入到社会学、人类学、人口学研究者的视野。而有限的法学文献过于"迷恋"国家法与习惯法的"互动"主题，将研究置于两者冲突与调试的关系前提下，关注的核心不是司法审判，例如离婚诉讼当事人的基本情况、拟解除的婚姻情况、审理情况如何。故就公权力对婚姻家庭领域纠纷处理的作用空间、作用效果同样缺乏分析。

上述缺陷和问题，有待后续研究中弥补和解决。

视角与主题：变迁语境中哈萨克族
婚姻家庭关系研究

因新疆离婚率在全国各省份之中始终位居前列，故而该地区引起了较高的学术关注度。但就维吾尔族和哈萨克族这两大少数民族的婚姻家庭关系研究而言，存在着极为明显的关注差异与关注失调：第一，有关维吾尔族的研究文献较多，直接以哈萨克族婚姻家庭关系为篇名或主题的文献数量较少。第二，有关维吾尔族的文献更多关注婚姻解体（离婚问题），有关哈萨克族的文献更为关注婚姻缔结（结婚问题）。第三，有关维吾尔族的文献多集中于对早婚、多子女、高离婚率、高再婚率等现象的描述记录及原因分析，倾向于"传统"话题；有关哈萨克族的文献多关注该族生产方式、生计方式、社会组织变迁等问题，较少涉及婚姻家庭关系，倾向于"变迁"话题。

细致阅读、分析会发现，30年间哈萨克族婚姻家庭关系研究文献在视角和主题上发生了较大变化，表现如下：第一，关注视角从历史文献转向生活实践。第二，"变迁"主题之下出现了两类研究，即哈萨克族婚姻家庭变迁的整体进步叙事以及反思、修正的哈萨克族婚姻家庭沿革叙事。基于丰富认知和深化理论这一研究目的，哈萨克族婚姻关系缔结和维系的重要环节、社会网络及社会评价、国家权力介入婚姻家庭关系领域所发挥的作用，可作为推进哈萨克族婚姻家庭关系研究的增长点。

一 关注视角：从历史文献到生活实践

在哈萨克族婚姻家庭关系研究文献中，早期成果多出自于历史学和民俗学。20 世纪 90 年代初，开始有研究者关注新疆人口问题，但人口学研究文献对哈萨克族婚姻家庭关系的研究仅限于数据统计和简要解释。相对而言，同期出现的关于哈萨克族经济社会变迁的文献，对该族婚姻家庭关系的研究更为深入。近年来，以"哈萨克族婚姻家庭关系"为篇名或主题的人类学、社会学研究文献陆续发表。

（一）历史及民俗研究文献

自 20 世纪 80 年代起，多份哈萨克族历史文化研究文献以章节的形式介绍哈萨克族的婚姻家庭关系，这些文献注重历史上该族婚姻家庭关系的整体特征，且内容大同小异。例如苏北海的《哈萨克族文化史》一书，多处提到婚姻与家庭问题，并将二者分开来撰写，这一写作方式为后来多部专著所遵循，该书写作重点是总结传统民俗文化（例如婚姻习俗、婚礼仪式等）；时间节点在中华人民共和国成立前，对中华人民共和国成立后哈萨克族婚姻家庭关系的变化及当下的实际情况几乎没有涉及。[①] 同样的问题也见之于人类学家何星亮的《新疆民族传统社会与文化》一书第九章"哈萨克族的家庭与婚姻"[②]、历史学家贾合甫·米尔扎汗写作的《哈萨克族》一书第六章"婚姻与家庭"、《哈萨克族简史》（修订版）第十三章"哈萨克族的风俗习惯"、帕提曼编著的《哈萨克族民俗文化：暨哈萨克族研究资料索引：1879 - 2005》一书第七章"哈萨克族的婚姻、家庭"、《哈萨克族社会历史调查》收录的"阿勒泰哈萨克族文化习俗调查报告"中"婚姻和家庭"

---

① 苏北海：《哈萨克族文化史》，新疆大学出版社，1989。
② 《新疆民族传统社会与文化》一书第九章设有"20 世纪 90 年代哈萨克族农区的家庭""20 世纪 90 年代哈萨克族牧区的家庭"两个小节，但该书系属于历史研究，现实关注不强。

一小节①。周亚成教授等在《哈萨克族定居村落——胡阿根村社会调查周志》一书中第四章第三节、第十二章第四节记录了一个定居村落的婚姻家庭变迁。② 王芳教授所著《新疆少数民族民商事习惯与民事法律研究——以新疆维吾尔族和哈萨克族为视角》第三章、第四章、第五章，有关于哈萨克族婚姻、家庭、继承方面习惯法内容及其与国家法冲突表现、融合方式的介绍分析。③ 此外，还有一些书籍介绍哈萨克民族风俗、风土人情、人文地理，部分内容涉及婚俗和继承习惯等，④ 但这些书籍仅可作为一般性通俗读物来阅读。

（二）人口研究文献

鉴于 20 世纪 60 年代至 90 年代，新疆人口自然增长迅速，尤其是维吾尔族和哈萨克族；以及自 60 年代起，汉族跨省区迁徙人口快速增长。从 1985 年起，新疆开始实施计划生育政策。自 90 年代起，从事人口研究的学者开始关注新疆人口问题，当时关注的核心问题是如何实行计划生育政策控制人口增长。近年来，人口学者除了关注新疆人口规模和空间分布的历时性变化、文化素质、年龄结构、城市化程度等一般性问题外，更为关注新疆人口总量持续增长与经济社会资源环境的矛盾、全疆人口素质的地区差异、劳动就业安置、生态移民、贫困等区域性问题，

---

① 何星亮：《新疆民族传统社会与文化》，商务印书馆，2003；贾合甫·米尔扎汗：《哈萨克族》，纳比坚·穆哈穆德罕、何星亮译，民族出版社，2004；《哈萨克族简史》编写组：《哈萨克族简史》（修订版），民族出版社，2008；帕提曼：《哈萨克族民俗文化：暨哈萨克族研究资料索引：1879－2005》，民族出版社，2008；《中国少数民族社会历史调查资料丛刊》修订编辑委员会、新疆维吾尔自治区丛刊编辑组编《哈萨克族社会历史调查》，民族出版社，2009。

② 周亚成、阿依登、王景起：《哈萨克族定居村落——胡阿根村社会调查周志》，新疆人民出版社，2009。

③ 王芳：《新疆少数民族民商事习惯与民事法律研究——以新疆维吾尔族和哈萨克族为视角》，兰州大学出版社，2012。

④ 李肖冰编《哈萨克族风情录》，四川民族出版社，1998；房若愚、葛丰交：《哈萨克族》，中国水利水电出版社，2006；楼望皓：《新疆婚俗》，新疆人民出版社，2006；新疆维吾尔自治区对外文化交流协会编《哈萨克族民俗文化》，新疆美术摄影出版社，2006；张新泰编《哈萨克族民族风情》，新疆美术摄影出版社，2008。

上述问题也成为目前新疆人口研究的焦点。

20 年来，单独以哈萨克族人口为主题的人口学文献极为稀少。90 年代初有学者认为，哈萨克族的人口特征是增长速度快，年龄构成轻，人口素质低，妇女生育水平高。[①] 在人口膨胀过快、子女抚养成本增加等现实问题的冲击下，哈萨克族生育观念发生了明显转变——多子不再被普遍认同为"多福"，"少生优育"观念被广泛接受。[②] 近年来有研究者注意到，哈萨克族已进入人口低增长率阶段，城市化程度仍很低[③]。

（三）经济社会变迁研究文献

该类文献关注哈萨克族生产方式、生计方式、社会组织的变化，婚姻家庭问题作为哈萨克族社会变迁中的一个重要方面被加以研究。这类文献在 20 世纪 90 年代以后明显增加[④]的原因，需要做以简要解释。自 20 世纪 50 年代起，我国的《婚姻法》或婚姻政策赋予女性与男性平等的法律地位和婚姻自由权利。在哈萨克族聚居区，一夫多妻、"安明格尔"制度[⑤]已被彻底取消，包办买卖婚姻也越来越少见；同时国家在教育、就业等方面的政策制定和实施过程中，对少数民族女性赋权。但哈萨克族家庭的父权制没有彻底瓦解，义务教育远未普及，游牧仍是主要的生计方式。90 年代以来，随着定居政策的普遍实施，义务教育的普及化以及高等教育的发展，计划生育政策的严格执行，哈萨克族的家庭结

---

① 郑刚、任强：《新疆哈萨克族人口现状分析——对伊犁地区两县的调查》，《新疆大学学报》（哲学·人文社会科学版）1992 年第 3 期。

② 纳比坚·穆哈穆德罕：《哈萨克族的传统生育观及其演变趋势》，《新疆社会经济》1993 年第 1 期。

③ 房若愚：《新疆哈萨克族人口规模变迁及分布》，《新疆大学学报》（哲学·人文社会科学版）2005 年第 4 期。

④ 例如在中文数据库中国知网上以"哈萨克定居"为检索词，进行主题检索，再排除检索误差，可以查到相关文献 30 篇，其中学位论文 9 篇，期刊文献 14 篇，报纸文章 4 篇，会议文献 3 篇。统计数据来源于 http://epub.cnki.net/kns/brief/default_result.aspx，最后访问日期：2012 年 10 月 1 日。

⑤ "安明格尔"制度，又称为"转房制"或"收继婚"。历史上，哈萨克族妇女丧偶后，须嫁给亡夫兄弟，若无兄弟，则须嫁给亡夫的近亲属或亡夫氏族的其他成员。

构、家庭规模和家庭关系发生了较大的变化。

（四）以婚姻家庭关系为篇名或主题的文献

针对哈萨克族婚姻家庭领域的研究状况——主题研究和田野调查文献匮乏，没有全面、深入、细致地分析哈萨克族婚姻家庭变迁情况的主题文献，2000 年后，社会学、人类学研究者陆续发表了以"哈萨克婚姻家庭关系"为主题或篇名的文献。该类文献的关注焦点集中于哈萨克族家庭结构形态及家庭功能、婚姻缔结和维系（婚姻结合、离婚及再婚观念、跨族通婚）、家庭习俗（婚庆习俗、还子习俗、继承习俗等）等方面的变迁问题（见附表 4 - 1、附表 4 - 2）。

附表 4 - 1　哈萨克族婚姻家庭关系领域相关文献主题分类

单位：个

年度＼主题	婚姻家庭关系	经济社会关系	民俗文化	婚姻制度	历史	地方志
1980 年以前	0	0	0	0	4	0
1981～1985	1	0	0	0	2	5
1986～1990	0	0	1	0	4	2
1991～1995	1	0	0	0	1	1
1995～2000		4	0	0	4	1
2001～2005	4	5	1	0	2	2
2006～2010	8	7	2	0	2	2
2011～	10	4	15	16	0	0
合计	24	20	19	16	19	13

附表 4 - 2　哈萨克族婚姻家庭关系领域相关文献类型分类

单位：个

年度＼文献类型	专著	期刊论文	学位论文	
			硕士论文	博士论文
1980 年以前	4	0	0	0
1981～1985	6	1	0	0
1986～1990	7	0	0	0
1991～1995	3	1	0	0

续表

文献类型 年度	专著	期刊论文	学位论文	
			硕士论文	博士论文
1995~2000	7	2	0	0
2001~2005	8	5	1	0
2006~2010	6	9	4	1
2011~	0	33	12	2
合计	41	51	17	3

数据来源：1. 中国知网，先以"哈萨克婚姻""哈萨克家庭"为检索词进行主题检索，之后再进行排除和分类，http://epub.cnki.net/kns/brief/default_result.aspx；2. 超星电子图书，先以"哈萨克"为检索词进行检索，之后排除文学、艺术、经济类文献再进行分类。超星电子图书数据库中没有以哈萨克族婚姻家庭关系为书名的专著，著作主题多是民族史（15 部）和地方志（13 部）。http://www.sslibrary.com/book/search，最后访问日期：2016 年 5 月 1 日。

由上述两表可见：第一，自 2000 年起，哈萨克族婚姻家庭关系研究文献有所增加，主要文献类型是期刊文献，有数篇硕士学位论文和博士学位论文以哈萨克族婚姻家庭关系为选题。第二，2000 年后，相关研究集中于现实的婚姻家庭关系，以及相关的经济社会文化关系，"变迁"（或变异、变化）是多数文献的主题。民俗研究、历史文献研究现已不再是主要的研究取向，尽管历史及民俗研究是"变迁"主题研究的前提和起点。因此，哈萨克族婚姻家庭关系变迁及相关经济社会文化关系变迁这两类文献是本文第二部分研究、分析的重点内容。[1]

二 变迁主题下的两类研究

"变迁"主题相关文献在 30 年间也有所变化：20 世纪 90 年代至 2005 年间的文献，一般将研究设定在哈萨克族聚居区经济社会变迁的宏观框架下，分析该族婚姻家庭领域发生的由"传统"向"现代"变革；2005 年以后，"变迁"仍是哈萨克族婚姻家庭领域研究的关键词，但数份已发表的文献有别于前期研究。区别不仅体现在研究方法上更为实证，

---

[1] 因这两类文献较多，在此不罗列篇目，在本文第二部分相关文献被引证时再做具体分析。

而且也表现在对即有研究的立场和观点予以反思和修正。

（一）哈萨克族婚姻家庭关系变革的整体进步叙事

1. 对象及关系的整体性

早期哈萨克族婚姻家庭关系研究多围绕历史文献和传统习俗，尤以哈萨克汗国时期最具代表性的三部成文法典和沙俄统治时期的《西西伯利亚吉尔吉斯人法规》[①] 为主，或以上述法典为研究对象，做制度史研究；或以其为分析的起点，做制度演进研究。罗致平、白翠琴较早对哈萨克族历史成文法中的婚姻家庭制度开展了研究，分析了哈萨克家庭、婚姻、继承及家族惩罚等制度如何维护父系家长制及封建伦理，买卖性质的彩礼及"安明格尔"制度如何使得女性附属于氏族。[②] 这份文献将研究对象定位为整个民族，将婚姻家庭制度作为哈萨克族历史成文法的一部分，而不以深入剖析某一具体制度为研究目标。

此后有研究者沿袭早期文献的定性研究结论——将哈萨克民族的传统社会制度称为"封建宗法"或"宗法"制度，哈萨克族宗法制度包括行政、财产、婚姻、继承、司法等多领域内容，宗法性被认为是哈萨克族传统社会关系的首要特征；宗法制度在婚姻家庭领域的具体表现是父权家长制的普遍存在、聚族而居、祖先崇拜、妇女地位低下等，这种认识得到社会学、伦理学、地方史、习惯法、民俗等领域研究者相对一致的认同。[③]

---

① 即哈斯木汗时期（1509～1523）制定的《哈斯木汗法典》，在额什木汗时期（1598～1625 或 1645）制定的《额什木汗法典》，以及由头克汗主持制定的《七项法规》（即《头克汗法典》）。沙俄统治时期，于 1822 年颁行《西西伯利亚吉尔吉斯人法规》。

② 罗致平、白翠琴：《哈萨克法初探》，《民族研究》1988 年第 6 期。

③ 周成业、古丽夏：《谈哈萨克族妇女的现代意识》，《新疆大学学报》（哲学社会科学版）1996 年第 4 期；白京兰：《浅析哈萨克族宗法文化的成因与变异》，《中南民族大学学报》（人文社会科学版）2004 年第 4 期；马幸荣：《新疆哈萨克族传统婚姻家庭制度的民族特点及制度变迁》，《东北师范大学学报》（哲学社会科学版）2011 年第 3 期；牛克林：《新疆哈萨克族习惯法研究》，新疆大学 2010 年硕士学位论文；张淑：《哈萨克族传统婚姻家庭伦理研究》，新疆师范大学 2011 年硕士学位论文；张旭：《哈萨克族婚姻习惯法和国家制定法的冲突与调适》，石河子大学 2011 年硕士学位论文；刘湘娟：《20 世纪 50 年代新疆哈萨克族社会文化转型研究》，新疆大学 2004 年硕士学位论文。

宗法体制下的父权家长制构成了哈萨克族婚姻家庭关系从"传统"向"现代"发展的叙事起点。

2. 全面进步叙事

从"传统"到"现代"，哈萨克族婚姻家庭关系的变迁表现为多方面的进步：第一，血缘与地域相结合的社会组织逐步向国家政权控制下的单纯地域性的行政组织转化（地州－县市－乡－行政村）。第二，互利互惠的商品意识日益取代了"团结、互助而不取任何报酬"的传统宗法意识。[①] 第三，两性关系从男尊女卑到女性摆脱夫权、族权以及神权[②]的束缚与羁绊。第四，女性在生产模式、生活方式、社会角色等方面实现了全面转变，成为社会生活的积极参与者。

也有文献较为细致地对比在城市、县乡、农区、牧区四种不同的生活环境中，哈萨克族妇女婚姻家庭观念和家庭地位的差异。从城市到牧区，哈萨克族女性的现代观念和地位呈现出递减的梯度，尤其是在牧区家庭中，女性的自主、平等意识最弱、家庭地位最低。[③] 这种梯度研究也可归于全面进步叙事类型，四种生活环境的划分，旨在通过对比不同生活环境中哈萨克族女性的家庭地位，分析哈萨克族家庭现代化的速度、程度差异及其影响因素。

3. 宏观框架下的原因分析

前述文献认为，导致哈萨克族宗法文化转型的原因被视为，20世纪50年代以来，萨克族聚居地区政治制度发生变革，由宗法封建制度向社会主义制度转变；哈萨克族的简单自然经济逐步解体，单一生产方式向

---

① 认为传统宗法下社会关系具有不计报酬的特点，这一观点值得商榷。大大小小的部落首领与成员之间存在着庇护与忠诚、分享与奉献、权利与义务的依存关系。

② 在哈萨克人传统的游牧生计方式中，游牧民族的习惯法、族权和夫权的影响力、控制力极大，但"神权"（不确切的提法，准确地说是"伊斯兰教权"）影响力有限。族权、夫权、神权各自的影响力差异，应做出更为细致的分析。

③ 周亚成、古丽夏：《谈哈萨克族妇女的现代意识》，《新疆大学学报》（哲学社会科学版）1996年第4期；张兴：《从培养"男性附属品"到促成"社会半边天"——从女性角色转变看哈萨克女性教育变迁》，华东师范大学2009年博士学位论文。

多元化经济类型转化。在宏观政治经济社会变迁的框架下，哈萨克族的生活方式发生变革，社会文化和思想观念也发生相应转变，表现在新型生活观念产生、婚姻家庭变化、文化教育发展等方面。

（二）反思、修正的哈萨克族婚姻家庭关系沿革叙事

近年来，哈萨克族婚姻家庭关系研究发生了若干变化，部分文献在肯定现代婚姻家庭的基本原则（婚姻自由、男女平等、一夫一妻）的前提下，反思、修正并试图重构现代哈萨克族的婚姻家庭关系理论。这种反思性研究在基本立场上肯定现代婚姻家庭的轴心关系——夫妻间的平等、尊重、互敬互爱、相互扶助，并重新评价个体家庭相对外围的社会关系，包括大家庭的代际关系、亲属关系、社区关系，以及国家法律、政策对哈萨克族家庭生活方式和社区组织的影响等。

1. 对象具体化与问题微观化

在多份关于哈萨克族婚姻家庭关系"变迁"的主题研究中，概括最为全面的是阿依登的文章，其以新疆昌吉市阿什里乡哈萨克族定居村落胡阿根村为田野调查地点，分析哈萨克族婚姻关系在制度、观念、风俗等多个方面的变化，"在婚姻制度方面，已由一夫多妻制变为一夫一妻制，由收继婚制、买卖婚姻、包办婚姻变为自由婚姻；在婚姻观念方面，由早婚向晚婚变迁，逃婚现象已经大大减少，婚姻自主程度大大增强；在婚姻习俗方面，结婚程序由繁变简，嫁妆增添了现代物品……"[1] 这一结论被后续的数份文献所引证。

古力扎提在硕士学位论文写作过程中，选择了城乡两处调查地点——乌鲁木齐市种牛场（50户家庭）和和丰县[2]巴音傲瓦乡加勒克孜呼德克村（50户家庭），研究主题为"新疆哈萨克族婚姻家庭的变迁"，并且有明确的时间节点（1949年以来）。[3]

---

[1] 阿依登、库娟娜：《新疆农牧区哈萨克族婚姻变迁调查研究——以新疆昌吉市阿什里乡胡阿根村哈萨克族个案调查为例》，《伊犁师范学院学报》（社会科学版）2007年第2期。

[2] 新疆塔城地区和布克赛尔蒙古自治县旧称"和丰"。

[3] 古力扎提：《建国以来新疆哈萨克族婚姻家庭的变迁》，陕西师范大学2006年硕士学位论文。

而有关聘礼问题的研究已不再是"美丽的姑娘值八十匹骏马"等民谣和历史文献的引介。张建军在伊犁哈萨克自治州直属县察布查尔锡伯自治县查干布拉克村对哈萨克族婚嫁消费的程序（复杂）、数额（极大）、彩礼品目（货币化）进行调查，分析哈萨克族婚嫁消费的特点（奢靡、透支）及其社会文化意义（互惠与补偿、身份建构、巩固家庭关系等）。①

张兴的博士学位论文是第一份有关哈萨克女性教育与社会变迁关联史的专题研究文献，其田野点是阿勒泰地区福海县；作者从身体、权力与教育之间的相关性入手，分析古代哈萨克族社会中女性教育形成的深层原因，探讨劳动分工的自然选择如何使得身体资本化，男性身体资本的强势地位被制度化形成男权，进而决定了社会对女性的教育内容与过程。有关传统哈萨克族社会教育对女性社会角色的塑造，有了更为深入的分析。②

有个别哈萨克族制度史方面的研究文献从根本上改变了对某项制度的历史评价，例如数位研究者认为，"收继婚"或"安明格尔"保障了古代游牧民族妇女的基本生存，解决了亡父的未成年子女抚养问题，有助于减少纷争，保持家庭的稳固和完整。③

2. 反思整体进步论

早期研究者认为，在哈萨克族最基本的社会组织阿吾勒④中，封建领主披着"部落公有""氏族互助"的外衣，行着维护封建所有制、阶

---

① 张建军、汪俊：《伊犁河流域哈萨克族婚嫁消费文化的人类学解析》，《塔里木大学学报》2011 年第 4 期。

② 张兴：《从培养"男性附属品"到促成"社会半边天"——从女性角色转变看哈萨克女性教育变迁》，华东师范大学 2009 年博士学位论文；张兴：《身体、权力与教育：哈萨克族古代传统女性的养成》，《新疆大学学报》（哲学·人文社会科学版）2011 年第 2 期。

③ 阿依古丽：《浅谈哈萨克族的"安明格尔"婚姻制度——兼与古希伯来法"寡妇内嫁"婚姻制度相比较》，《中央民族大学学报》（哲学社会科学版）2010 年第 4 期。

④ 阿吾勒（Aul）是哈萨克人聚居和游牧的单位，由同一祖父的近亲或同一氏族的成员组成，历史上一直是哈萨克族最基本的社会组织。这种组织被柯尔克孜人称作"阿依勒"或"朱尔特"，蒙古人称其为"阿寅勒"。

级剥削、强化男权、性别压迫的实质。近年来越来越多的研究者认为，传统阿吾勒是具有向心力的基层组织，同时兼具解决纠纷、有效互助等功能。①

对哈萨克游牧定居问题，早期研究者认为，政府实行定居政策的目的在于，改变牧区落后的生产方式与牧民艰苦的生存条件，研究集中于描述政策内容及实施过程，以及相应的哈萨克族经济生产方式变化；较少涉及政策执行的效果、政策对象群体（哈萨克牧民）的认同情况，以及哈萨克族家庭关系变化。② 近年来，有学者认为，从游牧生计方式向农耕转变的过程中，哈萨克族家庭中老年人与中青年人之间发生观念冲突，老年人权威开始下降，同龄人相互间影响不断上升，牧区青少年违法行为逐渐增多。③ 以牧民定居政策为核心，国家意在实施改善牧民福利的社会改造工程，但政策本身"不尊重生存逻辑、忽略牧民生存智慧，没有认识到牧区地方性知识"④。上述分析虽只是点墨之笔，但颇具启发意义。

父权统治已从现代哈萨克族家庭中逐渐消失，有研究者开始重视哈萨克族传统养老文化对新疆农村养老保障的影响，其积极的一面是"促进家庭幸福、代际和谐及家庭美德的建设"；同时也有消极的一面，哈萨克族家庭养老意识很强，不利于新疆农村社会养老保障的普及和发展。⑤

---

① 罗意：《我国哈萨克族基层社会组织探析》，《伊犁师范学院学报》（社会科学版）2011 年第 2 期；加娜尔·萨卜尔拜：《论新疆哈萨克族阿吾勒及其变迁》，《新疆社会科学》2009 年第 2 期；陈祥军：《移动的游牧社会组织功能及实践意义——以哈萨克族阿吾勒为例》，《内蒙古社会科学》（汉文版）2010 年第 3 期。

② 李晓霞：《新疆游牧民定居政策的演变》，《新疆师范大学学报》（哲学社会科学版）2002 年第 4 期；李晓霞：《从游牧到定居——北疆牧区社会生产生活方式的变革》，《新疆社会科学》2002 年第 2 期。

③ 陈祥军：《生计变迁下的环境与文化——以乌伦古河富蕴段牧民定居为例》，《开放时代》2009 年第 11 期。

④ 刘鑫渝：《土地制度变迁视野下的哈萨克游牧社会——以伊犁新源县为例》，吉林大学 2011 年博士学位论文。

⑤ 阿里木江·阿不来提：《论哈萨克族传统养老文化对新疆农村社会养老保障的影响》，《新疆社会科学》2009 年第 1 期。

3. 重塑传统

刘鑫渝对哈萨克族婚姻家庭关系没有作系统研究，但其在土地制度变迁的视野下，细致详尽地分析了土地制度、生产生活方式变迁引发的地域观念、家庭观念的变化：哈萨克族人从淡漠经商和视经商为耻的职业意识、旧的婚姻观念和婚姻习俗、不讲效益的劳动价值观，逐渐转向参与市场活动、竞争意识增强、人口计划生育觉悟提高、效益观念增加。牧区社会结构的分化使得牧区社会文化价值观趋向多元化；当然，其间也出现了一些负面现象，如价值观的混乱和迷失、牧区社会矛盾和冲突增多①。

在政治制度（国家基层政权建设）、国家政策（发展农业、牧民定居）、大的社会变迁（商业化、流动化）背景及生计方式改变的影响下，阿吾勒原有的组织形态被瓦解，但阿吾勒以社区力量化解牧民生产、生活困难与风险的功能被再次肯定。②

婚姻家庭关系的"变迁"被更为客观全面地评价。古力扎提分析其中的正向变化，例如家庭中妻子的地位提高，对再婚者的宽容，生育观念逐渐趋向科学（"少生优生"观念获得普遍认同、子女性别取向淡化）；但也认识到婚姻观从封闭转向开放的过程中，择偶标准的变化（从注重对方人品、性格到注重经济条件），以及婚外恋的出现对"保守"的哈萨克人婚姻家庭道德观念带来冲击。③

余论　寻找哈萨克族婚姻家庭关系研究的增长点

鉴于哈萨克族婚姻家庭关系的研究角度不断丰富，研究主题和理论

---

① 刘鑫渝：《土地制度变迁视野下的哈萨克游牧社会——以伊犁新源县为例》，吉林大学 2011 年博士学位论文。

② 罗意：《我国哈萨克族基层社会组织探析》，《伊犁师范学院学报》（社会科学版）2011 年第 2 期；加娜尔·萨卜尔拜：《论新疆哈萨克族阿吾勒及其变迁》，《新疆社会科学》2009 年第 2 期；陈祥军：《移动的游牧社会组织功能及实践意义——以哈萨克族阿吾勒为例》，《内蒙古社会科学》（汉文版）2010 年第 3 期。

③ 古力扎提：《建国以来新疆哈萨克族婚姻家庭的变迁》，陕西师范大学 2006 年硕士学位论文。

倾向也有所调整。在此没有必要，也没有可能为哈萨克族婚姻家庭关系研究确立一种标准的研究模式，并持以教条主义的学术态度。但是正如"变迁"主题的含义所示，最为重要的是从不同角度来思考继续"实践"着的婚姻家庭关系。结合 2012 年暑期田野调查的经历，作者本人认为思考如下问题，对推进哈萨克族婚姻家庭关系研究是极为重要的。

（一）婚姻家庭生活中的重要环节、焦点问题

例如聘礼问题，有数位研究者对哈萨克族的礼仪繁杂、竞赛操办、铺张浪费的弊端予以分析，其中尤以婚礼最为显著。尽管不论是学者，还是本族成员普遍对"高额聘礼"问题提出反对意见，但为何此现象愈演愈烈，其中除了攀比心理、双方家庭相互妥协、聘礼与嫁妆成正比以外，是否还有争取女方利益以及新婚家庭利益更大化，因聘礼与嫁妆流向新婚家庭因而增强了付出婚姻成本的可接受性等问题，需要进一步研究。

少数研究文献的个案访谈提到酗酒对婚姻家庭关系的影响。作者2012 年在阿勒泰市法院调研期间发现，因酗酒引发家庭纠纷乃至女方提起离婚诉讼的，约占阿勒泰市法院受理的哈萨克族离婚纠纷的一半。对北方游牧民族文化有所了解的人都知道，哈萨克族男性好酒擅饮，这一现象由来已久。爱好杯中之物若是不同代际男性的共性，那么不同代际哈萨克族男性在家庭责任感、角色意识上是否存在差异？不同代际女性对男性酗酒的态度和反应是否也存在着显著区别？这些问题才是解释并解决酗酒影响婚姻家庭关系问题的关键。[①]

（二）社会网络、社会评价对家庭关系的影响

尽管哈萨克族家庭经历了从单一经济到混合经济、从游牧到定居、从扩大家庭到核心家庭、从男权制到男女平等的变化，但这并不意味着社区、族群的社会网络、社会评价不再发挥作用。作者在阿勒泰市法院

---

① 一位法官认为，尽管哈萨克族男性有聚会喝酒的习惯，但年长的男性有工作、有收入，对家庭负责；哈萨克族年轻人喜欢喝酒，但无固定职业、不承担家庭责任者较多。

调研期间，该院法官介绍说，一对哈萨克夫妻离婚了，几天之内会被整个社区（城镇、乡村，以至部落）知晓，离婚仍然被看成是"很没面子"的事情。定居后哈萨克族的基层社会网络、社会评价问题是非常值得研究的问题。另外，家族中的长者，尤其是父母婚姻家庭观念强，当子女出现家庭矛盾时，父母积极介入、引导，以维护子女婚姻家庭生活的稳定。这是法官与民政婚姻登记工作人员的一致看法。

（三）国家权力介入对婚姻家庭关系和谐稳定的影响

与新疆其他穆斯林群众高离婚率相比，哈萨克族的婚姻关系相对稳定。对此既有的研究文献主要是从高额彩礼、生存条件艰苦、大家庭向心力等角度予以解释。没有文献分析哈萨克族聚居区当地的民政及司法部门对维护婚姻家庭关系和谐稳定的影响。作者在调研期间了解到，阿勒泰市民政部门在办理结婚登记和离婚登记时，行政服务环节更为细致化和人性化；阿勒泰市法院速裁庭哈萨克族法官在办理离婚案件时，调解能力被当事人和汉族法官所称道，半数左右的离婚案件经他们调解和好。①

以上三个方面，仅是作者总结、思考 2012 年度暑期的调查情况后提出的问题，尚需做细致、深入的调研和分析。

---

① 因男方酗酒女方提起离婚诉讼请求的，男方都不愿意离婚。法官采取如下方案帮助当事人和解：先做男方工作，劝其戒酒；男方承诺戒酒后，再征询女方意见，多数妻子会给酗酒的丈夫一次机会；接下来法官会确定一个大致期限，考察男方的戒酒效果；一部分案件在开庭前当事人就和解撤诉了，还有一部分案件在开庭时调解和好。很多男性戒酒时断时续，女方两三次到法院起诉要求离婚，法院便少有调解和好的可能了。

写作材料与参考文献

一 卷宗资料

和田市法院 2013 年度婚姻家庭案件卷宗 351 卷，其中离婚案件卷宗 328 卷；抚养费纠纷案件卷宗 11 卷；同居关系纠纷案件卷宗 12 卷，包括同居关系析产纠纷案件卷宗 4 卷，同居关系子女扶养纠纷案件卷宗 8 卷。

阿勒泰市法院 2013 年度婚姻家庭案件卷宗 323 卷，其中离婚案件卷宗 319 卷；离婚后财产纠纷案件卷宗 4 卷。

两地婚姻家庭纠纷案件卷宗共计 674 卷，按照诉讼语言分类，其中汉语卷宗 118 卷，维吾尔语卷宗 299 卷，哈萨克语卷宗 257 卷。

引用卷宗资料的个案均用 "JZZL" 标明；接下来审判机构代码，和田市法院用 "HT" 注明，阿勒泰市法院用 "ALT" 注明；然后是案件类型，"LH" 表示离婚案件，"TJGX" 表示同居关系纠纷案件，"FYF" 表示抚养费纠纷案件，"LHHCC" 表示离婚后财产纠纷案件；最后是年份和案件顺序，之间均用 " – " 隔开。例如 "JZZL – HT – LH – 2013 – 1"，指作者本人调取的和田市法院 2013 年第一起离婚案件的卷宗，这一编号仅是作者录入案件信息的编号，与法院的立案号和档案编号之间不一致。

二 访谈资料

本书作者本人对之进行深度访谈，且访谈资料用于本书的访谈对象共 42 位，分别为司法工作人员 12 人，民政部门工作人员 4 人，农村及城市社区居民、社区工作人员 26 人。引用访谈资料均在正文、附文中有注释，注明了受访人的年龄、职业、性别、族别、访谈时间等信息。

三 著作文献

1. 国务院人口普查办公室、国家统计局人口与社会科技统计司编《中国 1990 年人口普查 10% 抽样资料》，中国统计出版社，1991。

2. 国务院人口普查办公室等编《中国 1990 年人口普查资料》（第 1、2、3、4 册），中国统计出版社，1993。

3. 国务院人口普查办公室、国家统计局人口与社会科技统计司编《中国 2000 年人口普查资料》（上、中、下册），中国统计出版社，2002。

4. 国务院人口普查办公室、国家统计局人口和就业统计司编《中国 2010 年人口普查资料》（上、中、下册），中国统计出版社，2012。

5. 新疆维吾尔自治区人口普查办公室编《新疆维吾尔自治区 1990 年人口普查资料》（上、中、下册），中国统计出版社，1992。

6. 新疆维吾尔自治区人口普查办公室编《新疆维吾尔自治区 2000 年人口普查资料》（上、中、下册），新疆人民出版社，2002。

7. 新疆维吾尔自治区人民政府人口普查小组办公室：《新疆维吾尔自治区 2010 年人口普查资料》（上、中、下册），中国统计出版社，2012。

8.《跨世纪的中国人口》（新疆卷）编委会编著《跨世纪的中国人口 新疆卷》，中国统计出版社，1994。

9. 新疆维吾尔自治区人口普查办公室编《世纪之交的中国人口》（新疆卷），中国统计出版社，2005。

10. 张承志：《以笔为旗》，中国社会科学出版社，1999。

11. 费孝通：《乡土中国 生育制度》，北京大学出版社，1998。

12. 徐安琪、叶文振：《中国婚姻研究报告》，中国社会科学出版社，2002。

13. 潘绥铭、黄盈盈：《性社会学》，中国人民大学出版社，2011。

14. 李银河：《后村的女人们——农村社会性别权力关系》，内蒙古大学出版社，2009。

15. 肖迎、拜合提亚尔·吐尔逊主编《维吾尔族：新疆疏附县木苏玛村调查》，云南大学出版社，2004。

16. 李晓霞：《新疆混合家庭研究》，社会科学文献出版社，2011。

17. 尼瓦尔·聂吉木：《新疆维吾尔族人口离婚问题研究》，中央民族大学出版社，2009。

18. 孙建光：《新疆人口分布与资源环境的关系研究》，新疆人民出版社，2008。

19. 苏北海：《哈萨克族文化史》，新疆大学出版社，1989。

20. 何星亮：《新疆民族传统社会与文化》，商务印书馆，2003。

21. 贾合甫·米尔扎汗：《哈萨克族》，纳比坚·穆哈穆德罕、何星亮译，民族出版社，2004。

22. 《哈萨克族简史》编写组：《哈萨克族简史》（修订版），民族出版社，2008。

23. 《中国少数民族社会历史调查资料丛刊》修订编辑委员会、新疆维吾尔自治区丛刊编辑组编《哈萨克族社会历史调查》，民族出版社，2009。

24. 《维吾尔族简史》编写组：《维吾尔族简史》，新疆人民出版社，1991。

25. 王芳：《新疆少数民族民商事习惯与民事法律研究——以新疆维吾尔族和哈萨克族为视角》，兰州大学出版社，2012。

26. 周亚成、阿依登、王景起：《哈萨克族定居村落——胡阿根村社会调查周志》，新疆人民出版社，2009。

27. 肖建飞：《多元文化城区的离婚诉讼变迁——基于乌鲁木齐市天山区的实证研究》，法律出版社，2015。

28. 新疆维吾尔自治区地方志编编纂委员会、新疆维吾尔自治区民政厅：《新疆通志第24卷·民政志》，新疆人民出版社，1992。

29. 新疆维吾尔自治区地方志编编纂委员会：《新疆通志·民政志》（1986－2008），新疆人民出版社，2013。

30. 贺雪峰：《新乡土中国》，广西师范大学出版社，2003。

31. 〔法〕埃米尔·涂尔干：《社会分工论》，渠东译，生活·读书·新知三联书店，2000。

32. 〔美〕理查德·谢弗（Richard T. Schaefer）：《社会学与生活》，刘鹤群、房智慧译，世界图书出版公司，2006。

33. 〔美〕加里·斯坦利·贝克尔：《家庭论》，王献生、王宇译，商务印书馆，1998。

34. 〔美〕大卫·诺克斯、〔美〕卡洛琳·沙赫特：《情爱关系中的选择——婚姻家庭社会学入门》，金梓译，北京大学出版社，2009。

35. 〔法〕弗朗索瓦·德·桑格利：《当代家庭社会学》，房萱译，天津人民出版社，2012。

36. 〔日〕棚濑孝雄：《纠纷的解决与审判制度》，王亚新译，中国政法大学出版社，1994。

37. 〔美〕维吉尼亚·萨提亚：《新家庭如何塑造人》，易春丽、叶冬梅等译，世界图书出版公司，2006。

38. 〔美〕周颜玲（Esther Ngan－ling Chow）、〔美〕凯瑟琳·W. 伯海德（Catherine Whit e Berheide）：《全球视野：妇女、家庭与公共政策》，李金铃等译，社会科学文献出版社，2004。

39. 〔加拿大〕道格·桑德斯：《落脚城市：最后的人类大迁徙与我们的未来》，陈信宏译，上海译文出版社，2012。

40. 〔美〕埃里克·克里南伯格：《单身社会》，沈开喜译，上海文艺出版社，2015。

四　期刊文献

1. 陈苇、谢京杰：《论"儿童最大利益优先原则"在我国的确立——兼论〈婚姻法〉等相关法律的不足及其完善》，《法商研究》2005

年第 5 期。

2. 夏吟兰：《离婚亲子关系立法趋势之研究》，《吉林大学社会科学学报》2007 年第 4 期。

3. 贺雪峰、仝志辉：《论村庄社会关联——兼论村庄秩序的社会基础》，《中国社会科学》2002 年第 3 期。

4. 唐灿：《家庭现代化理论及其发展的回顾与评述》，《社会学研究》2010 年第 2 期。

5. 马春华等：《中国城市家庭变迁的趋势和最新发现》，《社会学研究》2011 年第 2 期。

6. 徐安琪：《离婚风险的影响机制——一个综合解释模型探讨》，《社会学研究》2012 年第 2 期。

7. 徐安琪：《夫妻权力和妇女家庭地位的评价指标：反思与检讨》，《社会学研究》2005 年第 4 期。

8. 艾尼瓦尔·聂吉木：《新疆少数民族人口婚姻状况调查》，《中国人口科学》2002 年第 5 期。

9. 艾尼瓦尔·聂吉木：《新疆少数民族人口婚姻状况及其变动趋势分析》，《西北人口》2004 年第 1 期。

10. 徐安琪、茆永福：《新疆维吾尔族聚居区高离婚率的特征及其原因分析》，《中国人口科学》2001 年第 2 期。

11. 朱晓阳：《"语言混乱"与法律人类学的整体论进路》，《中国社会科学》2007 年第 2 期。

12. 文永辉：《法律的民族志写作与文化批评——论中国的法律人类学研究》，《广西民族研究》2006 年第 3 期。

13. 林川、常青松：《1997－2012 年中国大陆"离婚原因"研究述评》，《人口与发展》2012 年第 6 期。

14. 田开友：《婚姻的法经济学机理》，《制度经济学研究》2008 年第 1 期。

15. 沈奕斐：《"后父权制时代"的中国——城市家庭内部权力关系变

迁与社会》，《广西民族大学学报》（哲学社会科学版）2009 年第 6 期。

16. 王富伟：《个案研究的意义和限度——基于知识的增长》，《社会学研究》2012 年第 5 期。

17. 徐安琪：《择偶标准：五十年变迁及其原因分析》，《社会学研究》2000 年第 3 期。

18. 金一虹：《流动的父权：流动农民家庭的变迁》，《中国社会科学》2010 年第 4 期。

19. 李晓霞：《伊干其乡维吾尔族的婚姻生活》，《西北民族研究》1993 年第 2 期。

20. 李晓霞：《新疆少数民族人口婚姻状况浅析》，《西北人口》1994 年第 4 期。

21. 李晓霞：《试析维吾尔族离婚现象形成的原因》，《西北民族研究》1996 年第 2 期。

22. 李晓霞：《新疆南部农村维汉通婚调查》，《新疆社会科学》2012 年第 4 期。

23. 冯雪红：《维吾尔族妇女择偶的人类学考察——以新疆喀什地区 S 县 A 村为例》，《北方民族大学学报》（哲学社会科学版）2010 年第 1 期。

24. 王海霞：《农村维吾尔族离婚率变动成因——以库车县牙哈镇为例》，《人口与经济》2009 年第 1 期。

25. 艾克拜尔·卡德尔：《论维吾尔族婚礼中的传统习俗》，《内蒙古民族大学学报》（社会科学版）2005 年第 1 期。

26. 艾力江·阿西木：《论维吾尔族"塔拉克"离婚习俗的法律效力问题》，《内蒙古民族大学学报》（社会科学版）2011 年第 6 期。

27. 茹克亚·霍加：《信仰与习俗——新疆维吾尔族的婚姻观念行为》，《世界宗教研究》2011 年第 6 期。

28. 张美涛：《析维语谚语中的性别歧视现象及成因》，《语文学刊》2010 年第 10 期。

29. 张毅：《维汉谚语中的性别歧视现象及成因透析》，《伊犁师范学院学报》（社会科学版）2011 年第 3 期。

30. 石奕龙、艾比不拉·卡地尔：《维族婚姻习俗中尼卡（Nikah）仪式的人类学解读》，《云南民族大学学报》（哲学社会科学版）2010 年第 3 期。

31. 马戎：《新疆乌鲁木齐市流动人口的结构特征与就业状况》，《西北民族研究》2005 年第 3 期。

32. 阿布都外力·依米提、胡宏伟：《维吾尔族流动人口特点、存在问题及对策——基于乌鲁木齐市和西安市的调查》，《中南民族大学学报》（人文社会科学版）2010 年第 1 期。

33. 韩芳：《乌鲁木齐少数民族流动人口的居留特征及政策启示——以乌鲁木齐市二道桥社区为例》，《新疆社科论坛》2010 年第 5 期。

34. 王凤丽：《对乌鲁木齐市少数民族流动人口经济收入状况的问题研究——以乌鲁木齐市天山区四个重点片区流动人口为例》，《中共乌鲁木齐市委党校学报》2011 年第 4 期。

35. 徐平：《乌鲁木齐市维吾尔族流动人口的社会排斥和融入》，《中南民族大学学报》（人文社会科学版）2011 年第 6 期。

36. 王平：《乌鲁木齐维吾尔族流动人口生存和发展调查研究》，《北方民族大学学报》（哲学社会科学版）2012 年第 2 期。

37. 谢桂华：《中国流动人口的人力资本回报与社会融合》，《中国社会科学》2012 年第 4 期。

38. 孙艳艳：《社会性别的视角：中国单亲特困母亲生活状况研究——以山东济南某区为例》，《中华女子学院学报》2010 年第 1 期。

39. 王爱丽：《女性单亲家庭经济资源的受损与社会补偿》，《黑龙江社会科学》2009 年第 5 期。

40. 王爱丽：《中国女性单亲家庭：社会资本的弱化与发展》，《学习与探索》2010 年第 1 期。

41. 晏月平、廖爱娣：《民族家庭结构转变的人口学分析——基于人口普查数据》，《广西民族研究》2015 年第 4 期。

42. 段成荣、黄颖：《就学与就业——我国大龄流动儿童状况研究》，《中国青年研究》2012 年第 1 期。

43. 段成荣：《农民工的子女：流动儿童和留守儿童问题》，《人口研究》2005 年第 4 期。

44. 李爱民：《中国半城镇化研究》，《人口研究》2013 年第 4 期。

45. 李建民：《中国人口与社会发展关系：现状、趋势与问题》，《人口研究》2007 年第 1 期。

46. 王跃生：《当代中国农村单亲家庭变动分析》，《开放时代》2008 年第 5 期。

47. 盛亦男：《中国流动人口家庭化迁居》，《人口研究》2013 年第 4 期。

48. 周兆安：《优势视角运用于单亲家庭：亲子关系中的经验分析》，《中国青年研究》2009 年第 9 期。

49. 冯雪红：《维吾尔族婚姻研究综述》，《贵州大学学报》（社会科学版）2009 年第 5 期。

50. 郑刚、任强：《新疆哈萨克族人口现状分析——对伊犁地区两县的调查》，《新疆大学学报》（哲学人文社会科学版）1992 年第 3 期。

51. 纳比坚·穆哈穆德罕：《哈萨克族的传统生育观及其演变趋势》，《新疆社会经济》1993 年第 1 期。

52. 房若愚：《新疆哈萨克族人口规模变迁及分布》，《新疆大学学报》（哲学人文社会科学版）2005 年第 4 期。

53. 罗致平、白翠琴：《哈萨克法初探》，《民族研究》1988 年第 6 期。

54. 周亚成、古丽夏：《谈哈萨克族妇女的现代意识》，《新疆大学学报》（哲学社会科学版）1996 年第 4 期。

55. 白京兰：《浅析哈萨克族宗法文化的成因与变异》，《中南民族大学学报》（人文社会科学版）2004 年第 4 期。

56. 马幸荣:《新疆哈萨克族传统婚姻家庭制度的民族特点及制度变迁》,《东北师范大学学报》(哲学社会科学版) 2011 年第 3 期。

57. 阿依登、库娟娜:《新疆农牧区哈萨克族婚姻变迁调查研究——以新疆昌吉市阿什里乡胡阿根村哈萨克族个案调查为例》,《伊犁师范学院学报》(社会科学版) 2007 年第 2 期。

58. 张建军、汪俊:《伊犁河流域哈萨克族婚嫁消费文化的人类学解析》,《塔里木大学学报》2011 年第 4 期。

59. 张兴:《身体、权力与教育:哈萨克族古代传统女性的养成》,《新疆大学学报》(哲学人文社会科学版) 2011 年第 2 期。

60. 阿依古丽:《浅谈哈萨克族的"安明格尔"婚姻制度——兼与古希伯来法"寡妇内嫁"婚姻制度相比较》,《中央民族大学学报》(哲学社会科学版) 2010 年第 4 期。

61. 罗意:《我国哈萨克族基层社会组织探析》,《伊犁师范学院学报》(社会科学版) 2011 年第 2 期。

62. 加娜尔·萨卜尔拜:《论新疆哈萨克族阿吾勒及其变迁》,《新疆社会科学》2009 年第 2 期。

63. 陈祥军:《移动的游牧社会组织功能及实践意义——以哈萨克族阿吾勒为例》,《内蒙古社会科学》(汉文版) 2010 年第 3 期。

64. 李晓霞:《新疆游牧民定居政策的演变》,《新疆师范大学学报》(哲学社会科学版) 2002 年第 4 期。

65. 李晓霞:《从游牧到定居——北疆牧区社会生产生活方式的变革》,《新疆社会科学》2002 年第 2 期。

66. 陈祥军:《生计变迁下的环境与文化——以乌伦古河富蕴段牧民定居为例》,《开放时代》2009 年第 11 期。

67. 刘茜《"离婚率":让你认识真实的我》,《调研世界》2013 年第 6 期。

68. 苗剑新:《喀什棉纺织厂婚姻家庭问题调查》,《新疆大学学报》(哲学社会科学版) 1985 年第 2 期。

69. 袁志广：《维吾尔婚俗中的离婚现象及其成因探析——来自"田野"的报告与思考》，《西北民族研究》1999 年第 1 期。

70. 巴赫提亚·巴吾东：《就当今维吾尔社会的离婚现象与袁志广先生商榷》，《西北民族研究》2001 年第 1 期。

71. 薛全忠、张淑芝：《新疆少数民族婚姻习俗的法律思考》，《西北民族大学学报》（哲学社会科学版）2009 年第 1 期。

72. 阿依古丽·穆罕默德艾力：《新疆少数民族婚姻家庭的法律问题探析》，《西北民族研究》2011 年第 4 期。

73. 陈群峰：《彩礼返还规则探析——质疑最高人民法院婚姻法司法解释（二）第十条第一款》，《云南大学学报》（法学版）2008 年第 3 期。

74. 贾焕银：《司法判决中习俗的考量和适用分析》，《民俗研究》2009 年第 2 期。

75. 杨成良：《离婚诉讼中的第三人制度研究》，《湖南社会科学》2012 年第 5 期。

76. 康娜：《婚约彩礼习惯与制定法的冲突与协调——以山东省为例》，《民俗研究》2013 年第 1 期。

77. 李可：《习惯如何进入国法——对当代中国习惯处置理念之追问》，《清华法学》2012 年第 2 期。

78. 〔美〕K. F. 科克：《法律与人类学》，《民族译丛》1987 年第 6 期。

79. 〔美〕戴维·E. 阿普特：《通往学科际研究之路》，《国际社会科学杂志》2010 年第 3 期。

80. 〔美〕约翰·德弗雷（John De Frain）：《离婚后单亲家庭的凝聚力与挑战》，《江苏社会科学》2006 年第 1 期。

五　报纸文献

1. 李晓宏：《面对离婚冲击波》，《人民日报》2011 年 6 月 2 日。

2. 〔韩〕金淑子：《婚姻遭遇"寒流"：解析韩国离婚潮——以最近

十年离婚案件分析为例》,《中国妇女报》2012 年 7 月 10 日。

3. 《地区召开"十三五"易地扶贫搬迁工作推进会》,《和田日报》2015 年 11 月 3 日。

4. 《新疆维吾尔自治区 2015 年国民经济和社会发展统计公报》,《新疆日报》2016 年 4 月 11 日。

5. 张宽明:《57 件彩礼案零上诉——姜堰法院引入善良风俗处理彩礼返还纠纷调查》,《人民法院报》2007 年 4 月 15 日。

6. 胡乡荣、白利利:《农村返还彩礼纠纷的处理难度大》,《人民法院报》2009 年 9 月 9 日。

7. 吕德芳等:《少数民族婚姻案件审判规范化探析》,《人民法院报》2012 年 12 月 12 日。

8. 《民俗习惯连结乡土中国与法治中国——就民俗引入司法审判访大法官公丕祥》,《法制日报》2008 年 10 月 12 日。

9. 丁亚菲:《农村娶亲彩礼:"一动不动,万紫千红一片绿"》,《河南商报》2015 年 2 月 27 日。

10. 《农村剩男现象调查:有地方彩礼要"万紫千红,一动不动"》,《中国青年报》2016 年 2 月 25 日。

11. 《最高法院公布典型案例强调"家务事"要妥断》,《人民法院报》2015 年 11 月 20 日。

12. 《最高法推进家事审判改革 今年百家法院试点》,《法制日报》2016 年 3 月 4 日。

六 学位论文

1. 努尔古丽·阿不都苏力:《维吾尔族城乡女性比较研究——以切克曼村与乌鲁木齐市为例》,中央民族大学 2009 年博士学位论文。

2. 吐尔地·卡尤木:《维村社会的变迁》,中央民族大学 2011 年博士学位论文。

3. 李慧娟:《维吾尔族妇女民间互助研究——以新疆喀什地区为

例》，兰州大学 2012 年博士学位论文。

4. 阿迪力·阿尤甫：《中国维吾尔族婚姻习惯法研究》，吉林大学 2014 年博士学位论文。

5. 张兴：《从培养"男性附属品"到促成"社会半边天"——从女性角色转变看哈萨克女性教育变迁》，华东师范大学 2009 年博士学位论文。

6. 刘鑫渝：《土地制度变迁视野下的哈萨克游牧社会——以伊犁新源县为例》，吉林大学 2011 年博士学位论文。

7. 王海霞：《农村维吾尔族女性的行为特征研究——以库车县牙哈镇克日希两村为例》，中央民族大学 2006 年博士学位论文。

8. 库尔班·依布拉依木卡德：《维吾尔族婚姻习惯法》，新疆大学 2010 年硕士学位论文。

9. 朴善镜：《当代维吾尔女性流动人口城市适应研究——乌鲁木齐市七个社区调查》，新疆师范大学 2010 年硕士学位论文。

10. 古力扎提：《建国以来新疆哈萨克族婚姻家庭的变迁》，陕西师范大学 2006 年硕士学位论文。

七　网络文献

1. 最高人民法院：《关于印发修改后的〈民事案件案由规定〉的通知》《最高人民法院关于修改〈民事案件案由规定〉的决定》（法〔2011〕41 号），最高人民法院网，http://www.court.gov.cn/fabu - xiangqing - 3456.html，最后访问日期：2016 年 4 月 27 日。

2.《中国统计年鉴》（2011 年），表 21 - 33 "婚姻服务情况"，国家统计局网站，http://www.stats.gov.cn/tjsj/ndsj/2011/indexch.htm，最后访问日期：2016 年 1 月 1 日。

3.《新疆统计年鉴》（2001 - 2014），新疆统计信息网，http://www.xjtj.gov.cn，最后访问日期：2016 年 4 月 23 日。

4.《民政部开展婚姻登记机关等级评定工作通知》，（民发〔2011〕

100 号），国家民政部官网，http://sws. mca. gov. cn/article/hydj/zcwj/2011 07/20110700166468. shtml，最后访问日期：2012 年 9 月 2 日。

5. 和田市政府网，http://www. hts. gov. cn，最后访问日期：2015 年 10 月 4 日。

6. 阿勒泰地区统计信息网，http://alttjj. xjalt. gov. cn，最后访问日期：2015 年 10 月 2 日。

7. 阿勒泰市人民政府网，http://www. alt. gov. cn，最后访问日期：2015 年 10 月 2 日。

8. 秦金俐：《新疆 64 个家庭中就有一个单亲母亲家庭》，亚新网，http://news. ts. cn/content/2013 - 05/09/content_8143224. htm，最后访问日期：2013 年 5 月 10 日。

9. 秦金俐：《新疆多项问题考验着单亲母亲》，天山网，http://news. ts. cn/content/2013 - 05/09/content_8142153. htm，最后访问日期：2013 年 5 月 10 日。

10. 秦金俐：《新疆妇联主席：改善单亲母亲生存状况需要爱》，天山网，http://news. ts. cn/content/2013 - 05/09/content_8142127. htm，最后访问日期：2013 年 5 月 10 日。

后　记

上有腾格里之熳火，下有额托格地母之热力，

以精铁为父，以榆林草木为母。

——蒙古祭灶词

　　什么是值得珍视的？这是我在新疆生活到第十年，不断自问的问题。如果有一些河流、一些地方让人念念不忘，那里就一定有珍贵之物。

　　像所有发源于昆仑山区的河流一样，玉龙喀什河和她的伴侣喀拉喀什河告别了他们的冰川故地，他们的众多孩子也在初春时节醒来，急切地沿着峡谷而下，奔向母亲、父亲的怀抱。众子归来，两条河日益地丰腴、强壮，他们想携带众子向北方另一座山脉所在的地方进发，但这需要穿越浩瀚的沙漠。前山平原地带所到之处皆是无水之地，他们不得不把自己的孩子留下一个又一个。当两个伴侣再次相遇时，他们都已过壮年，变老了，声音低哑了。他们在沙漠腹地缓慢地行走，最终无法穿越沙海时，聚敛身躯，安详躺下。

　　在遥远的北方，额尔齐斯河告别金山，向南出发，但她听到了西侧众子的呼唤，她侧转过身体，循着呼唤声寻找，迎接她的是鹰一样的长子克兰、小骆驼一样的次子布尔和摔跤手一样的幼子哈巴。这条河嗅到了遥远的北方海洋的气息，她携带诸子不辞辛劳、跋涉千里、日夜奔流。她和孩子们深知，同样的气息会再次把他们带回故地。

水声是最悦耳的声音，水声是上帝的音乐。冰川涓滴融水汇之成溪，聚之成河，草木、庄稼、牲畜，以及与其他生命相比抗旱能力最差的人，因此获得生命。不名之地成为生息之所，大的水脉流经之地慢慢成长成为城市。和田市与阿勒泰市，两座遥遥相望的城市，并非凭空而来。像所有的生命存在一样，城市的生命更依赖于水源和土地，玉龙喀什河和克兰河赋予两座城市以生命。

在上半年任务性的写作工作中，我幻想着水的声音，向往穿过漫漫黄沙、茫茫戈壁到达这两条河流流转的地方；想象我要去的地方是南疆的南疆、北疆的北疆；想象自己通过多年扎根的努力，最终会获得内心的喜悦。

肖建飞

初草于 2015 年 6 月 5 日深夜，修改于 2016 年 5 月 1 日深夜

于新疆大学家中

图书在版编目（CIP）数据

社会地理空间差异下的家事诉讼：和田市与阿勒泰
市的比较分析／肖建飞著. —— 北京：社会科学文献出
版社，2017.12
　ISBN 978 - 7 - 5201 - 0705 - 1

　Ⅰ.①社… 　Ⅱ.①肖… 　Ⅲ.①婚姻家庭纠纷－民事诉
讼－对比研究－和田市、阿勒泰市 　Ⅳ.
①D927.453.510.4

中国版本图书馆 CIP 数据核字（2017）第 081379 号

社会地理空间差异下的家事诉讼：和田市与阿勒泰市的比较分析

著　　者／肖建飞

出 版 人／谢寿光
项目统筹／芮素平
责任编辑／郭瑞萍　谢海燕

出　　版／社会科学文献出版社 · 社会政法分社（010）59367156
　　　　　地址：北京市北三环中路甲 29 号院华龙大厦　邮编：100029
　　　　　网址：www.ssap.com.cn
发　　行／市场营销中心（010）59367081　59367018
印　　装／北京季蜂印刷有限公司

规　　格／开本：787mm × 1092mm　1/16
　　　　　印张：18.75　字数：267 千字
版　　次／2017 年 12 月第 1 版　2017 年 12 月第 1 次印刷
书　　号／ISBN 978 - 7 - 5201 - 0705 - 1
定　　价／79.00 元

本书如有印装质量问题，请与读者服务中心（010 - 59367028）联系